윤석열의
시대정신 상식 常識 Common Sense

캐나다 거주 전직 언론인의 한국 정치 苦言

윤석열의 시대정신 상식

캐나다 거주 전직 언론인의 한국 정치 꿈틈

발행일 2021년 7월 15일 초판 1쇄
지은이 정기수
펴낸곳 한스하우스
디자인 다리출판사
그 림 송혜미

등 록 2000년 3월 3일(제2-3033호)
주 소 서울시 중구 마른내로 12길 6
전 화 02-2275-1600
팩 스 02-2275-1601
이메일 horttec@naver.com

ISBN 978-89-92440-52-3 03300

캐나다 거주 전직 언론인의 한국 정치 꿈틀

윤석열의
시대정신 **상식** 常識
Common Sense

정 기 수

한스하우스

머 리 말

상식은 한자로 항상 常에 알 識이다. 항상 알고 있는 것이 상식인 것이다.
영어로는 Common Sense라고 쓴다. 공통된 의식, 감각, 관념이란 뜻이다.
그러니까 항상과 공통이라는 말이 중요하다. 항상이 아닌 일시적, 공통이 아닌
제한적 또는 편파적인 의식을 가지면 상식의 파괴이다. 문재인 정권은 집권
기간동안만, 자기네 지지자들에게만 유효한 상식 아닌 의식을 고집하고 강요했다.
그래서 많은 국민이 반감을 갖고, 걱정하고, 답답해한 것이다.

한국을 떠나 캐나다에 사는 필자와 같은 해외 교민들이 인터넷으로 고국 뉴스를 보는 느낌을 한마디로 요약하면 다이내믹이다.

하루도 조용하게 지나가는 날이 없다. 침소봉대하고 흥분하는 언론 매체들의 특성에 의한 것이라 할 수도 있지만, 일들이 많이 일어나는 나라임에 틀림이 없다. 예전에는 사건, 사고가 많았는데 문재인 정부 들어서는 상식을 파괴하는 이슈들이 아주 많아졌다. 군사정부에서 문민정부로 바뀐 지 30년이 넘어가고 있는 시점에서 벌어지고 있는 이런 현상이 이 책을 나오게 만들었다.

MBC 기자 출신으로 보수 정당 소속 국회의원을 한 전여옥은 블로그에 이렇게 적은 바 있다.
"'김어준이 없는 아침'? 좋아요! 두려우냐고요? ㅋㅋ '한 번도 경험해보지 못한 세상'이 두려워요. 이제는 '우리가 경험해본 세상'에서 살고 싶어요. 조용하고 점잖고 상식적인 세상에서 살고 싶어요!"

필자는 그녀의 이 소망이 지난 4년 동안 대한민국의 많은 사람이 공통으로, 한결같이 가지고 살아온 것이라고 본다. 586 운동권 출신들이나 소위 대깨문이라고 하는, 극렬 문재인 지지자들이 이끈 정치, 사회, 경제, 문화 제 부문에서의 위선과 무능, 오만과 독선에 대한 피로와 실망, 분노가 마침내 임계점이 이르렀다. 그 중간 결과가 지난 4월 7일 서울과 부산의 보궐선거 결과였다.

상식은 한자로 항상 常에 알 識이다. 항상 알고 있는 것이 상식인 것이다. 영어로는 Common Sense라고 쓴다. 공통된 의식, 감각, 관념이란 뜻이다. 그러니까 항상과 공통이라는 말이 중요하다. 항상이 아닌 일시적, 공통이 아닌 제한적 또는 편파적인 의식을 가지면 상식의 파괴이다. 문재인 정권은 집권 기간동안만, 자기네 지지자들에게만 유효한 상식 아닌 의식을 고집하고 강요했다. 그래서 많은 국민이 반감을 갖고, 걱정하고, 답답해한 것이다.

최근 대한민국에서 상식이라 하면 정치적으로는 국민을 안심시키는 민주주의, 경제적으로는 부의 획득과 약자를 동시에 보호하는 자본주의, 사회적으로는 최대한 많은 사람이 누리는 공정과 정의, 평등이라고 정의할 수 있을 것이다.

이 책에 수록된 필자의 칼럼들은 문재인 정부가 이런 상식을 거부하면서 저지른 실정(失政)과 그 과정에서 빚어진 '내로남불' 인사들의 행태, 그리고 그것이 잘못됐다고 심판한 재판관들과 국민들에 관한 얘기들을 담으려고 한 작업의 산물이다.

윤석열은 그 상식의 회복을 기치로 내걸고 대권 주자로 나서 필자가 특히 주목한 사람이다. 상식이 공정, 정의, 법치와 함께 시대정신이 되도록 한, 정치 감각이 뛰어난 정치 신인이다. 그의 도전과 책무가 헛되지 않기를 바라는 이가 필자 말고도 대한민국을 걱정하는 사람 중에 적지 않다는 사실은 여러 여론조사가 보여 주고 있다. 그가 가는 길에 행운이 함께 하기를 바란다.

온라인 언론 매체 '데일리안'과 '최보식의 언론'은 자유기고가 정기수의 열정 넘치는 글들을 최대한 실어 주려고 애써 줌으로써 이 책이 출간되도록 하는 데 큰 도움을 줬다. 이 두 매체 대표와 편집 책임자들에게 깊은 감사를 드린다.

아울러 필자의 원고들을 한 권의 책으로 엮어내기 위해 편집, 미술을 포함해 모든 전문적이고 자잘한 일들을 도맡아 준 다리출판사 김주형 편집인과 한스하우스 한흥수 대표에게 무한한 고마움을 여기에 적어 놓는다.

2021년 7월
캐나다 밴쿠버에서 자유기고가 정기수

01

2021년 봄 한국 국민들의 선택

"4월 7일 서울과 부산 보선 대패로 대통령 문재인의 호시절은 갔다. 버스는 떠났다. 흘러간 조류는 다시 돌아오지 않는다. 그는 퇴임 전까지, 그리고 어쩌면 그 후로도, 불면의 밤을 자주 맞게 될 것이다. 위선과 무능, 아집과 독선에 대해 국민이 내린 매서운 벌을 달게 받는 잠 못 이루는 밤들이다."

절반의 정권 교체...
국민은 저질 사기꾼들을 응징했다

위선과 무능, 선전선동 집단에 무서운 심판... 절반의 정권교체
문재인 실정이 결정적 패인, 결국 그의 불면의 밤은 시작됐다

결국 이렇게 될 것을 그들은 악질적으로 발악했다.

잘한 일은 하나도 없고, 잘못한 일들만 수두룩한 주제에 나라 제
1도시와 제2도시 정권은 놓고 싶지 않아 선거 기간 시작부터 끝까
지 사상 최악의 저질 흑색선전, 네거티브 공세로 일관했다. 날만
새면 내곡내곡 생태생태 페라페라 엘시엘시 타령이었다.

수준이 옛날 같지 않은 유권자들은 마타도어가 (야당 시절) 그들의
전매특허인 집권 민주당의 이런 사기 전술에 전혀 미동도 하지 않
았다. 오히려 실망과 분노가 더해 야당 후보 오세훈과 박형준에게

몰표를 던졌다. 이 국민들이 집권 세력의 정체를 일찌기 알았더라면 대통령 문재인도 없었고, 180석 거대 여당도 없었을 것이다.

집권 세력은 대한민국 정치사상 가장 악질적이고 부도덕한 수준을 이번 보궐선거 과정에서 드러냈다. 내놓은 정책이라는 게 서울 시민들 모두에게 10만 원씩 나눠주겠다는 것이고, 젊은이들에게 버스와 지하철 요금 40% 깎아 주겠다는 것이었다. 자기 돈도 아닌 국민 세금을 가지고, 국민을 개돼지 취급하는 의식이 아니고서야 내세울 수 없는 유치한, 범죄적인 매표(買票) 포퓰리즘 공약이다.

그리고 한다는 짓이 선전선동과 음해 공작, 읍소 아니면 협박이었다. 그들이 장악한 4개 공영 및 준공영 방송의 지원 사격을 받았고(이 중에서도 서울 시민 혈세로 운영비의 약 70%를 대는 교통방송의 김어준 프로그램이 가장 악랄했다), 투표일 당일엔 중앙선관위까지 이상한 '정정 안내문'을 기표 현장에 붙이는 전대미문의 어용 헌법기관 작태 선물을 끌어내기도 했다. 오세훈 부인이 (관할 행정청 착오로 세금을 안 냈다가 나중에 이 사실을 발견하고) 세금을 더 냈다는 것인데, 마치 잠시 탈세를 한 것처럼 보이고 싶어 한, 이런 웃기는 여당 선거 운동을 한 중앙선관위는 2021년 4월 7일 그들 역사에 치욕을 남겼다.

민주당 서울시장 후보 박영선과 박원순 성추행 피해자를 '피해 호소인'으로 부른 3인방 중 한 사람으로 캠프 대변인직에서 쫓겨난(물론 쇼다), 고민정은 걸핏하면 울었다. 민주당 선대위 이낙연, 김태년 등 남자들도 별안간 잘못했다는 말을 입에 올리는 일이 잦아졌고, 이제부터 잘할 테니 한 번만 기회를 더 달라고 납작 엎드려 사정했다. 그러면서도 뭘 잘못했는지는 말하지 않았다. 뭘 잘못했는지 몰랐거나 알았더라도 인정하지 않으면서 거짓말하는 것이었음에 틀림이 없다.

'중대결심 쇼'. 그리고 거짓 읍소

사기꾼은 본색을 숨기지 못하는 법, 그들은 이렇게 거짓 읍소를 하는 한편 또 다른 편에서는 협박하는 깡패의 모습을 여실히 과시했다. 서울 구청장 25명 중 24명, 시의원 109명 중 101명이 민주당 소속이므로(서울 시민들은 자신들이 왜 이런 초(超) 불균형 투표를 했는지 지금은 이해 못 할 것이다) 처가 땅 의혹 조사 특위를 만들어 오세훈을 식물 시장으로 만들 것이라고 했다. 사퇴한 검찰총장 윤석열을 식물화하려다 도리어 호랑이로 진화시켜 버린 패착(敗着)을 불과 한 달 만에 잊은 머리 나쁜 이들은 참패를 당해도 매우 싸다.

이들이 머리 나쁜 건 '중대 결심 쇼'에서 절정을 이뤘다. 생태탕 진흙탕 공세가 민심을 흔드는 것 같아지자(사실은 역효과가 나고 있다는 걸 머리 나쁜 이 사람들은 몰랐다) 중대 결심이라고 손님들을 끌어모은 뒤 사기 기자회견을 하려다 무산된 것이다. 서울 시청 본관 앞에서의 폭로 기자회견... 이거 언젠가 많이 보았던 익숙한 풍경 아닌가? 이들은 이런 것 기획하는 데 선수들이다. 그 기자회견이 생태탕 집 아들의, 생각해 보니 후환이 걱정돼 꼬리 감추기를 시도한 탓인지, 주최 측 주장대로 오세훈 지지자들의 테러 우려 때문이었는지 몰라도 안 했기에 망정이지 했더라면 국제 망신을 살 뻔했다. 외신 기자들이 한국 선거에서는 후보의 여자 문제 외에 구두 문제도 아주 중요한 이슈라고 본국에 타전했을 것이기 때문이다.

불면의 밤은 시작됐다

박영선과 민주당의 사기 선거 운동 백미(白眉)는 막판에 '1% 차 박빙 싸움'이라고 선동을 한 것이다. 그렇게 거짓말을 해서 이른바 '샤이 진보'들을 한 톨도 빠짐없이 다 투표소에 나오게 해 1번을 찍도록 하기 위한 수작이었다. 1주일 전까지 여론조사 상 20% 안팎 격차가 생태탕 공격으로 바짝 좁혀졌다고 하니 검사 출신 국민의힘 의원이 놀라서 "사실일 수도 있다. 보수 유권자들 모두 나오셔야 한다"고 SOS를 칠 정도였다. 코미디다.

두 도시 보선 대패로 대통령 문재인의 호시절은 갔다. 지난주에 필자가 쓴 대로 그는 이제부터 불면의 밤을 자주 맞게 될 것이다. 위선과 무능, 아집과 독선에 대해 국민이 내린 매서운 벌을 달게 받는 잠 못 이루는 밤들이다.

문재인과 청와대, 정부와 민주당은 그들의 눈과 귀, 손발의 방향을 이제부터 싹 바꿔야만 회생할 수 있을 것이다. 북한과 중국을 향한 맹목적 굴종의 태도는 버리고 일본과 미국을 보는 소원적(疎遠的) 또는 적대적인 자세도 바로잡아야 옳다. 친일파니 토착왜구니 하는 철 지난 편 가르기 타령 그만하고 말이다. 부동산, 탈원전, 검찰 등에 관한 국가 주요 정책들 또한 일대 수정을 가해야 그들도 살고 무엇보다 국민이 산다. 한마디로 상식을 회복시키는 것이다. 그래야 편히 잘 수 있다.

2021년 4월 8일

문재인 정권,
무너지는 소리 요란하게 들린다

해야 할 땐 안 하고 이제 와 '반성' '청산' 부산 떨면
부동산 대란으로 고통받는 20~40대 돌아오나?

김상조 경질은 이 정권에서 한 번도 경험하지 못한 잘못 인정...
정권의 콘크리트 무너지는 소리 들린다

　폭로 보도가 나오고 국민이 분노하려고 하니까 바로 잘랐다.

청와대 정책실장 김상조의 사전 정보 이용 전세 재계약 의혹 보도
1일 만의 경질은 문재인 정부에서, 한 번도 경험하지 못한, 신속한
잘못 인정이다. 그러나 이것은 전혀 놀랄만한 일이 아니다.
서울과 부산 보궐선거가 급해서 그러기도 했겠지만, 그의 행위는
의혹이고 논란이고 할 것 없이 명명백백한 범죄 행위이기 때문이
다. 왜? 그는 지난해 7월 말 전광석화 작전으로 졸속 입법해서 국
회와 국무회의 통과 후 바로 시행된 임대차3법을 주도한 인물이기
때문이다.

사실상 자신이 만든 법이 시행되기 이틀 전에 그 법 조항이 효력을 발생할 전세금 인상 상한 5%를 피해 14%(1억2천만 원)를 받아먹었으니 이것이 범죄가 아니면 무엇이란 말인가? 이해충돌법이 아직 없네, 어쩌네 하지만 현행법으로도 충분히 범죄 소명이 가능할 것이다.

이로써 문재인 정부 진보좌파는 무능과 위선에 범죄까지 저지르는 사람들이란 것을 만천하에 입증해 보였다. 조국이 자녀 입시 부정으로 그 3종 세트를 일찍이 과시한 바 있으나 그것은 실현이 가능할 수도 있는 이익(합격)을 위한 사기 행위였다.

'안 가진 자' 가장한 사이비 진보좌파의 자기 주머니 불리기

김상조는 실현이 100% 확실한 이익(전세금 인상)을 위해 자신이 알고 있는 공적 정보를 이용한 것이라고 볼 때 죄질이 훨씬 더 나쁘고 엄하게 처벌받아야만 한다. 고등학생이 박사급 학위 논문 제1저자라고 사기를 친 행위와 사실상 자기가 만든 법 시행 전에 돈을 더 받은 범죄의 경중을 따지는 게 무의미할 만큼 둘 다 어처구니없는 일이긴 해도 법적으로 비교하면 그렇다는 얘기다.

김상조는 사실 위선의 잣대로 봐서도 조국에 절대 버금가지 않는다. 진보좌파 정권들의 파수꾼 아닌 응원군으로 전락한 시민단체 참여연대에서 청와대 정책실장으로 들어갈 때 나온 의혹과 논란이, 큰 것만 골라서 6가지다.

자녀들의 교육을 위한 강남 위장전입, 목동 아파트 다운계약서, 아들의 금융 기관 인턴십 특혜, 아내의 공고 영어회화 교사 부정 취업, 본인의 케임브리지대 초빙교수 이력 허위 표기, 본인 논문 자기표절... 고위 공직자 청문회 때 제기되는 단골 의혹들을 총망라한 듯하다. 진보좌파들이 보수우파 인사들의 전유물인 것처럼 비난해 온, 자신과 가족의 부귀영화를 위한 위법 행위들을 몽땅 저질러 온 셈이다.

그는 이 정부 초기 공정거래위원장으로서 한 회의에 지각하면서 "재벌들 혼내주느라 늦었다"고 한 사람이다. 소위 '삼성 저격수'라는 별명도 얻은 서울대, 진보 시민단체 출신인데, 이번에 문제가 돼 공개된 그의 통장 잔액이 무려 14억 원이다.

임대차3법(계약갱신청구권, 전월세상한제, 전월세신고제)은 문재인 정부가 지난해 무슨 난리가 나기라도 한 것처럼 우당탕탕 입안해 국회 절대다수 의석을 이용, 통과시키자마자 시행되도록 한 (편 가르기) 긴급조치다. (가진 자들의) 부동산 투기를 잡아 집값을 안정시키기 위해서라고 했다. 그러나 그 결과는 정확히 반대였다. 아파트 가격이 천정부지로 치솟았고, 전셋집 씨가 마르는 전세대란이 일어났다.

야당과 언론, (진보좌파 어용학자들을 제외한) 전문가들이 입이 아프게 그 부작용을 예측하며 반대했지만, 이 정권은 듣지 않고 밀어붙였다. 그 와중에 김상조 같은, 안 가진 자를 가장한 사이비 진보좌파 가진 자들은 자기 주머니를 몰래 불렸다. 이러고도 정권이 망하지 않으면 이상한 일 아닌가?

20~40대 콘크리트 지지층의 민심 이반(離叛)

김상조 전격 경질은 대통령이 최초로 잘못을 인정한, 진보좌파의 내로남불 위선에 대해 민심에 즉각 부응한 조치다. 이것은 문재인 정권이 전격적으로 무너지고 있다는 방증이다. 그 소리가 요란하게 들린다. 집 기둥이 완전히 쓰러지기 전에 어떻게 기울어진 채로라도 유지 시켜 볼 생각으로, 살기 위해 할 수 없이 행한 태도 변화이기에 무너지는 신호로 해석하는 것이다.

지속적인 대통령 인기 추락과 집권당 보선 후보들의 야당 후보들에 큰 폭으로 처지는 지지율을 야기한 20~30대와 40대 콘크리트 지지층의 민심 이반(離叛)은 부동산 실정이 가장 큰 원인이다. 아, 물론, 국민적 혐오 대상이 됐던 추미애의 눈부신 기여도 또한 결코 적지않다. 하지만 머리 위를 덮는 천장의 유무 문제인 부동산에 비하면 약과다.

LH(한국토지주택공사) 직원들의 개발 정보 이용 투기 사태가 불타는 산에 강풍이 몰아친 격이었는데, 김상조가 거기에 또 화룡점정 역할을 했다. 무능과 위선에 범죄가 더해진, 완벽한 정권 붕괴 레시피다.

대통령 문재인은 어제오늘 '부동산 부패청산'이라고 쓰여진 마스크를 끼기 시작했다. 봐주기 안쓰럽고 민망하다. 지금이 새마을운동 시대도 아니고 '선진조국창조' 시대도 아닌데, 또 적폐고 청산 구호인가? 밑도 끝도 없이 반성한다며 표 달라는 남사스러운 사기표 구걸 행위도 그렇고, 청산 운동은 올바로 실천해야 국민이 공감하고 칭찬해서 지지율을 높여 주는 것이다. 국민 생활의 으뜸인 주거 문제 불안이 해소되지 않는 한, 반성이니 청산이니 하며 부산떨어봐야 말짱 헛일이다.

대통령에게는 미안한 말이지만, 버스는 떠났다. 흘러간 조류는 다시 돌아오지 않는다. 부동산, 탈원전 등 잘못 편 정책들에 대해 최대한 원상회복을 시작하도록 하라. 그리하면 민심이 얼마간 회복될 수 있을 것이다. 이번 보선이야 끝났다고 하더라도 내년 봄 대선도 있지 않은가?

2021년 3월 31일

성추행 보선이 생태탕 선거로...
사상 최악의 네거티브 이전투구

선거 운동 내내 내곡내곡 생태생태 페라페라...
집권당 수준 이 모양인 줄 이제야 안 것이 억울

돌이켜보면 마타도어는 그들의 전매특허
현명한 유권자들의 분노와 심판 오늘 투표

한국에서 일어난 뉴스는 웬만하면 역대 최고이고 사상 최악이다.

그만큼 다이내믹해서이기도 하지만, 합리와 상식이 부족한 사회라서 그러기도 할 것이다. 민주주의 선진국으로 가기 위해서는 이 '역대(歷代)'와 '사상(史上)'이란 수식어가 가능한 한 적게 쓰여져야만 한다.

오늘 투표를 하는 4.7 보선은 불행히도 또 하나의 '사상'을 달고 역사에 기록될 것으로 보인다. 사상 최악의 저질 네거티브 선거로 진행됐기 때문이다. 여기서 물론 '사상 최악'이란 정밀한 통계와 분석에 의거한 정의는 아니다. 유권자의 경험과 느낌으로 그렇다는 말이다.

현직 시장들의 성추행에 의해 치러지게 된 보궐선거가 그 시장들의 소속 당인 집권 민주당에서 후안무치하게도, 자기네들이 기껏 (누가 그러라고 하지도 않았음에도) 만들어 놓은 불출마 당헌을 고쳐서까지 후보를 내놓고는 한다는 짓이 시종일관 흑색선전이었다. 검증되지 않은 억지 의혹 타령을 날이면 날마다 불러대며 상대 후보의 사퇴를 요구했다.

내곡내곡, 생태생태, 페라페라 하다 끝난 선거

자력으로는 이기기 어려우니까(여론조사상 지지율 격차가 대략 20%다) 생트집을 잡아 주저앉히려고 한 것이다. 친여 편파 왜곡 보도 전문 방송들이 전위대로 나서고 급기야 대깨문 선전선동 매체 쇼 (교통방송 김어준의 뉴스공장)가 가세, 막판 1주일간 고약한 생태탕을 끓여대 온나라에 악취를 진동시켰다.

내곡내곡 하고 생태생태 하며 페라페라 하다 끝난 선거였다. 간간이 10만 원을 주겠네, 대중교통 요금을 깎아주겠네 하는 매표(買票) 공약도 곁들여졌다. 둘 다 저질이긴 마찬가지다. 집권당 수준이 이 정도일 줄은 아마도 대다수 유권자는 꿈에도 몰랐을 것이다. 그들은 억울해한다. 미리 알았더라면 대통령 문재인은 없었고, 180석 민주당도 없었음에 틀림없다.

그 결과 수를 헤아리기 어려운 문재인 정부의 실정들을 당했고, 온갖 위선과 무능이 춤추는 4년 세월을 허송해야 했다. 시민들은 이 (소위 '촛불정신'의) 배신에 대해 심판을 해주려고 작심을 하고 있었다. 민주당은 이를 알고 납작 엎드렸다. 무엇을 잘못했다는 말도 없이 무조건 잘못했다 하고 반성한다고 머리를 조아렸다.

그들은 그것으로는 부족하다는 걸 모르지 않았다. 진정성이라고는 하나도 없는 사죄와 반성에 국민들의 마음이 움직일 것으로 믿었다면 바보일 것이기에 그렇다. 그래서 꺼내 들고 시작한 게 '김대업 작전'이었다. 그들은 야당 후보 이회창의 아들이 돈을 써 병역의무를 피했다는 거짓 폭로로 그의 지지율을 일순간에 12% 끌어내려 버린 사기꾼 김대업의 눈부신 업적 추억에 젖었다.

선전선동의 귀재, 프레임의 명수

생태탕 이전투구는 뉴스 흐름을 일일이 좇아 오지 않은 사람들에게는 어지럽기도 하고 흥미도 있었을 것이다. 혹자들은 염증을 느껴투표 참여 욕구가 떨어져 버렸을 수도 있다. 민주당은 바로 이걸 노리고 집요하게 물고 늘어져 왔다. 그러나 의혹의 본질은 간단하다.

* 오세훈 부인의 내곡동 땅은 투기가 아니다. 그녀가 초등학생 때 부친 사망으로 유산 받은 것이다.

* 그 땅의 주택지구 지정(노무현 정부의 결정)으로 이익을 본 게 없다. 시세보다 낮게 수용당했다.
* 측량은 경작인들이 마음대로 땅을 써서 처가에서 소유지를 구획하느라 한 것이다. (시장으로서의) 셀프 보상과는 관계없다.
* 측량 시점은 오세훈이 시장에 당선되기 1년 전이다. 당선될 걸 확신하고 셀프 보상하기 위해 현장에 갔다는 말인가?

이래서 오세훈 측은 측량 현장 입회와 측량 후 먹었다는 생태탕 점심은 문제의 본질이 아니라고 말한다. 다만, 그가 현장에 그날 갔고, 인근 생태탕 집에서 밥도 먹었는데, 얼떨결에 그런 일 없었다고 처음에 거짓말을 했다면 그것으로 비판을 받을 수는 있다. 그러나 후보직을 사퇴할 일까지는 아닌 것이다.

그는 시장 셀프 보상에 관한 공무원의 증언이 나오면 사퇴하겠다고 약속했었다. 민주당과 친여 방송 매체들은 셀프 보상 의혹은 확인되지 않자 어느 순간 그것을 내팽개치고 엉뚱한 생태탕 거짓말로 공격의 초점을 바꾸었다. 작전은 성공했다. 요 며칠 이슈는 생태탕으로 완전히 변했기 때문이다.

민주당의 마타도어 능력과 프레임의 유구한 역사

과연 선전선동의 귀재들이고 프레임의 명수들이다. 김대업의 위업도 이들의 선배들이 이룩한 것이다. 민주당의 마타도어 능력과 역사는 자못 유구하며 그들의 전매특허다. 대깨문에 절대 못지않은 열렬 지지자들이 있어서 차마 이름은 여기에 적지 않겠지만, 이 당의 특정인이야말로 선전선동 작업의 대가이다.

그의 후배들은 쓰는 용어도 비슷하게 흉내 낸다. '중대 결심'이 그 예다. 이게 뭔가 했더니 서울 시청 정문 앞에서 그 생태탕 집 아들이 기자회견을 하려고 했던 것이었다. 기자들 질문 세례에 답할 일이 까마득했는지, 김대업이 간 업보의 길을 떠올리고 두려움에 떨어서였는지 그는 '다행히' 기자회견을 포기했다.

'다행히'란, 그가 서울 한복판에서 그날 생태탕이 지리(막은 탕)였는지 매운탕이었는지, 오세훈이 신었다는 굽 낮은 구두가 검정색이었던 것을 왜 흰색이라고 했는지, 그 구두 브랜드가 사실은 구찌로 밝혀진 것을 왜 페라가모라고 기억했는지를 '충격적으로' 폭로하고 설명함으로써 해외 망신살 일이 무산됐기에 그렇다.

잘못했으면 세계 사람들이(한국 시장 보선에 얼마나 관심 가지고 뉴스를 봤을지는 모르지만, 상징적으로 얘기해서) 한국은 여자 문제 말고 구두 문제도 큰 이슈가 되는구나 하고 신기해할 뻔했다.

2021년 4월 7일

"잘 지는 것도 능력이다. 더이상 추해지지 말라"

이번엔 19~24세 버스 지하철 요금 40% 할인 공약
서울 시민을 10만 원짜리로 보더니 젊은이들에게

유치한 환심 사려고 발버둥 치는 민주당 박영선...
투표 -5일, 그들은 얼마나 더 저급해지려고 이러나?

벌어진 입이 다물어지지 않는다.

제정신이 아니다. 그녀가 서울시장에 당선되면 제1호 결재로 재난 위로금 10만 원 지급을 시행할 것이라고 했을 때 여기까지 내려올 줄은 미처 상상도 못했다.

민주당 서울시장 보선 후보 박영선은 젊은이들이 많이 참여하는 사전투표가 시작되기 하루 전 19~24세 청년들에게 버스와 지하철 요금의 40%를 깎아 주겠다고 공약했다. 선거 막판 금품 살포 매표 행위의 극치다.

10만 원을 나눠 주겠다는 것도 "누구 돈인데, 당신 맘대로?"라거

나 "부자들이나 안정된 직장에 다니는 사람들에게도 똑같이 껌값 뿌릴 생각 말고 더 신중히 연구해서 절박한 사람들에게 더 많이 줘라"라는 반응을 들었다. 돈 주고 표를 사겠다는 뻔뻔한 집권당 후보에 대한, 당연히 상식적인 유권자들의 힐난이다.

그런데 이번엔 대중교통 요금 할인이라니… 서울시 공기업들이 운영하는 교통수단 승차 요금이라 시장 맘대로 올렸다 내렸다 할 수 있다고 보는 그녀의 유치무쌍한 수준도 한심하거니와 젊은이들을 그런 식으로 끌어들일 수 있다고 생각하는 의식이 까무라치도록 놀랍다.

이런 사람이 방송 기자와 앵커를 했고, 국회의원에 장관까지 했다. 그녀는 대통령 문재인의 대학 후배임을 자랑스럽게 말하고 다녔다. 그를 '우주 최강 미남'이라 하며 '문재인 보유국'을 들먹이기도 했다. 대한민국 진보좌파 정권 사람들이 죄다 이 모양이다.

박영선의 초저급 공약, 젊은이들은 개돼지가 아니다

같은 여성이면서도 미국 컬럼비아 대학에서 경제학 박사를 하고 돌아와 KDI(한국개발연구원)에서 교수를 한, 국회 '5분발언' 스타 국민의힘 의원(서초갑) 윤희숙은 이런 저질 의원들과는 그 지적 수준과 교양, 시각, 태도에서 무척 비교된다.

그녀는 박영선의 현기증 나는 매표 공약을 보고 페이스북에 다음과 같이 적었다.

"박영선 후보의 19~24세 교통요금 할인 공약으로 드디어 희망을 봅니다. 그 난공불락 같던 여권 핵심 지지층마저도 이런 공약에 입다물 정도의 분별력을 가지고 있다는 것에 동시대를 사는 국민에 대한 믿음이 드디어 회복되기 시작합니다. 박 후보님 정말 감사합니다. 하다못해 25세 청년들이라도 할인 대상을 정한 원칙이 뭐냐고 따져 물을 법도 하지만 아무도 이 원칙도 맥락도 없는 공약을 진지하게 여기지조차 않네요. 여당 지지자로 보이는 댓글 하나에 숙연해집니다. '잘 지는 것'도 능력입니다. 더이상 추해지지 맙시다."

박영선은 20대들의 문재인 정부와 자신에 대한 지지율이 60대 이상 노년층 못지않게 급전직하한 작금의 여론조사들 결과를 보고 그런 아이디어를 낸 것 같다. 본인의 것일 수도 있고, 우둔한 선거 캠프 누군가가 냈을 수도 있다. 어찌 됐든 그것은 민주당의 진면목이고 그들이 국민을 어떻게 보는지를 웅변하는 것이다.

언론에서는 '개돼지'란 모멸적 단어를 자주 인용한다. 필자는 집권 세력이 그런 말까지 써서 국민을 천대하진 않을 것이라고 믿고 싶기도 하고, 필자도 개돼지가 되는 건 싫어서 그 세 글자를 극구 쓰지 않으려 한다. 그러나 박영선의 초저급 공약을 접하니 이 여자가 젊은이들을 정말 개돼지로 보는구나 싶었다.

유치한 환심 사려 발버둥 치는 민주당

윤희숙 말대로, 그럼 25세는 젊은이 아니고 사람 아닌가? 하필 19~24세로 다섯 생년을 시혜 대상으로 삼은 건 유권자 중 가장 젊은 사람들을 겨냥하면서 예산 초과 사용 범위 내에서 그렇게 좁힌 결과일 것이다. 기분 좋을(정말 좋아할 사람이 얼마나 될지도 모르지만) 사람 5%에 기분 나쁠 사람 95%가 될 공약을 선거 판세를 뒤집을 회심의 카드라고 내세운 그들의 판단력이 가련하기 그지없다.

더구나 박영선은 이 공약 발표 이전에 "20대들은 경험치가 부족해서 지금 상황만 보는 경향이 있다"라고 말한 사람이다. '뭘 모르는 아이들이라 국민의힘 같은 탐욕 세력을 지지한다'라고 그녀는 말하고 싶었을 것이다. 비판과 분노가 빗발치자 '그럼 돈 주겠다'고 나선 꼴이다.

국민의힘 서울시장 후보 오세훈도 유세에서 박영선의 "젊은이들 버스·지하철비 40% 깎아 주겠다고 한 걸 눈을 의심하고 다시 봤다"고 하면서 이렇게 연설했다.

"왜 민주당 콘크리트 지지층인 2030이 무너졌는가? 가장 큰 원인은 조국 전 법무부장관, 윤미향 민주당 의원, 오거돈 전 부산시장, 박원순 전 서울시장의 위선이 젊은이들에게 실망을 주고 분노하게 만든 것이다. 민주당의 저급한 제안은 젊은이들을 더 화나게 하고 있다."

오세훈은 선거 전 마지막 여론조사들에서 대략 50% 이상 대 30% 이하로 여유있게 앞서 있다. 투표 당일까지 지지 후보를 바꾸지 않겠다고 한 유권자들이 80~90%에 이른다. 선거는 이미 끝나 있다. 윗물은 맑은데 아랫물이... 어쩌고 거짓말을 늘어 놓으며 친여 방송 매체에 등장, 선전선동을 며칠 하다 곧 사라진 '진보 퇴물' 이해찬을 조롱하듯 자신들이 만든 법 시행 직전에 몰래 전셋값을 올려 받아먹은 윗물 중의 윗물들의 내로남불 범죄 행위가 속속 드러나고 있다.

청와대 정책실장 김상조에 이어 민주당 임대차법 대표 발의 의원 박주민도 법 통과 직전 서울 금호동 아파트 전세 재계약을 9% 인상해 체결한 사실이 들통나 세월호 변호사라는 그의 진보와 인권 이미지가 위선과 탐욕의 그것으로 바뀌었다. 이러고도 이들이 서울과 부산시장 자리를 다시 차지하게 된다면 해가 서쪽에서 뜨게 될 것이다.

박영선과 민주당은 위 윤희숙이 인용한 댓글을 다시 한 번 읽고 자신들을 진지하게 돌아보기를 권한다. 기왕 지려면 잘 져야 하지 않겠는가?

2021년 4월 3일

'이남자', '이여자'들로부터도
버림받는 문재인

중도우파는 물론 중도좌파도 정권교체로 돌아서며 청년층 합세
불공정, 법치 후퇴 민감 세대, 성별의 반(反) 문재인 기류에 주목

이십대 여성들의 문재인 지지율 폭락이 놀랍다.

이번 주 데일리안 의뢰 알앤써치 여론조사에서 대통령 문재인의
국정 수행 긍정 평가가 36.7%로 올해 최저치를 기록했다. 그 중에
서도 18세 이상 20대 여성(일명 '이여자')의 지지율이 33.6%로 나
타나 지난주의 63.8%에서 무려 30.2% 포인트가 추락, 눈을 의심
케 했다.(자세한 내용은 알앤써치나 중앙선관위 여론조사심의위
홈페이지 참조)
조사 방법이나 다른 알 수 없는 이유에 의한 과대 반영일 수도 있
으나 이 조사가 전적으로 엉터리가 아니라면, 우리나라 젊은 여성

들이 LH 사태가 난 지난 한 주 사이에 대통령을 무척이나 부정적으로 보게 됐다고 해석해야 할 것이다. 이 여자들은 그동안 대통령의 열렬 지지층이었기에 상징적 의미가 매우 크다.

문재인의 지지율은 역대 문민 대통령들보다 훨씬 견고한 수치를 보여 왔다. 지금의 전체 평균 36.7%도 임기 1년여 전의 김영삼(28%), 김대중(31%), 노무현(12%), 이병박(32%), 박근혜(12%)에 비하면 양반급이다.

콘크리트 지지층에서도 평가가 부정적으로 기울어

문 콘크리트 지지층 유지는 이 정부 들어 병적으로 악화된 정치적 양극화와 관계가 있다. 집권 세력이 펴는 정책 등을 보고 합리적으로 평가하는 게 아니라 그 진영이 하는 일이면 무조건 옳거나 틀리다고 보는 시각들이 어느 시기 우리 사회에 굳어졌다.

문재인 정권은 이런 양극화를 교묘히 또는 공공연히 이용해 왔다. 편 가르기다. 주요 이슈를 놓고 가진 자와 안 가졌거나 덜 가진 자, 영남과 비(非) 영남, 늙은이들과 중년, 청년 계층 대립으로 몰고 가 큰 재미를 보았다.

그러나 나라 전체를 고루 만족시키고 불만을 최소화하는 것이 의무인 국정 책임자가 이렇게 정파적인 접근으로 인기를 유지하려고 했을 때, 잘해야 40%대를 자기편으로 건질 수 있다. 잘못하면 그 이하로 떨어져 나라도 자신도 큰 어려움에 빠지게 된다. 최근 각종 여론조사가 보여 주는 결과가 그것이다.

대깨문 세력의 주축이라 할 콘크리트 지지 지역과 연령대인 호남, 40~50대에서 문재인 평가가 부정적으로 기울고 있다. 이런 균열 흐름 속에서 20대 젊은 여성과 남성들이 더 가파르게 지지를 철회하고 있는 것이다.

20대 젊은이들은 학업과 취업, 결혼이라는 일생일대의 중대 관문을 통과하는 연령층이다. 이들은 사회의 평등, 공정, 정의에 누구보다 민감하다. 이들의 문재인 정부 평가가 급전직하한 것은 이 나라가 평등하지 않고 공정하지 않으며 정의롭지 않다, 또 법치주의가 후퇴하고 있다는 의사 표시다.

20대 남녀들의 '문재인 버리기'

알앤써치 조사에서 특히 18세이상 20대 남성 응답층에서 문 정부가 지난 정권들보다 과정이 "불공정하다"고 바라본 비율이 64.4%로 전체 성·연령별을 통틀어 가장 높게 나타났다. 젊은 사람들인 만큼 기대와 실망의 진폭이 상대적으로 커서 LH 개발 정보 이용 투기사태 충격파도 이들에게 상당했을 것이다.

20대 남녀들의 '문재인 버리기'는 최근 검찰총장 윤석열의 사퇴와 오세훈 같은 서울시장 보궐선거 경선 과정에서 등장한 인물들을 대안으로 받아들이는 태도 변화와도 연관이 있는 것으로 보인다. 문재인에게 가 있던 정을 옮겨 줄 사람들이 나타남으로써 그 정 떼기가 가속화 하고 있다는 가설이다.

이들 연령대의 현 정부 지지율 변화는 그러나 당장의 서울, 부산 보선, 그리고 내년 대선 전망과 관련해서는 실질적 의미가 아주 크진 않다. 투표할 의향이 가장 적은 사람들이기 때문이다. 반문 정서가 원래 강한 중노년층에 청년, 특히 젊은 여성들까지 반문으로 돌아서고 있다는 게 중요한 변화다.

엊그제 발표된 중앙일보 의뢰 입소스 조사는 20대의 서울 보선 투표 의향이 46%에 그쳤다. 60세 이상 89%, 50대 82%, 40대 76%, 30대 74%였다. 지지 정당별로도 국민의힘이 90%, 민주당은 77%로 야권 후보들이 월등히 유리한 상황으로 급변한 모습이다. (자세한 내용은 입소스나 중앙선관위 여론조사심의위 홈페이지 참조) 원래 반문이었던 중노년층과 반문으로 돌아선 20대에 원래 친문인 사람들의 이탈까지 뚜렷해져 대통령 문재인과 진보좌파 진영의 위기가 심각한 국면을 맞고 있다. 최근 한겨레21 설문조사 결과는 격세지감(隔世之感)과 표변(豹變) 그 자체다.

이 잡지는 지난 대선 때 문재인을 찍었다는 1135명에게 '내년 대선에서는 어느 정당 후보에게 투표할 의향이 있습니까?'라고 질문했다. 절반이 넘는 응답자, 55.2%가 정부여당에 대한 계속 지지 의사를 밝혔다. 그러나 절반이 약간 안 되는 응답자, 44.8%가 '유보'나 '다른 정당 지지'로 생각을 바꿨다.

약 45% 이탈자들은 대부분 바뀐 지지 정당으로 기존 야당보다는 '아직 모름'이라고 대답했는데, 이것은 당연하다. 이들은 윤석열, 오세훈 이전까지는 문재인도 싫지만 야당도 싫은, 철저히 제3지대에 남아 있기를 고집하던 중도층이기 때문이다.

핵심은 중도우파는 물론 중도좌파도 문재인을 버리고 있다는 사실이다. 그러나 대통령 문재인과 친문 패거리 리더는 이러한 현실 인식을 제대로 못하고 있는 듯한 방향을 가리키고 있다. 문재인은 주초 청와대 수석보좌관 회의에서 LH 사태와 관련 난데없는 촛불 정신과 적폐 청산을 강조, 이 정부 특유의 내로남불 남탓으로 지지층 결집을 시도했다.

등 돌리고 떠나는 민심은 다 이유가 있다

법무부장관 박범계는 노무현 정부 국무총리 한명숙 뇌물수수 사건과 관련 대법원 판결을 뒤집는 수사지휘권을 발동, 제2의 추미애임을 확인해주고 있다. 일선 검사들은 "우리가 뭘 잘못했는지 대검 의사결정 과정을 생중계하라"고 반발한다.

'보수 궤멸, 진보 20년 집권'론을 펼쳤던, 친문 패거리들의 전략통으로 불리는 전 민주당 대표 이해찬은 불리한 서울 보선 판세를 (흑색선전으로) 뒤엎고자 친문 방송들에 나타나기 시작했다. 그는 엊그제 한 진보좌파 선전선동 TV 매체에 나와 윗물은 맑은데, LH 아랫사람들 일은 어쩔 수 없다는 논리를 구사했다.

서울과 부산 보선 성격에 대해서는 "이런 게 없었으면 내년 대선까지 아스팔트 길을 달리는 거였는데 자갈길로 들어서느냐, 포장길로 가느냐를 결정하는 중요한 선거가 생겨 버렸다"고 규정, (민주당 시장들의 성추행에 의한 선거라는 건 인정할 수 없고) 괜한 선거를 해서 어렵게 됐으니 우리 지지층들이 (시를 상대로 처가가 해먹은 오세훈 같은 자영업자에 흔들리지 말고) 힘을 모아야 된다는 식의 선동을 했다.

등 돌리고 떠나는 민심은 다 이유가 있어서 등을 돌리고 그들 곁을 떠난다. 사람들이 돌리는 등을 바라보는 그들만 그 이유를 모르고 있다.

2021년 3월 20일

친문의 섬 지키던 마지막 주민 40대,
그들도 섬을 떠나고 있다

전쟁 모르는 베이비부머들처럼 가난과 독재 안 겪어
'뭐가 문제인데?'라고 되묻는 불만 없는 세대
미국의 히피와도 같은 진보적 성향 강하게 보여
호남 거주 및 출신자들과 함께 정치적 섬 외롭게 형성

한국에는 지역과 연령층에서 정치적 성향이 독특한 두 그룹이 있다.

지역으로는 호남이고 나이로는 40대다. 정치적인 의미에서 호남은 현재 거기 살고 있는 사람들과 그 지역에서 이주한 수도권 주민들을 아우른다. 호남 거주 및 출신자들이 어찌해서 그토록 일편단심인지는 별도의 연구와 분석이 필요하다. 이 글에서는 나이 얘기만 하기로 한다.

40대들은 왜 문재인 섬(島)을 이루는 역할을 자임해 왔는가? 청년층+노년층과 정치적으로 양극화를 이루며 그 주민의 위치를 고수해 오다 이제야 하나둘씩 떠나기 시작하고 있는 그들은 과연 누구인가? 이들은 문재인 정부 실정에 분노하는 시류에 따라 요즘 서서히 변하고 있다. 최근 여론조사들은 40대의 대통령 문재인 긍정평가나 서울 보선 후보 지지율이 역전되고 있음을 보여 준다. 그러나 아직도 그 차이는 상대적으로 크지 않다. 20대나 60대 이상은 물론 30대, 그들과 비슷한 50대보다도 여전히 진보좌파에 강한 미련을 갖고 있는 것이다.

가정에서는 초중고 학생들을 부양하는 가장이요 직장에서는 팀장, 과장, 부장급 간부들로서 나라를 이끌어 가는 중추 계층이 친 진보좌파, 친 문재인 정부 성향을 압도적으로 견지함으로써 지난 몇 년간 대한민국에 미친 영향은 실로 지대하다.

한국의 40대는 왜 친 진보좌파적인가

대통령 문재인과 집권 세력은 (50대를 포함해) 40대들을 믿고, 이들에게 의지해서 요즘의 지지율 폭락 원인이 된 실정(失政)들을 이끌어 왔다고 해도 과언이 아니다. 그들의 전매특허인 편 가르기에 의해 든든한 우군이 되어 온 40대들은 미국을 예로 들자면 제2의 베이비부머로 분류될 수 있을 것이다.

베이비부머(Baby Boomer, 미국에서 2차 대전이 끝난 1946년 이후 1965년 사이에 출생한 사람들)는 미국 인구의 약 30%를 차지하는 미국 사회의 신주도 계층이었다. 이들이 전쟁을 겪지 않았듯이 한국의 40대도 이전 세대가 혹독하게 치른 가난과 독재의 세월을 모르는, 애 아닌 어른들이다.

베이비부머는 또 히피(Hippie, 1960년대부터 미국을 중심으로 일어난 반체제 자연찬미파의 사람들)들의 일부가 되기도 했다. 이것은 한국의 40대가 보이는 진보적 가치 선호와도 맥락이 비슷해 그들이 왜 압도적으로 친 진보좌파적이고, 친문재인 정부적으로 오랫동안 남아 있게 됐는지를 설명해 준다.

친문의 섬 지키는 40대의 생각

필자는 온라인 커뮤니티 등을 통해 40대 본인들과 그들의 주변 사람들의 생각을 직접 듣기도 하고 검색도 해보았다.

여성 1 : 40대 초중반은 대한민국에서 가장 꿀 빤 세대들이다. 보릿고개도 유신 독재도 겪지 않고 급속 성장에 따른 경제적 풍요를 누렸다. 결혼, 출산, 내 집 마련이 어려운 지금의 20대처럼 계층 사다리가 끊어지기 전에 행운의 젊은 시절을 보낸 사람들이다.

부모, 선배 세대가 얼마나 힘들게 대한민국의 근간을 이뤘는지도 모르고 20대들이 얼마나 막막해 하는지 모르는 것 같다. 현 정부에 대해서는 '뭐가 문제인데?'라는 태도를 보인다. 촛불혁명의 주역으로서 건전한 깨시민이라는 자아도취적인 면도 있다. 이런 모습은 40대 엄마들에게서 특히 강하다.

남성 1 : 40대들은 학교에서 586 운동권 출신 교사들로부터 많이 배웠다. 세뇌를 부정할 수 없다. 1997년 IMF 사태 극복, 2002년 월드컵으로 자신감을 가졌고, 보수 정권하에서는 공감과 분노의 위력에 취했다. 40대는 IQ보다 EQ가 더 중요하다고 들었던 세대다. 보수 정권을 놀리는 밈 현상(쥐, 닭 등)으로 진보는 좋고 보수는 나쁘다는 생각이 머릿속에 깊이 자리잡게 됐다.

남성 2 : 부모 세대와 달리 우리는 잘 사는 나라에서 산다는 자부심이 가득했다. 그러나 드라마나 학교 등에서 보고 듣는 내용이 그전까지 알고 있는 내용과 달라 배신감이 들면서 보수에 대한 분노, 증오가 생긴 것 같다. 지금 40대들의 반 보수당 정서는 이 증오가 가장 큰 원인이다.

남성 3 : 40대도 초중반과 후반은 많이 다르다. 40대 후반은 민주화 투쟁의 마지막 세대이자 IMF 불황을 최일선에서 경험한 사람들이다. 취업이 힘들어 아르바이트를 전전했고, 지금은 임원을 바라보거나 퇴직 후를 고민하는 인생의 기로에 서 있다. 모두가 진보 편이고 현 정부 편은 아니다. 안정된 기득권층은 더 보수화하고 있다.

남성 4 : 40대 초중반은 취업난을 모르는 세대다. 지금의 20대들과 정치 성향이 완전히 다른 이유이기도 하다. 취업난을 겪진 않았어도 돈을 엄청 벌거나 재산이 많은 것도 아니지만, 한국에서 세금 부담이 가장 적은 수입 구간에 속해 있다. 아이들 사교육 부담도 적어졌다. 숫자가 줄어 대학입시가 쉬워졌고, 아이들도 적게 낳았다. 다른 세대들에 비해 정부에 대한 불만이 적은 이유이다.

정치는 생물이다. 사람들의 정치성향 또한 생물이다

위 남녀 5명의 얘기를 들어보니 60대인 필자 세대의 정치적 인생 유전(人生流轉)과 비슷한 경험들을 한 모습이 비친다. 반공과 근면 (친정부) → 유신 독재 반대(반정부) → 자유 민주 옹호(반 진보좌 파) 등의 과정 말이다.

지금의 40대는 부동산, 세제, 자식들 취업과 결혼 문제 등으로 앞 으로 보수화할 가능성이 매우 높다. 그러므로 내일모레 서울과 부 산시장 보선에서 야권 후보가 승리할 경우 보수우파 지자체장들과 국회의원들이 앞으로 어떻게 하느냐에 따라 국민 지지도에서 진보 좌파에 우위를 보이는 기간이 상당히 길어질 수도 있다.

박근혜 탄핵 후 문재인 정부 인기가 하늘 높이 치솟고, 지난해 4.15 총선에서 난데없는 코로나 사태로 여권이 압승을 거둬 보수 우파 진영이 거의 초토화됐을 때를 생각하면 격세지감(隔世之感) 이 아닐 수 없다. 정치는 과연 생물이고, 사람들의 정치 성향도 생 물처럼 수시로 꿈틀거린다.

2021년 4월 5일

시대는 바야흐로 '샤이 진보'...
세상은 돌고 돈다

문재인 실망, 실정이 보수는 당당, 진보가 샤이하게 만들어
'퇴물' 원로 이해찬 재등장, 기죽은 진보 살리려는 안간힘

문재인 정부에서 진보좌파 목소리는 언제나 클 줄만 알았다.

그들에게서 노무현 정부의 실(失) 민심 사태도 절대로 일어나지 않을 줄 알았다. 그러나 그들도 예외가 아니었고, 어쩌면 더 나쁘게 추락하고 있다. 많은 사람이 한목소리로 그렇게 말하고 있고, 여러 여론조사 결과들이 직간접적으로 그것을 증명하고 있다. 세상은 돌고 돈다.

'샤이 진보'의 시대가 어느 사이 우리 곁에 도래했다. 당당한 진보좌파들이 문재인 정부의 실정으로 눈치 보는 진영 사람들이 됐다.

박근혜가 청와대에서 쫓겨나고 감옥에 들어갔을 때, 아무도 상상하지 못한 일이었다. 그때 침묵했던 사람들의 목소리가 커지고, 그때 박근혜를 비판했던 사람들이 이제 문재인을 비판하고 있다.

60대 초반인 필자 주변 사람 중에는 출신 지역(호남)이나 직업(전문직), 학력(대졸 이상) 등의 배경으로 인해 진보좌파들이 압도적으로 많았다. 이들 가운데 30~40%가 작년과 올해 사이 반(反) 문재인, 반 586 운동권 출신 정치인들로 전향(?)했다. 적극적으로 전향 사실을 밝힌 이들만의 비율이 그렇다.

나머지는 마음이 변했거나 변하고 있음을 드러내지 않는 사람들과 여전히 그 진영에는 머물러 있지만, 수세 모드로 변한 이들로 나눌 수 있다. 후자들은 정치 얘기가 나오면 침묵한다. 이들은 지난해 코로나 사태 초기 때만 해도 '국뽕' 찬가를 불렀다.

젊은이들을 결정적으로 등 돌리게 한 부동산 실정

조국 사태를 거치면서 1차로 기세가 꺾였는데, 추미애의 망나니짓이 결정적으로 이들의 목소리를 잠재웠다. 추미애는 친문 패거리들이 추앙해 마지않는 여자지만, 대통령 문재인과 진보좌파 정권에 치명상을 가한, 보수우파에게는 일등공신이요 그들에게는 자멸을 부른 역적이다.

부동산 실정은 기득권층(?)인 필자의 지인들에게는 큰 영향을 주지 못했다. 그러나 젊은 사람들에게는 절실하다. 조국, 추미애에 이은 부동산이어서 결정타가 되고 있다. 백성들의 주거 문제가 불안하면 진보 할아버지도 민심을 얻기 힘들다. 문재인은 김현미와 변창흠(더 나아가서는 청와대 정책실장 김수현)을 고집하다가 패가망신했다는 평가를 퇴임 후 받게 될지도 모른다.

필자가 관여하는 온라인 커뮤니티에서 젊은 여성들에게 최근 반문재인 정서에 대해 의견을 물어보았다. 일종의 서면 인터뷰이다. 놀라운 것은 그들의 생각이 부모 세대와 별로 다르지 않다는 사실이었다.

젊은 여성들의 생각

여성 1 : 구태를 벗고 뭔가 새로운 면모를 보일 것으로 기대했으나 이전보다 더 부패한 모습에 실망했다. 부동산 값 폭등하고 공급 확대 발표로 희망고문만 하다 LH 사태가 터졌다. 결혼도 기본적인 삶도 유지하기 힘들고 일자리도 없어진 데다 최저임금 상승으로 알바조차 구하기 힘들어졌다.

여성 2 : 새로운 시대를 기대하고 표를 줬으나 요즘 잇달아 일어나는 불공정 이슈들과 코로나 백신 조기 확보 실패 등으로 분노하는 마음이 크다. 공정이라는 가치가 크게 훼손되고 있는 것에 대한 배신감도 많다.

여성 3 : 80년대 운동권 사람들이 사회 부조리 타파와 독재에 반대했으나 그들 자신이 정권을 잡고 나서는 기득권층이 돼 얼굴을 180도 바꿨다. '사람이 먼저다'라고 했지만, 실제로는 '내 사람이 먼저다'라는 태도를 보이고 있다. 사실 문재인이 누군지도 모르고 많이 투표했으나 성범죄, 코로나 방역 규칙 위반, LH 사태 등 그의 이미지와 다른 모습을 보여주는 일이 너무 많이 일어났다.

실정(失政)이 보수는 당당. 진보는 샤이하게 만들어

박근혜 정부 후반과 문재인 정부 초반에는 박근혜를(이명박도) 욕해야 정상인 사람으로 취급됐다. 그런 자리에서 박근혜를 옹호했다가는 친구들 다 잃었다. 지금은 문재인을 두고 '우주 최강 미남'이니 '문재인 보유국'이니 한다면 '구제불능 정신이상자'라는 말을 듣게 될 것이다.

민심이 이렇게 가볍게 변하고 유행이 무섭다. 그러나 그 민심과 유행은 사실에 바탕한 것이다. 언론에 나고 있는 정권에 불리한 보도들을 사실로 믿는 사람들이 대부분이다. 그래서 바야흐로 '샤이 진보' 시대다.

지난 한 주 동안 친여 방송들에 나와 집권당 후보 선전과 상대 진영 후보들 깎아내리기에 열심이었던 반(半) 은퇴 '퇴물' 원로, 전 민주당 대표 이해찬의 입심 측면 지원은 '샤이 진보'들에게 사기를 높여 주려는 안간힘으로 해석된다. 기죽어 있지 말고 힘내라는 것이다. 그는 LH(한국토지주택공사) 직원들의 개발 정보 이용 투기사태에 대해 "윗물은 맑은데, 아랫사람들 일은 어쩔 수 없다"고 하면서 "LH 사태에 위축될 필요 없다"고 진보좌파, 좁게는 대깨문들의 이번 보선에서의 총궐기를 주문했다. 그러면서 그는 서울 보선 판세에 대해 "처음에 어려울 줄 알았는데, 요새 돌아가는 걸 보니 민주당이 거의 이긴 것 같다"고 주장했다.

야당 후보의 의혹을 물고늘어지면 이길 수도 있다는, 내일모레 69세인 이해찬식 계산법이다. 그는 1995년 초반 여론에서 압도적 1위였던 무소속 후보 박찬종이 역전패한 것은 유신 찬양 관련 거짓말 때문이라고 했다. 그러나 박찬종은 그 거짓말보다는 막판 김대중-김종필에 의한 호남 충청 출신들의 결집과 민주당 후보 조순 개인의 호감도 때문에 결정적으로 무릎을 꿇었다는 게 정설이다.

최근 여론조사들은 공통적인 추세를 보여 주고 있다. 정권교체 심리가 6대3으로 압도적이고, 그것을 위해 야당 후보가 당선되어야 한다고 생각하는 사람들이 큰 차이로 많다. 10% 안팎이 응답을 거절했는데, 이 사람 중에는 '샤이 진보'가 보수 지지자보다 많을 것이다. 이들은 투표할 의향이 없거나 지지 후보를 밝히길 꺼리고 있다.

이것은 지난해 4.15 총선 때와 매우 대조적이다. 이 선거에선 이전 대선에서 패배한 보수우파들도 많이 투표했지만, 진보좌파들은 코로나 선방에 고무되기도 해서 더 많이 투표에 참여, 민주당에 대승을 안겨 줬다.

따라서 이번 두 도시 보선에 임하는 현재 여론 추세가 2주일 남은 투표일까지 지속될 경우 이해찬의 희망은 물거품이 될 것이다. 과거 '샤이 보수' 유권자들이 투표장에 (정권교체를 위해) 작심하고 나타날 것이기에 그렇다. 풀죽은 '샤이 진보'들이 지레 포기하고 집이나 직장에 있으면 투표함은 열어 보나마나다.

2021년 3월 23일

02

윤석열의 등장과 상식의 회복

"윤석열의 3월 2일부터 시작된 융단폭격과 4일 전격 사퇴는 아무도 예상하지 못한 기습적인 것이었다. 그의 이 사흘은 근 1년 사이 행적 중 가장, 그의 멘토 중 한 사람이라는 어느 도인의 말대로 '목까지 고비가 오기 전에' 선제적으로 취한 속전속결(速戰速決)의 정치 출발 신호탄이었다."

내가 윤석열이라면 버티다 짤리겠다

설훈 우희종 등 북한식 말폭탄 사퇴 압박 무례
미 버먼 검사장처럼 정면 승부로 독립성 지켜야

임기가 1년여 남은 검찰총장 윤석열은 대통령 문재인과 청와대, 그리고 집권당과 범여 맹렬 지지자들의 눈엣가시다.

왜 그러는지는 그들도, 윤석열을 응원하는 쪽에 있는 국민도 다 알고 있는 사실이다. 정권이 원치 않는 수사를 하며 정권을 괴롭히고 있기 때문이다. 그러나 가진 자와 정권을 괴롭히는 일은 자유민주 국가에서 언론과 함께 검찰이 해야 할 당연한 책무이다. 그래야 권력과 부가 견제되고 바른길로 간다.

민주와 정의와 진보를 독점한 양 말하고 행동하는 더불어민주당(진보좌파는 작명과 상징 조작능력 하나는 뛰어나다. 당명은 솔직히 압권이다.) 사람들과 청와대 참모들, 그리고 그 주인인 대통령은 이러한 시대적 명제를 눈 하나 깜짝하지 않고 부인한다. 자기편을 들지 않으면 불의이고 구악인 것이다.

4.15 총선 압승으로 무소불위 권력을 갖게 된 그들에게 현재 그래도 장악하지 못한, 힘깨나 쓰는 '권력'이 크게 세 가지 있는데, 그것은 코로나, 보수언론, 검찰총장이라 할 수 있다. 이 세 파워는, 힘과 지위를 어느 날 갑자기 잃지 않는다면, 앞으로 남은 임기 2년여 동안 대통령과 집권당 사람들을 지속적으로 괴롭힐 것이다.

윤석열은 문재인 정부가 임명한 인물이다. 결과적으로 그들에게 패착이 되었지만, 발탁 당시에는 최선의 카드였다. 대통령이 '우리 총장님'이라고 부르며 "우리 살아 있는 권력도…"라고 성역 없는 수사를 주문한 사실을 많은 국민이 민망하게 기억하고 있다. (2019년 7월 그가 야권의 반대 속에 청문 보고서도 채택되지 않은 상황에서 임명된 사실을 아는 이는 많지 않을 것이다.)

윤석열은 실제로 정권의 하청 업무를 충실히 수행했었다. 이른바 적폐 청산 작업이다. 그는 이에 대해 일언반구 반대나 의구심을 보이지 않고 전 정권 관련 인사들을 잡아들여 있는 죄 없는 죄를 뒤집어 씌우는, 언젠가부터 이 나라의 정권 교체 후 일상이 된 보복 수사를 일사불란하게 지휘했다.

그러던 윤석열이 지난해 여름 다수 일반 국민에겐 영웅, 극렬 진보 좌파들에겐 원수로 돌변했다. 집권 세력의 보이지 않는 정치공학 선수들이 차기 유력 대선 후보로 점찍고 있던 법무장관 지명자, 전 청와대 민정수석 조국 일가에 대해 전방위적인 수사에 착수했기 때문이다.

상대편의 저급한 행동에 의해 만들어진 영웅

그 동기와 배경은 윤석열의 개인적인 것일 수도 있고, 검찰 집단의 조직적인 것일 수도 있다. 분명한 것은 그가 그런 저항과 추진력을 가진 강단(剛斷)이 센 인물이란 사실이다. 그런 사람에게 조국 사태 당시 집권 세력과 지지자들은 그의 투사로서의 의지를 더욱 키워 주었다. 온갖 모욕과 조롱으로 말이다. 영웅은 난세에 나기도 하지만, 이렇게 상대편의 저급한 행동에 의해 저절로 만들어지기도 한다.

조국과 청와대 관련 사건 기소 후 불편한 동거를 당분간 계속하는가 했더니 정권이 숙제로 삼고 있는 한명숙 사건 재조사로 법무장관 추미애와 충돌이 재발하자(추미애는 윤석열과 싸우는 일이 법무장관으로서 행하고 있는 유일한 업무로 많은 국민들에게 비치고 있다.) 또 그를 건드리는 북한식 말폭탄들이 터져 나왔다. 북한이 하는 일이라면 모든 게 이해되고 이해해야만 한다고 생각하는 이들이라 그런지 말폭탄도 많이 닮았다.

첫 번째 폭탄은 민주당 최고위원 설훈에게서 나왔다. 올해 67세로 후반기 국회의장을 꿈꾼다는 5선의원인 그가 "내가 윤석열이라면 벌써 물러났다. (검찰총장) 임기 보장과 상관없이 (법무부 장관과의) 갈등이 이렇게 일어나면 물러나는 것이 상책"이라고 한 것이다.

설훈은 전 대통령 김대중이 민주화 운동과 야당 총재를 할 때 주로 비서를 한 운동권 출신이다. 386 세대들 이전에 박정희 정부에 반대한 재야인사였는데, 시대가 바뀌는 고비마다 탁월한 선택을 해오면서 386보다 더 강경하고 선명하게 진보좌파 정권을 보위하는데 앞장서 온 이력을 보인다. (그는 현재 친문, 친이낙연계로 분류된다.)

설훈은 라디오 시사 프로에 나와 정권을 대변하는 언급으로 지명도를 높여 온 코멘트 정치인이기도 하다. 이번에 선거에서 떨어진 전의원 박지원처럼 언변이 좋아서 그러는지 라디오 PD들이 그를 즐겨 찾는다. 그러나 그가 어떤 입법 활동을 하면서 대한민국 민주와 정의 구현에 기여했는지는 잘 알려진 바가 없다.

다만, 전 한나라당 대선 후보 이회창의 병역 기피 의혹과 그가 기업인 최규선으로부터 거액을 받았다는 '최규선 게이트'를 폭로, 허위사실 유포 혐의로 처벌받은 전력이 있다. 이밖에도 중요 정치

사회 문제에 대해 언급할 때의 표현과 차별 의식, 왜곡된 시각 등으로 여러 차례 구설에 오르기도 했다.

아전인수의 대가, 폴리페서들의 망언

두 번째 폭탄은 폴리페서(Polifessor, 정계 진출을 노리거나 이미 진출한 교수)로부터 나왔다. 민주당의 비례연합정당인 더불어시민당의 전 공동대표이자 서울대 수의대 교수인 우희종이 "윤석열 검찰총장, 눈치가 없는 것인지, 불필요한 자존심인지 뻔한 상황이다. 이제 어찌할 것인가?"라고 물으며 윤의 사퇴를 압박한 것이다. 그는 자신의 페이스북에 "이번 총선에서 집권당이 과반을 넘는 일방적 결과는 굳이 이야기하지 않더라도 윤석열씨에게 빨리 거취를 정하라는 국민 목소리였다"고도 말했다. 민주당 후보들에게 표를 몰아준 것이 윤석열에게 사퇴하라는 민의였다니...

아전인수(我田引水)는 이런 때 써야 할 말이다. '진보당이 마음에 썩 들지는 않으나 보수당은 더 정이 안 가고 코로나 대처도 잘했으니 찍어 준다'라고 하는 것이 민주당 압승의 배경이 됐다는 해석이 보다 더 사리에 맞을 것이다. 대다수 국민의 마음은 윤석열은 윤석열이고 민주당은 민주당이었다.

우희종은 머리에 숭숭 구멍이 난다는 등의 괴담으로 나라를 뒤흔

들고 이명박 정부를 그로기 상태로 몬 대선불복 성격의 광우병 사태에서 유전자 이론 등으로 맹활약한 시민운동가 학자이다. 정의연(정의기억연대) 전 대표 윤미향의 기부금과 보조금 유용 의혹이 불거진 사태 초기에는 이를 폭로한 이용수 할머니의 "기억에 왜곡된 부분이 있는 것 같다"고 주장한 바 있다.

정면승부, 검찰의 독립성을 지키는 길 택해야

그는 윤석열에게 "자신이 서 있어야 할 곳에 서라"고 요구했는데, 서 있어야 할 곳이란 변호사 자리를 말하는 것인가, 대기업의 발주 사업을 고분고분 이행하는 하청업체의 사장 자리를 말하는 것인가? 우희종 자신이야말로 이렇게 다수 일반인의 정서와 맞지 않는 친정부(어용) 정치 행위를 계속하고 싶다면, 국민의 세금으로 월급을 받는 국립대학 교수 자리에서 내려와 '자신이 서 있어야 할 곳'에 서 있어야 하는 것 아닌가?

어쨌거나 윤석열은 이런 정권의 '돌격대원'들이 던지는 폭탄을 맞고 전의를 상실, 지금 곧 스스로 사표를 내거나 좀 더 버티다 기상천외한 공작에 의해 내몰려 나감으로써 진보 논객 진중권이 예고한 대로 '정권 붕괴의 서막'을 올리게 될 주인공이 됐다. 지난 연말연시 화제가 된, 믿거나 말거나 사주 전문가들 예언에 따르면 60년 경자년(庚子年) 생인 그는 6~7월에 퇴임해 몇 년 후 대운을 맞는다고 한다.

그는 사주 풀이와 관계없이, 대한민국 검찰과 국민을 위해 사퇴 압박이 부당하며 국민에 대한 예의가 아니라는 자신의 입장을 분명하게 밝힐 필요가 있다. 버티다 짤리는('잘리는'의 강조 형태로 국어사전에는 잘못된 표현 또는 [북한어]로 돼 있다.) 사태의 감독과 주연배우가 되라는 말이다. 필자가 윤석열이라면 그렇게 정면승부, 검찰의 독립성을 지키려는 길을 택할 것이다.

때마침 미국에서 전해진, 트럼프에 의해 발탁됐다가 그의 탄핵 소추 원인이 된 우크라이나에서의 불법행위 혐의로 그의 측근 루디 줄리아니 전 뉴욕 시장 등을 수사하자 해고된 뉴욕남부지검장(맨해튼 담당으로 한국의 서울중앙지검장 격) 제프리 버먼(Jeoffrey Berman)이 사표내기 전 언론에 내놓은 입장문을 윤은 참고하길 권한다.

"나는 내 자리를 (스스로) 그만둘 의향이 전혀 없다. 나는 대통령의 후임 지명자가 상원에서 확정될 때 물러날 것이다. 그때까지, 우리의 수사는 지연이나 방해 없이 앞으로 나아갈 것이다."

2021년 6월 22일

윤석열 쫓아내는 문재인과 추미애,
'부마항쟁' 각오하고 있는가?

추미애의 윤석열 축출 시도는 유신정권의 차지철과 꼭 닮은꼴
야당 총재 김영삼 의원 제명은 부마사태 이어 10.26으로 자멸

1979년 10월, 대통령 문재인은 1년 전에 특전사를 병장 만기 전역하고 경희대 법학과에 복학한 27세 즈음의 고시 준비생이었다.

다음 해에 사법시험에 합격했으니 공부하느라 당시 세상 돌아가는 일을 자세히 몰랐다고 보고 그때 그 사건, 그 엄청난 파동을 요약해 드리겠다. 신민당 총재 김영삼의 의원직을 정권이 제명해 버린 '헌정 사상 초유'의 행패 말이다.

이 헌정 사상 초유라는 말에 문재인 정권은 각별히 긴장해야 한다. 역사의 강이 험하게 구비칠 때마다 초유의 사태는 어김없이 일어났기 때문이다. 그대들이 이번에 도모하고 있는 일도 헌정 사상

초유의 일이라지 않는가?

박정희 유신정권은 탁월한 리더십과 선견지명으로 수출에 의한 급속 경제 성장에 성공, 단기간에 나라 백성들이 보릿고개에서 벗어나는 기적을 이룸으로써 박수를 받았으나 독재라는 불명예스런 딱지는 떼어내지 못했다. 그래서 지식인들과 학생들, 다수 중산층 시민들로부터는 인기가 별로 없었다.

당시 독재정권에 비판적인 국민을 대표하는 이는 신민당 총재 김영삼이었다. 79년 5월 가택연금 상태에 있던 김대중의 비밀 지원을 받은 그는 2차 투표에서 정권이 선호하는 이철승을 11표 차로 누르는 역전승으로 야당 대표가 돼 드디어 박정희 정권 타도 투쟁의 선봉에 서게 됐다.

왜 박정희 정권은 몰락했는지를 보라

YH 여공 당사 농성 보호, 뉴욕 타임스 기자회견 발언 등이 터지면서 정권의 그에 대한 미움도 극대화됐다. 합법적 정치 무대에서 제거해 버리고자 하는 그들의 무모한 충동에 불행히도 브레이크가 걸리지 않았다. 비극의 시작이었으며 그 비극의 액셀레이터를 밟은 사람은 대통령 경호실장 차지철이었다.

10월 4일, 여당은 국회 안으로 사복 경찰 300여 명을 불러들여 야당 의원들을 꽁꽁 묶어 놓은 채 한쪽 골방에서 회의를 열고 공화당과 유정회 의원 159명 전원이 찬성, 김영삼 의원 제명안을 가결 시켰다. 김영삼은 국회를 떠나면서 "닭 모가지를 비틀어도 새벽은 온다"는 유명한 말을 남겼다. (마침 지난 22일은 그의 서거 5주기였다.)

민심은 극도로 흉흉해졌다. 12일 후 김영삼의 고향 부산에서 학생들이 '유신철폐' 구호와 함께 거리로 나왔다. 다음 날부터는 시민들이 합세했다. 사태가 심상치 않았다. 계엄령이 선포됐고 군 장갑차들이 부산대 주변 등 시내 도로에 나타났다. 4일 후 시위는 마산으로 번졌다. 정권은 마산에 위수령을 내렸다. 부산과 마산에서 수백 명이 체포돼 군사재판에 넘겨졌다,

이것이 이른바 부마(釜馬)사태이고, 광주사태와 마찬가지로 훗날 사태 대신 민주항쟁이라는 이름으로 불리고 있다. 정권은 초긴장했으나 엎질러진 물이었다. 10.26의 총성은 그로부터 며칠 후 서울 궁정동 안가에서 울렸고. 유신정권의 광인(狂人) 호위무사 차지철은 '이게 다 네 탓이야, 버러지 같은 놈!'이라고 외친 권력의 또다른 축 중앙정보부장 김재규에 의해 사살됐다. 그로써 박정희 정권도 몰락했다.

대한민국 법치(Rule of Law)가 무너지고 있다

법무부장관 추미애가 24일 결정한 검찰총장 윤석열에 대한 징계

청구 및 직무 배제가 어떤 파장을 몰고올지 예측불허이고 폭풍전야의 느낌이다. 대단히 걱정스럽고 착잡하다. 무리한 선택, 감정적인 조치는 파국을 부르게 돼 있다. 짜고 치는 고스톱처럼 감찰 결론은 철저히 절차를 무시한 기습적인 것이었고, 그 사유는 전혀 일방적인 주장이었다. 대한민국에 법치(Rule of Law)가 이렇게 무너지고 실종된 적이 문민화 이후 한 번이라도 있었는지 놀랍고 개탄스러울 따름이다.

대통령 문재인은 추미애의 발표 직전 보고를 받았을 뿐 별도의 언급을 하지 않았다고 한다. 그는 이번에도 말하지 않았고, 앞으로도 이 사태가 일파만파가 돼 나라가 요동을 쳐도 기자회견이나 대국민 담화를 끝끝내 하지 않을 것인지 '문재인, 트위터라도 좋으니까 국민에게 말 좀 하라'고 요구한(데일리안 11월 22일자 〈정기수 칼럼〉) 필자로서 묻는다.

문재인은 유신정권의 차지철처럼 정권을 위해 몸 바치려다 급기야 자기 성정에 못 이겨 윤석열의 얼굴을 손톱으로 할퀴고 바지 가랑이를 잡고 패대기치는 추미애 때문에 박정희 같은 운명을 맞이해도 좋겠는가? 당신들은 부마항쟁을 각오하고 있는가? 원하지 않는다면 현명한 판단을 해야 한다. 추미애의 윤석열 축출 시도는 친문 핵심들과 문재인의 지시 또는 최소한 그들의 공감 또는 묵인에 의한 것으로 보는 게 상식이다.

그녀는 이 결정을 위해 그동안 징계(해임) 사유 목록을 적어 꾸준히 감찰을 진행해 왔다. 언론사 사주와의 부적절한 접촉, 조국 등 주요 사건 재판부 불법 사찰, 대면조사 비협조 및 감찰 방해, 정치적 중립 위반 등 '확인'됐다는 '심각하고 중대한 비위 혐의'들의 사실관계가 정확히 어떤 것인지는, 당연히, 밝히지 않았다.

헌정사상 초유의 검찰총장, 민심 이반(離叛)

앞으로 열릴 징계위원회에서도 구체적 내용과 진위 여부는 낱낱이 공개되지 않은 채로 그저 '비위가 심각하고 중대해 징계를 결정했다'라고 발표될 것이다. 추미애의 일방적 결정을 들은 민주당 대표 이낙연은 "법무부가 발표한 윤 총장의 혐의에 충격과 실망을 누르기 어렵다. 공직자답게 거취를 결정하길 권고한다"고 페이스북에 적었다. 그는 뭘 알고 충격과 실망을 누르기 어려웠을까? 정권 파수꾼 장관의 주장은 절대로 사실일 것이라고 믿는 그의 기자 출신답지 않은 자세와 판단력에 연민의 정을 갖지 않을 수 없다.

그동안의 의도와 스타일로 보아 추미애는 징계위원회를 통해 윤석열을 징계하고 임면(任免)권자인 대통령에게 해임을 건의하는 절차를 밟을 것으로 보인다. 그녀는 윤석열을 소원대로 제거하고 나면 월성 원전 조기 폐쇄 과정에서의 불법행위에 대해 '감히' 수사에 착수한 대전지검에 대해서도 인사의 칼을 휘두르는 등 그녀가 말하는 소위 '검찰 개혁'을 위해 가일층 일로매진하게 될 것이다.

추미애의, 즉 문재인 정권의 검찰 개혁은 살아 있는 권력에 손대려는 총장 윤석열과 몇몇 맹견 검사들을 몰아내고 그 자리를 애완견 총장, 애완견 검사장, 애완견 검사들로만 채워 두려고 하는 시도라는 걸 모르는 사람은 이제 많지 않다. 사실상 농단(壟斷)이라 해야 할 그 거짓 개혁 칼부림에 윤석열의 목이 지금 경각(頃刻)에 달려 있다.

필자는 윤석열에게 일찍이 '버티다 짤리라'고 조언을 한 데 이어 추미애가 한낱 사기꾼 말을 이용해 그를 감찰한다고 했을 때는 '더럽고 한심한 꼴 더 이상 보느니 차라리 옷 벗고 나가 그들과 크게 한 판 싸울 준비를 하라'고 권유하기도 했다. 윤석열은 결국 버티다 잘려나가는 '헌정 사상 초유의 검찰총장'이 되고 있는 형국이다.

시대가 변하여 '부마사태'는 일어나지 않겠지만, 그 민심, 그 표가 어디로 갈 것인지에 대해 문재인 정권은 잠시 광기(狂氣)를 진정시키고 생각해야만 할 것이다. 민심 이반(離叛)이야말로 그들에게 '심각하고 중대한' 사태이다.

2020년 11월 26일

윤석열은 준비해 왔다...
그의 어록 복기(復棋)

도인 멘토가 지도자 수업도... 사퇴 전 이틀 행적은 치밀한 계산
신문 인터뷰-대구 방문-전격 사퇴, 과거와는 다른 선제적 행보

윤석열의 3월 4일 거사(擧事)는 주도면밀하게 계획된 일정에 의한 것이었다.

그의 이날까지의 3일간 어록을 복기(復棋)해 보면 잘 짜인 영화 대본 같은 흐름이 읽힌다. 정치 개시 선언을 할 최선의 타이밍을 그는 놓치지 않았고, 또 그것을 더 완벽하게 만들었다.

그는 국가의 최고 수사 기관인 검찰을 폭파해 버리는 문재인 정권의 소위 검찰개혁 시즌2 윤곽이 처음 드러난 지난 1월 하순 이후 40여 일 동안 침묵하며 은인자중(隱忍自重)해 왔다. 2월 초순 민주당 의원 황운하 등이 중대범죄수사청(중수청) 설치법을 발의한

이후에도 즉각적인 반응을 하지 않았다.

검찰개혁이란 곧 검찰 해체, 언론이 울리는 비상사이렌

중수청 설치는 이 신설 수사 기관이 검경 수사권 조정으로 불과 몇 달 전 검찰에 남겨진 6대 범죄 수사마저 떼어 감으로써 검찰을 공소유지만 전담하는 공소청으로 바꾼다는 검찰 해체 작업의 핵심이다. 극소수 언론 매체에서만 이 문제의 심각성을 다뤘다.

다른 언론 기자들과 논자(論者)들은 그 시도가 너무나 어처구니없고 과격한 종류라 설마한 것이다. 필자가 '문재인 검찰개혁은 한동훈 같은 검사들 무장해제다'(데일리안 [정기수 칼럼] 2월16일자)라는 글을 쓴 지는 20일이 안 됐다.

대통령 문재인과 조국, 추미애, 그리고 최강욱, 김남국, 김용민, 황운하 등 여권의 친문 강경파 의원들이 부르짖는 검찰개혁이란 다름이 아니고 검찰 해체를 뜻한 것이었다는 사실을 해독(解讀)하고 고발하는 비상 사이렌이 다른 언론들에서 비로소 울리기 시작했다. 2월 하순이었다. 윤석열은 이때까지 언론 보도와 여론 동향을 살피며 날을 잡기 위해 기다리고 있었다. 그는 추미애의 집요하고도 치사한 쫓아내기 공세에 "임기는 국민과의 약속, 소임을 다하겠다"라며 정계 진출 시기를 늦춰 왔다.

올해의 특종, 윤석열 인터뷰

며칠 후 드디어 검찰총장 윤석열의 신문 인터뷰가 나왔다. 3월 2일이었다. 도하(都下) 모든 언론 매체들에서 안 받을 수가 없는, 파괴력 엄청난 뉴스였다. 그가 왜 국민일보를 미사일 발사대로 택했는지는 흥미로운 추측 거리다. 강성 보수 기독교 계열인 이 신문은 윤석열이 골랐든 대검 출입기자가 우연의 일치로 운 좋게 요청을 해서 이뤄진 것이든 '올해의 특종'을 한 셈이다.

인터뷰는 장장 3시간에 걸친 대담 형식이었다. 마음먹고 하지 않으면 검찰총장이 한 언론사에 집무 중 이렇게 긴 시간 동안 질문하고 답변하는 일정을 할애하기 쉽지 않다. 그는 3시간을 알맹이 있고, 일관된 내용의 메시지를 말로 전할 수 있도록 많은 조사와 생각, 정리했을 것이다. 준비된 대담이라 하더라도 그의 달변과 논리, 순발력을 엿볼 수 있는 대목이기도 하다.

윤석열은 이 인터뷰에서 중수청 설치 등 여권의 검찰개혁 추진에 대해 "민주주의의 퇴보이자 헌법정신의 파괴이며 법치를 말살하는 것이다"라고 청와대와 여권에 선전포고를 하면서 "단순히 검찰 조직이 아니라 70여년 형사사법 시스템을 파괴하는 졸속 입법"이라고 난타했다.

그는 이어 "직을 걸어 막을 수 있는 일이라면 100번이라도 (직을) 걸겠다"고 했고, "국민들께서 졸속 입법이 이뤄지지 않도록 두 눈

부릅뜨고 지켜보시길 부탁드린다"라고 말했다. 윤석열의 입에서 국민이 이때부터 여러 번 나온다.

그리고 윤석열은 다음날 대구로 내려갔다. 대구는 그가 서게 될 보수 진영의 심장으로 불리는 곳이다. 그가 사퇴 전날 하필 이 도시를 골라서 방문한 이유가 그래서 얘깃거리가 된다. 이른바 적폐 수사의 선봉에 서서 결국 박근혜와 이명박 두 전 대통령을 구속함으로써 극성 보수 지지자들에게는 원한을 산 윤석열이다.

그는 '마음의 빚' 청산을 위한 첫걸음으로 대구를 찾은 것이다. 앞으로 기회 있을 때마다 나올 적폐 수사 전과(前科) 논란을 의식한 포석(布石)이다.

그는 대선 출정식을 방불케 한, 환영 나온 시민들에게 "대구는 내 고향 같은 곳이다"라고 말했다. 박근혜 정부에서 그가 국정원 대선 개입 수사 후 좌천당해 간 곳이 대구고검이다. 대구, 경북은 윤석열에게 원한을 가지면서도 그 어느 지역보다 열렬히 윤석열을 지지해 왔고, 그가 대선에 출마할 경우 부친 윤기중(공주, 연세대 명예교수)의 고향인 충청과 함께 압도적으로 밀게 될 지역이다.

검수완박(검찰 수사권 완전 박탈)은 부패완판

윤석열은 대구 검찰청 방문 자리에서 "검수완박(검찰 수사권 완전 박탈)은 부패가 완전히 판치는 부패완판이다"라고 2차 공격을 감행했다. 부패완판은 미리 깊이 생각하지 않으면 나오기 힘든 4자 조어이다. 그리고 4일 오후 대검에 나와 사퇴를 발표했다. "이 나라를 지탱해온 헌법정신과 법치 시스템이 지금 파괴되고 있다. 그 피해는 오로지 국민에게 돌아갈 것이다. 저는 우리 사회가 오랜 세월 쌓아 올린 상식과 정의가 무너지는 것을 더 이상 지켜보고 있기 어렵다."라는 입장문과 함께.

4일은 최강욱 등이 발의한 '윤석열 출마금지법'(현직 검사·법관이 출마하려면 1년 전 사직 의무화)이 소급적용 조건으로 통과될 경우 차기 대선일 내년 3월 9일에서 1년 5일 전이다. 그는 이날 검찰을 떠나면 정치인으로 법치 말살 정권과 싸우겠다고 읽히는 선언을 했다. 사실상 대선 출사표다.

"검찰에서의 제 역할은 지금, 여기까지다. 앞으로 제가 어떤 위치에 있든지 자유민주주의와 국민을 보호하는 데 온 힘을 다하겠다."

목까지 고비가 오기 전에 넘기도록 주의하라

때마침 한 인터넷 언론 매체에는 윤석열의 멘토 중 한 사람이라는, 긴 머리를 뒤로 묶은 도인(道人)과의 인터뷰가 올라왔다. 전 조선일보 기자 최보식이 만난 이 사람은, 검찰 주변에서 총장이 위기 때마다 자문을 구하는 승려가 있다는 소문에 따라 찾게 된 특정 종교 승려다.

서울시장 보선 경선 후보 안철수와 스님 법륜과의 과거 관계를 연상케 하는 대권 도전자와 승려와의 만남이다. 이 승려는 책과 유튜브 추종자들이 상당히 많다고 알려진 인물로 윤석열이 부인을 통해 만나 친해졌다고 한다. 그는 열흘에 한 번 정도씩 지도자 교육을 하며 "윤석열이 정리를 잘 하고 있고, 내가 다듬어주고 있다"고 말했다.

이 도인은 "닥칠 수밖에 없는 어떤 일에 대해 대처하는 법을 가르쳐 주며 돕고 있다"고 했다. 4년 전 최순실 수사 때부터 추-윤 갈등 때까지 고비를 잘 넘기도록 코치를 했다는 것인데, 특히 '목까지 고비가 오기 전에 넘기도록 주의하라'는 당부를 해왔다고 한다.

그의 이 말을 듣고 보니 윤석열이 전 법무부장관 추미애에게 "총장은 장관의 부하가 아니다"라고 치받은 것도 한참 참다가 터뜨렸고, 이번 중수청 설치를 통한 검찰 해체 추진에도 오랜 침묵 끝에 대포를 발사한 사실이 떠올랐다.

윤석열의 2일부터 시작된 융단폭격과 4일 전격 사퇴는 아무도 예상하지 못한 기습적인 것이었다. 그의 이 사흘은 최근 1년 사이 행적 중 가장, '목까지 고비가 오기 전에' 선제적으로 취한 속전속결(速戰速決)의 정치 출발 신호탄이었다.

2021년 3월 8일

반기문은 반기문, 윤석열은 윤석열...
'고시촌의 건달'

YS, DJ 이후 처음 싸워서, 자력으로 지지율 1위로 올린 '괴물 신인'
반기문 고건 꼴 난다는 냉소가 희망사항이 될지는 지구력에 달렸다

윤석열은 한국정치사에서 1969년 '40대 기수론'의 YS와 DJ 이후 반세기 만에 나타난, 싸워서 인기가 올라가고, 싸워서 자력으로 대권 후보가 된 거물(巨物) 신인이다.

'고건을 보라' '반기문도 그랬다'라는 단명 스타 예감과 냉소가 윤석열에게도 맞게 될까? 제대로 싸워 보지도 못하고 힘없이 나자빠진 그들과 윤석열을 단순히 동렬에 놓기에는 다른 점이 많다. 또 그는 매우 다르게 출발하고 있다.

고건과 반기문, 그리고 안철수까지도, 대권 도전에 실패하거나 도중에 낙오한 가장 큰 배경은 모범생들의 한계다. 그들은 이력서로

남들이 떠받들어 대선 후보가 됐다. 반면 윤석열은 현 정권과의 대립을 통해 잠재 대선 후보로 떠올랐고, 막판에 맞장을 떠 대권 주자 자리를 굳혔다. 맷집과 근성이 부족했던 고건과 반기문의 하차는 그들의 화려한 이력에 대중이 홀리고 자신들도 속은 결과였다. 그 이력이란 힘악한 대선 전선에서는 모래성에 다름아니다. 슬쩍 건드리기만 해도 와르르 무너져 버린다.

정권 온실에서 성장한 고건, 평생 꽃길만 걸어온 반기문

박정희 유신 정권 온실에서 초고속 성장한 새마을운동 정책 관료 고건을 보자. 그가 권력에 대고 한마디라도 듣기 싫은 소리를 하고, 불합리한 정책에 강하게 저항을 한 적이 있는가? 국민 편에 서 본 적이 있는가?

아니다. 그는 전형적인 모범생 관료였다. 그래서 노무현 정권이 안심하고, 초대 국무총리로 낙점한 인물이다. 노무현의 변방, 과격 이미지를 중화시킬 수 있는, 점잖고 안정된 인상의 호남 출신 '공무원'이 고건이었던 것이다.

반기문은 강단(剛斷, 굳세고 꿋꿋하게 견디어 내는 힘)이라는 점에서 고건보다도 어떻게 보면 더 약한 사람이었다. 충주고가 낳은 수재로 외무고시에 합격, 평생을 외교관으로 '꽃길'만을 걸어왔었다. 일반인들에게 외교관이란 파티를 연상케 하는 직업인이다.

그는 UN 사무총장이 돼 대권 후보 반열에 올랐다. 그러나 그 직위에서 그가 한 일이 뚜렷하게 기억되는 일이 있는가? 아프리카 가나 출신 코피 아난은 알아도 반기문은 모르는 세계인들이 절대다수다. 반기문은 UN에서도 무색무취(無色無臭), 있는 듯 없는 듯한 존재였다. 그가 사무총장이 된 것은 대륙별 순회 원칙에 의한 것이었으며, 차례가 된 다른 아시아 국가(상임이사국 제외) 외교관들이 때마침 자국 사정으로 결격 조건들이 많은 행운이 작용했다. 대통령 노무현이 아프리카 전역을 돌며 그의 선거 운동도 해주었다.

비슷한 과거, 근본적으로 다른 체질, 성향, 감각

고건과 반기문은 야권 인물로도 볼 수 있고 여권 인물로도 분류될 수 있는, 모호한 정체성으로 확실한 지지 기반이 없었다. 고건은 박정희 키드지만 그의 숙적 김대중의 부름을 받아들여 서울시장에 당선됐다. 반기문은 5~6공에서 외교관으로 성장했고, 노무현 정부에서 UN 최고 자리에 올랐다. 그들은 한쪽을 선택하면 다른 한쪽으로부터 뭇매를 맞게 되는, 오히려 취약한 출신 성분을 갖고 있었다. 결국 둘은 언론의 검증 보도와 정치권의 네거티브 공세를 이겨내지 못해(상처를 받아) 일찌감치 항복하고 퇴장했다.

윤석열은 이 두 사람과 엘리트 공직자 출신이라는 등의 비슷한 과거를 갖고 있으면서도 근본적으로 다른 체질, 성향, 감각을 보이고 있다. 특히 상처는, 30년 검사로서 범죄인들과 대면해 온 그에게 사치스러운 단어다. 그는 일단 모범생 기준에서 고건 반기문 류(類)가 아니다. 서울법대는 재수하지 않고 바로 들어갔으나(79학번), 고시를 9수(修)해서 1991년에 합격했다. 두세 번도 아니고 9번 낙방한 끝에 겨우 검사가 됐다는 사실은 그가 어떤 인물이라는 걸 상징적으로 드러낸다. 그가 두주불사(斗酒不辭) 건달로 유명했다는 말은 서울 신림동 고시촌에 전설로 남아 있다. 사람들과의 교류, 의리를 중시하고 벼락출세를 꾀하지 않으며 공붓벌레도 아니다. 그는 또 책 10쪽을 읽고 한 권을 다 읽은 것처럼 장시간 얘기할 수 있는 '구라' 실력도 장착한 것으로 알려져 있다. 대검 청사에서는 청소하는 '여사님'까지 잘 챙기는 자상한 면모로도 언론에서 화제가 됐었다.

비(非)투사 출신의 투사적인 '나라를 구할 사람'

윤석열은 고건이나 반기문처럼 화려한 경력으로 잠재 대선 후보가 되지 않았다. 오로지 그의 말, 즉 대가 세고 직선적인 저항의 언행으로 관심도가 올라갔고, '나라를 구할' 사람으로 다수 국민이 기대를 걸게 된 인물이다.

그는 자신의 강단과 투지로 정권과 싸워서 지지율을 1위로 끌어올린, 실로 오랜만에 보는 비(非) 투사 출신의 투사적인, 골프 연습장에서 연습만 하다 필드에 나온 첫 라운드에서 싱글을 기록한 격인

'괴물(怪物) 신인'이다. 그의 강점은 거침이 없는 직선적이고 소탈한 언어 구사와 태도다. 고건이나 반기문은 이를 흉내도 낼 수 없다. "총장은 장관의 부하가 아니다" "국민을 개돼지로 안다" "검수완박은 부패완판이다"라는 등의 보통 사람들도 알아듣기 쉬우면서 통쾌한 그의 문법은, YS를 연상시키는 탁월한 정치 감각의 산물이다.

그는 또 시대정신 선점에서 다른 여야 유력 후보들보다 압도적으로 유리한 어록과 좌표 설정을 보이고 있다. 법치, 공정과 정의, 그리고 상식은 '한 번도 경험해 보지 않은' 문재인 정권 아래서 국민이 뼈저리게 느끼고 갈망하게 된 시대적 명제이다. 그는 그것들이 말살되고 무너져 검찰총장직을 던진다고 했고, 그것들을 회복시키기 위해 대통령에 출마한다고 선언하게 될 것이다. 윤석열은 '왜 대통령이 되려고 하는가?'라는 물음에 대한 분명한 답을 갖고 있다. 지구력도 약해 보이지 않는다. 반복하자면, 그는 고시 9수 출신이다. 반기문 대망론(大望論)이 대망론(大亡論)이 된 것을 보라고 하는 여권 인사들의 손가락질은, 사실은, 윤석열도 그렇게 망하기를 절박하게 바라는 그들의 희망이었음을 그가 1년 후 증명하게 될 것인가? 이 물음에 대한 답은 그의 밑천(지식, 경험, 비전)과 끈기, 뚝심이 결정해 줄 것이다.

2021년 3월 6일

윤석열의 진보도 보수도 아닌 '법치'는 시대정신

공정과 정의, 상식... 중도우파 기치로 나서면 진보좌파에 우위
보수우파와 중도층 대거 흡인하는 진영 설정과 리더십이 관건

윤석열의 대권 도전은 중도층의 기대에서 비롯된 것이며 그 승패 역시 중도층의 지지 여부에 달려 있다.

제1야당 국민의힘 다수의원들과 비대위장 김종인이 모르고 있거나, 알아도 모르는 척하고 있는 사실은 한국의 정치 지형이 현재 세계적 추세인 양극화와 다른 양상이라는 것이다. 우리는 진보와 보수에 중도가 확고하게 자리잡고 있는, 3극화를 보이고 있는 나라다.
문재인 정권에 실망하고, 586 운동권 기득권 세력으로 대표되는 진보좌파에 염증을 느끼는 사람 중에 정통 보수우파 정당, 즉 국민의힘에는 정을 줄 수 없는, 반(反) 태극기 또는 반 박근혜 심리가

엄연히 존재하는 게 현실이다. 그 비율은 대략 20~30%다.

이들 유권자는 최소한 이번 서울과 부산 시장 보궐선거, 그리고 내년 대선까지는 그런 마음을 쉽게 바꾸지 않을 것이다. 서울 보선에서 안철수가 여론의 우세를 얻는 건 안철수라는 인물보다는 그의 '지명도+제3의 당'이라는 배경이 작용해서다.

김종인이 아무리 안철수를 무시해도 서울 시민들은 그쪽으로 더 몰려든다. 왜? 국민의힘 사람이 아니기 때문이다. 윤석열은 이런 현실을 잘 알고 있을 것이다. 어차피 국민의힘은 그의 문재인 정부 초기 적폐 청산 수사 지휘 원한 때문에도 그를 적극 환영하지 못하는 입장이다.

자유민주주의와 국민을 보호하는 데 온 힘을 다하겠습니다

사퇴한 검찰총장 윤석열의 대선 출사표로 읽힌 입장문의 핵심은 이 문장이었다.

"제가 지금까지 해왔듯이 앞으로 어떤 위치에 있든지 자유민주주의와 국민을 보호하는 데 온 힘을 다하겠습니다."

자유민주주의와 국민... 이것은 좌도 우도 아니며 진보도 보수도 아닌 그의 중도우파적 정치 이념을 축약해서 표현한 열쇠 단어들이다.

윤석열은 본인의 입을 통해서나 주변 사람들의 평가로 볼 때 진보

쪽은 확실히 아니다. 그렇다고 보수라고 단정적으로 말할 수도 없는 인물이다. 그냥 검사라고 해야 가장 정확한 분류인데, 보수 성향의 법치주의자라고 하면 과히 틀리지 않을 것이다.

그의 이런 정치적 진영이 4일 총장 사퇴를 밝힌 입장문에서 확인된 셈이다. 이 문장은 또 그가 사퇴 후 정치를 통해 민주법치를 회복하고 지키면서 현 정권과 싸우겠다는 의지의 표명이자 정계 진출 선언으로 해석된다는 점에서 의미심장하다.

윤석열의 사퇴 입장문은 그러므로 대선 출사표 성격을 띠고 있다. 그는 짧은 사퇴의 변을 이렇게 밝혔다.

"이 나라를 지탱해온 헌법정신과 법치 시스템이 지금 파괴되고 있다. 그 피해는 오로지 국민에게 돌아갈 것이다. 우리 사회가 오랜 세월 쌓아 올린 상식과 정의가 무너지는 것을 더 이상 지켜보고 있기 어렵다. 검찰에서의 제 역할은 지금, 여기까지다."

이 사의 표명 후 1시간여 만에 청와대는 그것을 기다렸다는 듯 수리했다. 하는 김에 며칠 전 사의 파동으로 소란을 일으킨, 윤석열 달래기 용도로 기용된 민정수석 신현수도 마저 정리했다. 대통령 문재인과 집권 세력이 윤석열을 어떻게 봐 왔고, 그의 선제적 사퇴 발표에 얼마나 충격을 받았으며, 향후 그의 정치 행보에 어느 정도 예민하게 반응하고 있는지를 보여준다.

민주주의, 법치주의, 마지막 책무, 국민의 피해

윤석열은 퇴임식도 없이 검찰청사를 나가며 전국의 검사와 수사관들에게 이런 내용의 편지를 남겼다.

"저는 이제 우리나라의 민주주의와 법치주의를 지키기 위해 헌법이 부여한 저의 마지막 책무를 이행하려고 한다. 검찰 수사권이 완전히 박탈되고 검찰이 해체되면 70여 년이나 축적되어 온 국민의 자산은 흔적도 없이 사라지고, 특권층의 치외법권 영역이 발생하여 결과적으로 국민이 피해를 입게 된다."

여기에서도 민주주의, 법치주의, 마지막 책무, 국민의 피해라는 말이 눈길을 끈다. 그의 맹반격으로 집권 세력의 검찰 해체 작업이 적어도 주춤해지거나 무산될 수도 있는 분위기가 형성되고 있던 차에 그가 전격 사퇴해버린 배경은 의문이다. 이를 그의 정계 진출 결심과 연결시켜 보는 이유다.

민주주의, 법치, 공정과 정의, 상식 - 윤석열이 강조하는 메시지

사퇴일을 4일로 잡은 것은 여권 의원 최강욱 등이 추진 중인 '윤석열 출마금지법'이라고 불리는, 판검사 즉시 출마 금지법(현직 검사, 법관이 출마하려면 1년 전 사직 의무화)을 의식한 것일 수도 있다. 차기 대선일은 내년 3월 9일이다. 그 법이 실제로 통과되고 소급적

용까지 되도록 하더라도 피곤해지지 않게 하기 위한 택일인 것이다. 그리고 정권이 검찰 해체를 추진하는 숨은 이유가 줄곧 퇴진 압박을 받아온 자신이 물러나지 않기 때문이라는 것도 작용했다. 그는 최근 주변에 "나 때문에 중수청을 도입해서 국가 형사사법 시스템을 망가뜨리려고 하는 게 분명하다. 더 이상 지켜볼 수 없다. 내가 그만둬야 멈출 것이다"라고 심경을 토로했다고 한다. 검찰이 수사권마저 완전히 빼앗길 절체절명의 위기를 맞은 만큼 몸을 던져 조직을 지키기로 한 것이다. 그는 자신의 말대로 "법치가 말살되고 정의와 상식이 무너진", 문재인 정권에 맞서 '자유민주주의와 국민보호'를 위해 정치 전선에 뛰어들고 있다. 청와대와 집권 민주당 강경파와 지도부는 화근(禍根)을 제공한 당사자들로서 두려운 마음으로 화내며 그를 평가절하하려고 애쓰는 모습이다.

윤석열은 당분간 여야 정치권과 거리를 두고 언론 인터뷰와 강연, 그리고 SNS를 통한 나랏일 걱정과 대안 제시로 정치 연습을 하며 제3지대에 좌표 설정을 하고 존재감을 부각해 나갈 필요가 있다. 검찰이 아닌 국민 전체를 사로잡는 리더십이 관건이다.

그러나 적어도 그가 강조할 메시지, 즉 민주주의와 법치, 공정과 정의, 그리고 상식은 시대정신이다. 그는 이 점에서 일단 유리한 고지에 있다.

2021년 3월 5일

윤석열 사실상 정치 시작...
정권이 내몰은 결과다

보선과 내년 대선 판 흔들 3월이 그의 '별의 순간' 될 것인가?
친문 강경파 검찰 해체 시도 저항 이끌며 정치 행보 뚜벅뚜벅

정권은 윤석열에게 정치를 하지 않을 수 없도록 내몰았고, 그는 그래서 사실상 정치를 시작했다.

집권 세력이 그를 축출하려고 한 것은 조국에서부터 출발한 살아 있는 권력 수사를 피하려는 게 1차 목적이었겠지만, 이제 알고 보니 정권 재창출을 위해 검찰 폐지 계획을 이미 세워 놓고 그 최대 걸림돌인 그를 제거하고자 한 게 더 큰 목적이었다.

그러나 '친문 강경파 루저'들이 주도한 '친위 쿠데타' 검찰 해체 작업은 벌써 패색(敗色)이 짙다. 윤석열 한 사람의 무게가 이렇게 무겁다.

그가 "검찰이 정권의 압력에 굴하지 않고 뚜벅뚜벅 걸으니 그 길을 포클레인으로 파 버리려고 한다" "직을 걸어야 한다면 100번이라도 걸겠다" "검수완박(검찰 수사권 완전 박탈)은 부패를 완전히 판치게 하는 '부패완판'이다"라고 일갈하니 사위(四圍)가 조용하다.

검찰총장 윤석열은 엊그제 신문 인터뷰와 대구검찰청 방문 자리에서 잇따라 집권 세력의 검찰 직접 수사권 폐지를 위한 중수청(중대범죄수사청, 최근 검경수사권조정에서 검찰에 남겨진 6대 범죄 담당) 설립 추진에 대해 작심 포효(咆哮, 사나운 짐승이 울부짖음)했다.

친문 강경파의 검찰 해체 시도에 대한 역사적 저항

대한민국에 1945년(미 군정) 검찰총장직이 생긴 이래 43명이 그자리를 지켜 오는 동안 한 번도 일어나지 않은, 정부의 대(對) 검찰 정책 초강경 대응이다. 또 역대 정권에서 총장의 그런 대응을 야기할 만한 검찰 파괴 입법을 한 번도 시도한 적이 없다는 점에서 지금 역사적인 사건이 벌어지고 있다.

윤석열의 대포에 응전하는 소총 소리는 있었다. 민주당의 대통령 문재인 비서 출신 의원 민형배가 "임명직 공무원이 국회의 입법을 막으려는 정치인 행세를 한다"라고 삿대질했고, 국무총리 정세균은 "직을 건다는 말은 무책임한 국민 선동이다. 정말 자신의 소신을 밝히려면 직을 내려놓고 당당하게 처신해야 한다"라고 훈계했다.

또 검찰개혁 타령을 작년 여름부터 귀가 아프게 부르며 윤식열 쫓아내기에 혈안이 됐던 두 전 법무부장관 조국과 추미애도 "검찰이 '법치'(法治)로 포장된 '검치'(檢治)를 주장하면 검찰은 멸종된 '검치'(劍齒) 호랑이가 될 것"이라는 등으로 자신들이 끝내 못 이긴 숙적(宿敵)에 대한 야유를 퍼부었다.

반면 청와대와 민주당 지도부는 공식 반응 없이 대책 마련에 분주하다. 윤석열의 서슬이 예상보다 훨씬 시퍼런 것이어서 충격이 없었다고 한다면 거짓말일 것이다. 4월 보선과 7월 윤석열 퇴임 전까지 지연 작전으로 가자는 계산을 하고 있을 수도 있다.

하지만 윤석열은 7월까지 기다리지 않고 당장이라도 옷을 벗을 태세다. 수사권을 박탈당한 검사는 검사가 아니며 그 총장이라는 게 무슨 의미가 있겠는가? 윤석열은 그래서 나가려 하고 있고, 잘못하면, 똑똑한 검사들이 대거 정계로 진출해 함께 투쟁에 나설 수도 있다. 변호사는 언제라도 할 수 있으니 밑져야 본전이다.

문재인 정권이 '공수처와 중수청 설립-검찰 해체' 시나리오 현실화를 쉽게 생각했다면, 일반 국민, 야당과 언론, 특히 검사들을 너무 우습게 보고 아직도 코로나 독재 환각에 취해 있다고밖에 할 수 없다.

윤석열은 엊그제 국민일보와의 단독 인터뷰에서 국민 여론을 가장 걱정했다. 오마이뉴스 의뢰 리얼미터 조사 결과 49.7%가 검찰 직접수사권 폐지 반대, 41.2%는 찬성이었다. (자세한 내용은 리얼미터나 중앙선관위 여론조사심의위 홈페이지 참조) 오차 범위 안이긴 하지만, 찬성 41.2%는 정권 절대 지지율과 거의 동일하므로 무의미하다. 반대 49.7%가 앞으로 더 늘어날 것에 주목해야 한다.

검찰을 국가법무공단으로 만드는 정경유착시대

윤석열은 대구에서 이렇게 말했다.

"소위 '검수완박'은 헌법정신에 크게 위배 된다. 정치·경제·사회 제반의 부정부패에 강력히 대응하는 것은 국민 보호 목적이고 국가와 정부의 헌법상 의무다. 부정부패 단죄는 재판의 준비 과정인 수사와 법정에서 재판 활동이 유기적으로 일체 돼야 가능하다. 인사권자의 눈치를 보지 말고 힘 있는 자도 원칙대로 처벌해 국민을 보호하는 게 검찰개혁의 방향이어야 한다. 검사가 기소만 하도록 하는 건 검찰을 국가법무공단으로 만드는 것이고 정경유착 시대로 되돌아가자는 것이다."

문재인 대선 후보 캠프 출신 변호사 신평도 페이스북에 이렇게 적었다.

"중수청 법안의 핵심은 검찰에서 수사권을 완전 박탈하겠다는 것이다. 그런 나라는 세상에 존재하지 않는다. 국민을 아무리 개돼지로 안들 이런 뻔뻔스러운 짓을 할 수는 없다. 민주당은 정권 재창출을 의도해 극한 행위에 나선 것이며 따라서 중수청 실지 음모는 '친위 쿠데타'다."

일반 국민들 사이에서 검찰 해체 저의와 폐해에 대한 인식이 퍼지게 되면, 반대 여론이 60%에 육박하는 건 시간문제다. 야당과 언론이 이를 계속 이슈화하고 검사들이 집단적으로 반발, 드러눕게 될 경우 또다른 조국 사태가 돼 다수 국민이 반(反) 조국 때처럼 '반 검찰 해체' 쪽으로 쏠리게 될 것이다.

'친문 루저들의 위험한 장난'은 제대로 시작도 못해 보고 물거품이 될 공산이 높다. 그 장난은 대부분 검찰 수사를 받았거나 받을, 피고인 또는 피의자 신분인 친문 초재선 강경파(부엉이 4.0 모임과 행동하는 의원모임 처럼회) 의원들과 대통령 문재인, 조국, 추미애 등 비(非) 검사 출신 율사(律士)들의 대(對) 검찰 원한, 복수 심리에서 태동한 것이다. 사적 복수심에 의한 공적 추진은 성공할 수 없다. 그들이 온갖 반대를 무릅쓰고 세운 공수처의 장(長) 판사 출신 김진욱마저 "수사와 기소가 완전히 분리되면 문제점이 많다. 공소 유지가 안 되면 무죄가 선고되고 그렇게 되면 반부패 수사 역량이 떨어진다"라고 부정적인 입장을 밝히지 않았는가?

윤석열의 '별의 순간'

게임 초반에 이미 그들의 기세가 꺾어지면서 사람들의 관심은 윤석열의 행보에 쏠리고 있다. 그는 대구에서 기자들의 정치 의향 질문에 또다시 "지금 말씀드리기 어렵다"라고 해 정치에 뜻을 두고 있는(어쩌면 이미 굳힌) 마음을 숨기지 않았다. 그는 지난해 국정감사에서도 같은 대답을 했었다.

윤석열은 이번 작심 비판과 국민 여론 전(戰) 개시로 정치 전선에 뛰어들고 있다. 공식 등판 시기만 문제다. 국민의힘 비대위원장 김종인은 자신이 일찍이 말한 윤석열의 '별의 순간'을 3월 즈음으로 봤다.

여야 다수 정치인 역시 그가 그 순간을 잡을 것으로 점치고 있다. 정권에 맞서 사표를 던지고 나갈 경우 4월 보궐선거 영향을 극대화할 수 있는 시점을 그는 선택할 것으로 보는 사람들이 많다.

문재인 정권은 그들이 주장하는 소위 '검찰개혁'(실제로는 검찰 해체) 입법을 속도 조절은 하되 지레 백지화하지는 않을 것이다. 조국 사태보다 더 큰 진영 대결에 윤석열 대권 도전 변수까지 추가되는 대첩(大捷)이 서초동 언저리에서 벌어질 일만 남았다.

3월은 윤석열의 시간이다.

2021년 3월 5일

윤석열과 함께한 해가 지고
또 한해가 뜬다

그는 정치를 할 것인가? - 다수 국민의 답은 '할 것이고 해야 한다'이다
고시 9수(修) 내공에 무결점이 위선의 586과의 대결 프레임에서 우위

윤석열과 함께 한 해였다.

추미애도 여기에 이름을 올리고 싶겠지만, 그녀는 이미 잊혀지고 있는 여인이다. 패자, 더구나 페어플레이를 하지 않은 선수의 이름은 아무도 기억하지 않을 것이며 기억하고 싶지도 않게 된다.

검찰총장 윤석열이 '올해의 인물'이 되는 데 주요 역할을 한 대통령 문재인과 집권 세력은 2020년을 보내며 깊이 반성하는 시간을 갖기를 권한다. 윤석열은 원칙주의자이고 법치주의자여서 대통령과의 싸움에서 이길 수 있었고, 그 과정에서 많은 국민들로부터 지지를 받았다. '민주화 운동'을 한 문재인과 친문들은 바로 이 점을

부끄러워해야 하는 것이다.

우리 보통 사람들에게 민주주의는 곧 법치주의이다. 또 정의와 공정, 대화와 타협의 자세를 지키는 것이기도 하다. 그럼에도 불구하고 그들은 그 반대의 길을 걷다가 법치주의자 윤석열의 암초에 부딪쳤고, 당연히 그의 편에 선 다수 국민과 언론, 야당에 이어 법원의 심판을 받고 사실상 좌초(坐礁)됐다.
정권에 비판적인 다수 국민은 그들의 이 정신적 좌초가 실질적인 몰락, 즉 정권 교체로 이어질 것인지에 주목하면서 새해를 맞고 있다. 그 관심의 중심에 서 있는 인물은 단연 윤석열이다. 많은 국민의 마음 속에 그는 이미 대권 주자이다. 그는 정말로 퇴임 후 정계로 진출해 차기 대선을 준비하게 될 것인가? 이에 대한 국민의 답은 '할 것이고 해야 한다'라고 본다.

우리 사회와 국민을 위해 어떻게 봉사할지 천천히 생각

윤석열은 두 달여 전 국감 질문에 "우리 사회와 국민을 위해 어떻게 봉사를 할 것인지 퇴임 후 천천히 생각해 보겠다"고 답했다. 국민의힘 의원 김도읍이 "봉사 방법에 정치도 포함되느냐"고 구체적으로 묻자 "그건 말씀드리기 어렵다"고 단호하게 '정치는 아니다'고 선을 긋지는 않았다.

법무부장관 추미애는 그의 징계를 추진하면서 이 부분을 사유의 하나로 넣었다. 정치적 중립성을 훼손했다는 것이다. 친문들로서는 그가 속시원하게 정치는 분명코 안 하겠다고 선언해야 했는데, 그러질 않아서 불안하고 괘씸한 나머지 마지막번째 징계 사유를 만들었다고 봐야 한다.

윤석열은 여론조사에 그의 이름이 오르기 시작한 초기 한두 번은 조사 기관들에 자기 이름을 빼 달라고 요청했지만, 이후에는 매번 그러하지 않았다. 여러 가지 사정들이 있었을 것이긴 해도 그가 적극적으로 손사래를 치지는 않은 모습으로 볼 수 있는 징후들이다. 그가 일찌기 정치에 야망을 품은 흔적이 없고, 검사가 되어서도 눈에 띄게 정치적인 행동을 하지 않은 것은 다 알고 있는 사실이다. 오히려 정무적인 감각이 부족한 정도를 넘어 전무하다는 평을 들어 온 사람이다. 사실은 이것이 그가 정치 지도자로 나설 경우 큰 장점이 될 수 있다.

고시 9수(修)의 내공. 586 운동권 세력과 근본적으로 달라

그는 서울 충암고 졸업 후 서울 법대에 재수로 진학했다. 그래서 80학번이 돼 586 턱걸이 세대이긴 하나 그의 행적은 586으로 불리는 사람들과는 매우 다르다. 이것이 또 다른 장점이다. 다음 대선은 586들과의 싸움이고 그렇게 프레임을 짜야 위선적 586 운동권 세력에 환멸을 느끼고 피해를 당한 다수 국민의 지지를 얻을 수 있다. 윤석열의 대입 재수는 고시 9수(修)에 비하면 잠시 휴식한 정도에 불과하다. 서울 법대를 나온 사람이 고시에 8번 떨어졌다는 것은 윤석열의 캐릭터를 상징하는 내공(內功) 그 자체다. 두주불사(斗酒不辭)에 보스 기질의 한량 스타일이어서 공부는 뒷전이었을 수도 있지만, 요령을 싫어하고 그것을 성공(합격)에 사용하지 않으려 하는 고집스런 사람이어서라고도 볼 수 있다.

그는 뚜렷한 하자가 없는 무결점에 출세주의자도 아니다. 고시도 늦게 되고 결혼도 늦게 했다. 급하게 지름길을 가고자 하는 성향이 아닌 것이다. 인물 생김새도 황소 같지 않은가? 그러나 그의 띠는 쥐다. 문제의 경자(庚子)년 생이다. 이 생년을 가지고 사주팔자 연구하는 사람들이 윤석열의 운명을 암시하는 풀이를 연초에 더러 내놓은 게 있다. 그 풀이들은 지금까지는 일부 맞고 일부는 틀렸는데, 대선이 1년도 더 남았으므로 아직도 정답이 나오려면 멀었다.

호랑이(국민)를 위해서 호랑이 등에서 내리지 말아야

문재인 정권이 그를 충견으로 잘못 보고 연속 2단계 초고속 승진을 시킨 건 그럼 무엇으로 설명할 수 있는가? 그가 국정원 댓글 수사부터 이 정권 초기 소위 적폐 수사로 보수 세력의 궤멸에 앞장섰던 것은 그의 성격의 중요한 일면이다. 정치적 고려 없이 잘못된

건 잘못됐다고 보고 칼을 휘두르는 검사 기질이다. 조국 일가 수사
도 그런 시각으로 봐야 이해가 된다. 언론과 야당에서 문제를 제기
하고 다수 국민이 같은 생각을 갖고 있다면 수사해서 감옥에 넣어
야 한다고 보는 것이 검사로서의 그의 태도이다. 지금 그를 응원하
고 잠재적 대권 후보 지지도에서 1위로까지 밀고 있는 국민은 그의
그런 면을 평가하고 기대를 하고 있는 결과라고 봐야 할 것이다.

윤석열은 누구 말대로 호랑이 등에 탄 기호지세(騎虎之勢)에 있는
데, 호랑이가 무서워서 내리지 못하는 게 아니고 그 호랑이를 위해
서 내리지 말아야 하는 상황에 와 있다. 그 호랑이는 국민이기 때
문이다. 그 국민은 윤석열이 586 위장(또는 변절) 민주화 세력을
대체할 수 있고, 해야 할 사람으로 보고 있다. 법치와 민주주의를
회복하고 제발(제발이다...) 정의와 공정을 입으로만 외치지 말고
진실로 실천하는 정권을 이끌 사람으로 그를 바라보기 시작하고
있는 것이다.
일반 국민들은 그가 법대를 다니고 고시 공부만 하고 범죄인들 수
사만 해서 경제를 모르는 사람이라 대통령 자격이 없다고 생각하
지도 않는다. 경제를 잘 알고 그 정책을 잘 펼 수 있는 인재들을 탕
평(蕩平)해서 발탁하면 되는 것이다. 문재인 정부 지난 4년 동안에
만 해도 인품과 능력은 뛰어나나 스스로 물러났거나 경질된 장관
급 인물들이 여럿 있다. 이들과 함께 국정을 펴면 된다.

보수, 시장경제 신봉, 법치에 대한 원칙과 소신을 지킬 뿐

윤석열은 우파이고 보수주의자다. 그는 현 정권이 정치 보복(적폐수사)을 위해 검찰을 이용하고 있고, 그 선두에 그가 서 있기에 격정하는 친구(변호사 석동현)에게 이렇게 말했다고 주간동아 기자 허문명은 1년여 전에 그의 말을 직접 인용으로 옮겼다.

"너도 나를 알지 않느냐, 내가 진보정권의 비위를 맞추는 것도 아니고, 내 성향은 오히려 보수고 시장경제를 신봉하는 사람이다. 좌파가 아니다. 정치적 욕심도 없다. 법치에 대한 원칙과 소신을 지킬 뿐이다."

작년까지는 정치적 욕심이 없었을지라도 이제 정치에 뜻을 둘(혹은 이미 두고 있을) 가능성이 많고, 그렇게 될 경우 그는 중도나 오른쪽 진영에 서게 될 것이다. 야권 단일화를 목숨처럼 중요하게 말하는 이들이 많지만, '국민 후보''윤석열에게 그것은 별로 중요하지 않다. 그의 상대는 사이비 586, 기득권 세력이 된 좌파 운동권 출신들이며 법치와 민주주의 정신을 아무렇지 않게 훼손하는 자들이다. 이 싸움에 일반 국민이 압도적으로 그를 지지하게 되면 보수 우파는 자연스럽게 그를 자기네 단일 후보로 세울 수밖에 없게 될 것이다. 나라와 국민을 위해 다른 선택이 없기 때문이다.

2020년 12월 31일

보수 야당, 딴소리 말고
윤석열 맞을 준비하라

구원(舊怨) 깨끗이 털고 그의 자리 비워 놓는 대승적 전략 필요
추-윤 싸움 반사이익 즐기는 안이한 자세로는 실기 가능성 크다

윤석열 국감 스톰이 지나간 뒤끝은 굴욕과 희망의 두 얼굴을 보인다.

문재인 정권에게 검찰총장 윤석열은 이제 통제할 수 없는 '부하'이다. 그가 정권에 당장 칼을 겨눌 수 있는 힘은 많지 않다. 법무부장관 추미애가 그를 꼼짝 못하도록 이빨을 뽑아 놓았기 때문이다. 그러나 이빨은 없어도 포효(咆哮)는 할 수 있는 호랑이인 것이다.
포효 그 자체로 장관 추미애와 대통령 문재인을 비롯한 집권 세력은 주눅이 들어 앞으로 어찌해볼 마땅한 수단이 없게 됐다. 승부의 세계에서 기싸움은 거의 모든 것이다. 그 기가 꺾이면 힘을 제대로

쓰지도 못하고 빌빌대다 나자빠지게 돼 있다. 윤석열은 그 기싸움에서 이번에 이겼다.

'민주주의 국가의 검찰총장이 정권과 승부를 벌이고 기싸움을 하는 사람이냐, 그것을 부추기냐' 라고 비판하지는 말기 바란다. 그 싸움을 건 사람은 추미애이고 이 정권 사람들이다. 윤석열은 참고 있다가 국정감사라는 TV 생중계 기회를 이용해 정권과 국민에게 하고 싶은 말, 해야 할 말을 했을 뿐이다. 결과적인 기싸움이었고, 그는 그 승부에서 승자가 된 것이다.

국감 폭풍 후 희망을 품게 된 보수 야당

국감 폭풍을 다음날 새벽까지 지켜보며 환호하고 통쾌해 한 보수 야당으로서는 희망을 품게 됐다. 그러나 그 희망의 정도가 어째 뜨뜻미지근하며 한쪽에서는 잠음까지도 들려 걱정스럽다. 신중한 태도는 좋다. 작심 발언 몇 마디에 호들갑을 떨며 당장 자기 당 대선 후보가 되기라도 한 것처럼 김칫국을 마시는 모습을 보이는 건 당에게도 윤석열에게도 득이 되지 않는다.

이번 윤석열 사태 후에 보인 여당과 야당의 그의 거취에 대한, 임기를 마쳐야 한다는 듯한 공통적 바람은 매우 흥미롭다. 여당은 그에게 물러나라는 말을 일체 안하기로 약속이나 한 것 같은 모습이다. 사퇴하라고 몰아붙일 동력도 상실해 버렸지만, 물러나도록 강제하면 (대선 후보로서의) 그가 더 커질 것을 우려하는 불안 때문일 것이다.

그러면서 민주당 대표 이낙연 같은 이는 난데없는 공수처 설치의 정당함과 절박함에 윤석열의 '항명' 태도와 '위험한' 인식을 갖다 붙였다. 무서운 경쟁자를 대선엔 나오지 말게 하는 한편 자기들 정권 유지와 재창출에 필요한 조직의 합리화에 이용하려는 계산이다.

제1야당 국민의힘 쪽에서도 윤석열의 사퇴와 조기 대선 출정을 바라지 않는 눈치를 보이고 있다. 원내대표 주호영이나 대변인 최형두는 정치적 중립성, 순수성 왜곡 등이라고 해 그에 대한 입장을 유보 내지는 거리 두기로 나타냈다. 아직 이르긴 하지만, 당의 간단하지 않은 속사정을 내비친 것이다.

윤석열은 대통령 뜻을 들면서(4.15 총선 후 메신저가 전했다는 이 부분은 논리적으로 이해가 잘되지 않아 헷갈리긴 한다) 임기를 마치겠다는 의사를 분명히 밝혔다. 그러나 그가 권력 사건과 관련해 총장으로서 할 수 있는 일이 거의 없는 데다 추미애와 친문들의 견제, 그에 따른 모욕이 계속될 것이라고 본다면, 임기까지 소임을 다한다는 것이 무의미해질 수 있다. 차라리 가려고 하는 길 가는 시기를 앞당겨 더 크고 확실하게 그들과 싸우는 준비 시간을 가지려는 결정이 필요하고 현명할 수 있는 것이다.

국민의힘 내부에는 그가 지검장, 특별 검사로서 과거 보수 정권에 '저지른' 수사 이력에 이를 가는 사람들이 있다. 그들은 윤석열이 국정원 댓글, 이명박 주가 조작, 문재인 정부 초기 '적폐', '사법 농단' 등의 수사로 보수 진영을 초토화시킨 사람이었다고 본다. 검찰총장 인사청문회 때는 그래서 반대했다.

윤석열에 대한 여·야의 입장

반대로 민주당은 당시 그를 훌륭한 검사로 떠받들다 조국을 비롯해 정권에 불리한 수사를 하니 정치 검사라고 공격, 그들의 표변이 정권에 비판적인 다수 국민에게 실소를 안겨 주었다. 이번 국감에서 윤석열에게 "똑바로 앉으라"고 호통을 친 민주당 의원 박범계가 대표적이다. 윤석열과 사법연수원 동기(나이는 사시 합격이 매우 늦은 윤석열이 더 많다)인 그는 여러 해 전 박근혜 정부에서 윤석열이 진보좌파들로부터 열렬한 박수를 받는 수사를 하다 좌천됐을 때 '윤석열 형' '의로운 검사' 운운하며 위로를 보냈었다.

그런 사람이 돌연 국회에서 자기가 의원이라고 피감자인 윤석열에게 군기를 잡은 것이다. 국감장을 몇 개월 차이로 입대 먼저 했다고 후임자들을 기합 주고 구타하던 그 옛날 내무반과 같이 보는, 소위 민주화 운동을 했다는 자들의 의식과 행동이 저렇게 한심하고 우습다. 상황에 따라 180도 바뀌는 말은 차치하고라도 말이다.

현재 국민의힘 소속은 아니지만, 보수 야당 대통령 후보와 당 대표를 지낸 무소속 의원 홍준표의 반응은 야당의 (잠재적 대선 후보로서의) 윤석열에 대한 입장의 일단을 보여 준다.

"우리를 그렇게 못살게 굴던 사람을 우파 대선 후보 운운하는 건 배알도 없는 막장 코미디다."

정권 교체를 열망하는 다수 국민들은 이 말이 경쟁자를 의식(견제)하는 홍준표에게서 끝나기를 바랄 것이다. 윤석열이 과거에 보여 준 좌도 우도 없는 수사 열정(욕심이라고 해도 좋다)은 검사라는 직업인으로서는 칭찬받아야만 할 큰 장점이다. 검사가 정치적인 고려를 해서 수사한다면 검찰과 나라가 어떻게 되겠는가?

큰 나무의 성장비결은 더디게, 충실히 자라는 것

야당은 그가 보수 정권에 무자비하게 칼을 댄 점을 자산으로 여기는 대승적 시각을 가지는 게 좋다. 지난 선거 기준으로 대선 승자는 40~50% 득표로 결정된다. '죽어도 좌파'와 '죽어도 우파'인 콘크리트 지지층은 각각 20% 정도로 봐야 할 것이다. 그러므로 20% 이상을 새로, 확실히 끌어 들어야 정권을 잡을 수 있는 것이다.

이 20% 흡인력은 어디에서 생기는 것인가? 가장 큰 요인은 새 인물이다. 좌파나 우파로 일찍부터 이름표를 달아 온 사람은 새 인물이 아니다. 새 인물이면서 능력과 자질을 갖추어야 한다. 그런 점에서 현 야당 안팎에서 떠오르고 있는 사람들은 한계가 있다. 각종 여론조사에서 그들(소위 잠룡)이 받는 점수는 1~3%들에 불과하다. 이유는 새 인물이 아닌, 이미 평가가 끝난 사람들이란 점이 절대적이라고 봐야 할 것이다.

윤석열의 이력은 느리다는 점이 특징이다. 동물로 비유하면 황소이다. 연세대 상대 명예교수인 부친의 고향은 충청도 공주이며 자신은 서울 연희동에서 61년 2월(음력은 경자년인 60년 12월) 태어났다. 그래서 그는 지역 기반(?)이 충청도로 통하는데, 이것은 한국 정치 지형에서 결코 불리하지 않은 배경이다.

그는 서울대 법대를 1년 재수해서 들어간 80학번이다. 고시는 91년에 합격했으니 대학 4년에 첫 시험을 봤다고 하더라도 무려 7년 만에 됐다(그는 좌우안 시력이 크게 다른 부동시로 군 면제 판정을 받았으며 지금도 계단을 밟을 때라든지 일상 거동에 불편이 있다). 결혼도 나이 52에 했다. 출세와 목표 지상주의적이 아닌 특이한 길을 걸어온 사람이다.

대통령은 경제를 미래에 최적화한 길로 이끄는 안목과 지도력이 필수

국민의힘 당에서 윤석열이 조기 퇴임을 하고 정계에 진출할 경우 그에게 자리를 만들어 주고 대선 후보로 자리 잡도록 하는 데 영향을 가장 크게 미칠 위치에 있는 사람은 비상대책위원장 김종인이다. 그는 윤석열을 어떻게 보고 있는가?

"검찰총장으로는 괜찮은 사람이다."

김종인은 경제를 아는 사람이 차기 대통령 후보가 되어야 한다고 여러 차례 강조해 왔다. 그런 점에서는 윤석열이 그의 기준에 맞지 않을 수도 있다. 그러나 경제를 아는 것과 경제를 미래에 최적화한 길로 이끄는(최소한 방해를 하지 않는) 안목과 지도력을 갖추는 것은 다른 문제이다. 정치인은, 특히 대통령에게는 후자의 덕목과 능력이 필수적이다.

현재와 미래에 보수 야당의 대선 후보가 될 수 있고, 되었으면 하고 보수 진영에서 바라는 뛰어난 인물들이 기존 후보군 외에도 여럿 있다. 감사원장 최재형과 전 경제 부총리 김동연이 그런 사람들이다. 하지만 인품과 능력이 아무리 훌륭해도 본인의 권력 의지가 없으면 대통령은 될 수가 없다. 이미지가 좋은 새 인물들인 두 사람은 현재로서는 고사 가능성이 크다.

보수진영. 그를 맞을 준비하라

윤석열은 국감에서 야당 의원의 정치에 뜻이 있느냐는 물음에 이렇게 답했다.

"퇴임하고 나면 우리 사회와 국민을 위해서 어떻게 봉사할지 그런 방법을 천천히 생각해보겠다."

그는 마음을 정해 가고 있고, 어느 시점에서 굳히게 될 것이라고 이 말을 해석하는 것이 타당하리라고 본다. 따라서 보수 진영은(윤석열은 진보 진영으로는 갈 수가 없는 다리를 건넜다고 보고) 그를 맞을 준비를 지금부터 해야 한다. 추미애에게 온갖 수모를 당하면서도 꿋꿋이 버텨 온 그이기에 국가와 민족을 위해 나서기로 한 이상 친박이니 뭐니 하는 기득권자들의 사사로운 구원(舊怨)에 의한 반대 잡음쯤이야 간단히 잠재울 수도 있겠지만, 기왕이면 진심으로 환영하는 것이 보기에도 좋지 않겠는가?

가능하다면, 그의 정치 훈련과 학습을 위해 내년 4월 서울시장 보궐선거부터 일정 지위와 책무를 가지고 현장에서 뛰어 볼 수 있도록 하는 시간표를 짤 필요가 있을 것이다. 추-윤 싸움의 지속으로 얻는 반사이익이나 즐기자는 안이한 자세로 굴러온 정권 교체 기회를 놓치고 또 최소한 4년을 후회하는 일이 없기를 보수 지지자들은 간절히 바라고 있다.

2020년 10월 26일

중도층 → 보수 지각변동, 윤석열, 오세훈 밴드왜건에 LH 올라타 여론 급변

박근혜 이후 확연히 갈라진 보수와 중도층의 단일화

반문 윤석열 현상에 오세훈 부상, LH 사태가 촉발

진영은 단일화 완료, 후보는 단일화 의문 여전히…

서울시장 보궐선거 야권 후보 단일화 경선 국면에서 한국 정치 지형에 중요한 변화가 일고 있다.

그 변화의 동인은 일차적으로 대통령 문재인이 제공한 것이다. 문재인에 대항해 사퇴한 검찰총장 윤석열이 그것을 폭발적으로 추동했다. 상승한 반문 정서가 국민의힘 컨벤션 효과와 함께 문재인 정권의 불공정을 상징하는 LH 사태가 터져 가속화하고 있는 양상이다.

정치 지형 변화는 일주일 후 야권 서울시장 후보 단일화와 다음 달 초 보선, 그리고 내년 대통령 선거까지 큰 영향을 미치게 될 것이다. 과연 정치는 생물이다. 꿈쩍하지 않을 것 같던 구조가 일순간에 변해 버린다.

이 새로운 형세를 타고 야권 경선 승자가 될 후보는 안철수인가, 오세훈인가? 결승전에 선착해 있는 선수는 불안하다. 쫓기는 쪽이기 때문이다. 반대로 역전승으로 올라 온 상대는 기세등등하다.

제3지대, 중도층이 대거 보수우파로 집결

안철수는 민주당에서 탈당한 옛 동지 금태섭과 범야권 경선을 한 차례 거치긴 했지만, 사실상 부전승이었다. 그리고 하염없이 남의 당 경기를 구경해 왔다. 경기를 오랫동안 하지 않아 몸이 굳어 있다.

그러나 남의 당, 즉 제1야당 국민의힘 서울시장 보선 후보 경선도 썩 흥행이 좋진 않았다. 지자체장에 대한 관심이 대통령과는 비교가 안 되는 데다 국민의힘이기 때문이었다. 박근혜 이후 보수 정당에 대한 일반 국민의 눈길은 싸늘했다.

이러한 대(對) 야당 정서가 극적으로 녹아 흘러내려 새로운 모양을 만들어 가는 변화가 꿈틀거리고 있는 것이다. 제3지대, 즉 중도층이 대거 보수우파로 결집하고 있는 지각변동이다. 여태 한국은 열성 진보좌파 약 30%, 열성 보수우파 약 25%, 중도층 약 35%의 비율로 3분돼 있었다.

이 35% 중도층 중에 중도우파로 분류될 수 있는 사람들은 웬만해서는 국민의힘을 찍지 않는 이들이었다. 문재인이 싫지만, 냄새나는 꼴통 보수도 싫다는 생각이 스윙 보터(Swing Voter, 부동표 유권자)가 아닌, 야당 지지에 관한 한, 제3세력 지지자로 남게 한 것이다.

이들은 지난 4.15 총선 때는 민주당 후보들을 대규모로 당선시키는 데 상당수 기여, 여당 지지에 관한 한, 부동표(浮動票, 그때그때의 정세나 분위기에 따라 변화할 가능성이 많은 표) 역할을 했다.

윤석열 제3세력 대통령 후보 출마, 45%대 지지율

반문 중도층이 예상보다 일찍 반(反) 진보좌파, 반 보수우파 입장에서 반 진보좌파, 친 보수우파로 돌아서고 있는 오마이뉴스 의뢰 리얼미터 여론조사가 지난주에 나왔다. 윤석열이 제3세력 대통령 후보로 나오거나 국민의힘 후보로 나오거나 응답자들이 공히 45%대 지지를 보냈다. (자세한 내용은 리얼미터나 중앙선관위 여론조사심의위 홈페이지 참조)

또 엊그제 발표된 조선일보 TV조선 의뢰 칸타코리아 조사에서는 오세훈이나 안철수 누구로 단일화 되더라도 민주당 박영선에 10% 포인트 이상 앞섰다. 이 조사는 3자대결을 가상할 경우에도 오세훈이 박영선에 불과 2% 포인트 뒤지는 것으로 나타나(박 28.8%-

오 27.2%-안 19.9%) 실제 투표에서는 야권 후보 패배 방지 심리
가 작용해 안철수 지지가 오세훈 지지로 옮겨 갈 가능성이 커졌다.
(자세한 내용은 칸타코리아나 중앙선관위 여론조사심의위 홈페이
지 참조)

윤석열과 오세훈이라는 인물이 정당, 진영을 초월해 반문 유권자
들을 블랙홀처럼 단번에 빨아들이고 있는 것이다. 이와 함께 정권
교체 심리가 보수우파 결집을 촉발한 것인데, 국민의힘이 전혀 문
재인 정권의 실정(失政)에 의해서만 득을 보고 있는 건 아니다. 비
대위원장 김종인, 원내대표 주호영 등 지도부와 윤희숙 같은 역량
있는 신인들이 꾸준하게 합리적이면서도 때로 진보적인 접근도 해
보수 이미지를 희석시켜 온 역할이 컸다.

윤석열 밴드왜건 효과로 덕 본 보수우파

윤석열 밴드왜건 효과(Band Wagon Effect, 유행에 따라 상품을
구입하는 소비 현상)로 인한 보수우파의 확장세 덕은 오세훈이 일
단 먼저 보았고, 또 자신의 호감도로 그 확장세를 더 키우고 있다.
그는 국민의힘 예선 결승에서 나경원에 역전승했다. 나경원은 이
전까지는 각종 여론조사에서 오세훈보다 더 많은 지지율을 보여
왔으나 강성보수 이미지로 의외의 패배를 당했다.

그녀에 대한 비호감도는 5년 전 미국 대선에서 트럼프에게 진 힐러리 클린턴에 대한 그것과 유사하다. 당원들에게서는 인기가 높았지만, 일반 국민은 중도 색깔에 안정적인 이미지의 오세훈을 선택한 셈이다.

바뀌고 있는 보수 지형을 수세적으로 맞이하는 입장인 안철수는 중도층이 보수우파로 단일화되지 않았을 때 유리한 선수였다. 문재인도 싫고 국민의힘도 마음에 안 드는 사람들 다수가 그의 팬이었기 때문이다. 그래서 국민의힘 입당 제의를 한사코 거절했다.

국정안정보다는 정권심판을 원하는 여론

지난주 나온 중앙일보 의뢰 입소스(IPSOS) 여론조사 결과는 현재 진행되고 있는 변화를 분명하게 보여준다. 국정 안정(38.1%)보다는 정권 심판을 위해 (49.9%) 야권 후보를 찍을 사람이 더 많다는 것이며 이 조사는 LH 사태가 터지기도 전에 실시됐다. (자세한 내용은 입소스나 중앙선관위 여론조사심의위 홈페이지 참조)

이 조사에서 또 한 가지 주목되는 점은 단일화가 안 될 것(47.1%)이라고 보는 시민들이 될 것(37.1%)이라고 보는 시민들보다 많은 단일화 비관론이다. 진영은 단일화되고 있는데, 정작 후보는 단일화 안 될 수도 있는 역설이다.

안철수는 과거 대선과 서울시장 선거에서 야권이나 여권 후보로

2번 나와 3위를 했고, 한 번은 중도에 사퇴했다. 그는 이들 선거에서 20% 안팎 득표로 여야 후보의 표를 갈라 먹는 역할을 해 문재인 정부와 박원순 시장 3기 탄생에 공헌했다.

그는 오세훈과의 경선 방식을 놓고 줄다리기를 벌이고 있다. 토론을 가급적 적게 하고 싶어하고 여론조사 질문을 '적합도'가 아닌 '경쟁력'으로 하길 바란다. 밑천을 최대한 드러내지 않으면서 초기 선두를 달리던 이미지만으로 결승전 우승을 확정 지으려는 모습이다.

1995년 초대(初代) 민선 서울시장 선거에서 초반 여론조사 압도적 1위였던 무소속 후보 박찬종이 민주당 후보 조순에게 역전패한 사례가 안철수와의 단일화 실패 전망에는 늘 따라다닌다.

엊그제 나온 두 개의 여론조사에서는 단일화 후보가 박영선에 10% 포인트 이상 압승, 3자대결에서도 둘이 박영선과 근소한 차이를 보였다. 단일화를 거부하고 싶게도 하는 강한 유혹이다.

2021년 3월 15일

03

대한민국 사법부는 살아 있었다

"정권의 배가 기울고 있는 이 시점에서 선장 문재인이 살아남을 수 있는 길은 아직 남아 있다. 판사 조미연의 결정문 전문을 아직 읽어 보지 않았다면, 이번 주말에 정독하길 바란다. 자신보다 최소한 15년 후배인 젊은 여판사의 법치주의 의지와 가르침을 문재인은 숙고한 다음 현명하게 결정해야 할 것이다."

문재인, 이쯤에서 추미애 토실구팽(兎失狗烹)하고 윤석열 징계 포기하는 것이 답이다

속셈 들킨 공작, 가짜 검찰개혁 밀어붙이면 그 결과 예측불허
평검사 전원과 秋 측근들 반기에 법원 결정으로 치명타 맞았다

문재인 정권의 무너지는 소리가 들린다.

사실상 모든 검사들이 들고 일어나자 법무부장관 추미애와 그녀의 충복(忠僕) 서울중앙지검장 이성윤 편에 섰던 간부들이 돌아섰다. 정권의 배가 기울고 있음을 직감한 것이다. 여기에 법무부 외부 감찰위원들과 호남 출신의 진보 성향 판사가 검찰총장 윤석열 직무정지는 위법, 부당하다는 결론으로 정권에 결정타를 날렸다.

이제 국민들은 추미애가 왜 윤석열을 자르려 하는지, 그녀와 정권이 입만 열면 말하는 '검찰개혁'의 속셈이 무엇인지 다 알게 됐다. 그리고 추미애 뒤에 숨어서 윤석열을 제거하는 작전을 진짜로

지휘하는 사람은 대통령 문재인이란 사실도 명확해졌다. 그는 새 법무차관에 자신의 측근 이용구를 임명했다.

정의로운 검사와 판사들이 하고 있는, 해야 할 옳은 일

필자는 지난 칼럼(데일리안 11월28일자)에서 불법, 불의하게 꾸민 공작(工作)은 예기치 않은 암초에 부딪치기도 하고 반드시 사필귀 정(事必歸正)의 대가를 치르게 돼 있다고 경고하면서 정의로운 검사들과 판사들이 해야 할 옳은 일을 한다면 최악의 결과는 막을 수 있다고 했다. 그러나 그들이 지금 하고 있는 '해야 할 옳은 일'은 기대했던 수준보다 훨씬 더 정의롭고 용기 있는 것으로서 가히 감동적이다.

전국의 평검사 약 2,000명 전원과 고검장, 검사장 대부분에 추미애에 의해 발탁된 대검과 법무부 간부들까지 윤석열 징계 청구, 직무정지, 수사 의뢰는 잘못된 것이라고 항의했다. 이 대열에 들어가길 거부한 검사들은 극소수 애완견들뿐이다.

정권에 붙어 상관 결재 절차도 건너뛰던 국과장들, 같은 여성 평검사로부터 감찰 보고서 내용을 삭제하라는 지시를 했다고 폭로 당한 이번 징계 업무 추진의 주역인 담당관, 윤석열 변호인이 요구한 자료 제출을 승인한 대검 차장에게 항의한 그녀의 남편(대검 부장) 같은 이들이 그 열외자(列外者)들이다.

평검사 전원과 秋가 뽑은 측근도 반기

충견(忠犬)들 중에서는 유치한 비유로 정권 아부 SNS 질을 해대는 이상한 꼴불견 여검사, 출신 대학 동문들이 학교 망신시킨다고 부끄러워한 '검사도 아닌' 최고 서열 지검장, 추미애가 미워하는 검사장을 억지 수사하는 과정에서 몸을 날려 승진한 부장검사 등이 추미애 비판 글에 이름을 올리지 않았다. 서명자 2,000명에 비하면 그야말로 한 줌도 안 되는. 곧 줄 잘못 선 걸 후회할 그들이다.

추미애가 뽑은 법무차관 고기영은 이대로는 윤석열 징계위원회에 참여할 수 없다며 차관직을 던져 버렸고, 천안지청 검사 장진영은 "장관은 더 이상 국민을 상대로 검찰개혁의 의미를 왜곡하거나 호도하지 말라"며 항의 서명 선에 그치지 않고 추미애의 사퇴를 요구했다. 그는 "장관은 정권에 불리한 수사를 덮고 민주적 통제를 앞세워 검찰을 장악하고자 하는 검찰 개악을 추진하면서 마치 이를 진정한 검찰개혁이라고 국민을 속여 그 권한을 남용했다"고 정확한 지적을 했다.

이 모든 게 무엇을 의미하는가? 검사 중에도 강남좌파가 당연히 많다. 그럼에도 불구하고 그들은 윤석열 개인 편을 드는 차원이 아니라 장관의 권한 사용이 도저히 납득할 수 없고, 검찰의 정치적 중립성과 독립성을 심각하게 해치는 것이며, 무엇보다 그들의 자존심과 명예를 더럽히는 치욕적인 행위라고 보고 한 목소리를 낸 것이다.

이런 검사들에게 기자 출신 민주당 대표 이낙연은 '조직과 권력을 지키려는 몸부림'이라고 모욕을 줬고, 변호사 출신 대통령 문재인은 청와대 수석 보좌관 회의에서(이번에도 기자회견은 아니다) 우회적 표현으로 집단이기주의라고 훈계했다. 그의 '선공후사' 언급을 듣고 필자는 3공이나 5공 시절 대통령 또는 국무총리의 대국민 담화를 읽는 듯한 착각이 일었다. 2020년, 민주화 운동을 했다는 사람들이 잡은 정권에서 이런 일이 일어나고 있다.

월성원전 수사 저지가 1차 목적인 윤석열 징계

문재인과 추미애는 법무부 감찰위원들이 만장일치로 윤석열 직무정지가 부적절하다는 의견을 내고 '믿었던' 판사가 몇 시간 뒤 그 가처분 신청을 받아들여 버리자 솔직히 충격을 받았을 것이다. 징계위원회에서 결정만 하면 해임할 수 있을 것이라고 봤던 생각도 이젠 달라지고 고민과 겁이 일고 있을 것이다. 극적인 결정은 사람들의 마음과 분위기를 극적으로 전환시켜 버린다.

추미애가 급하게 추진한, (산업부 직원에 이어 궁극적으로 대통령에게까지 미칠) 월성 원전 수사 저지가 1차 목적이었던 윤석열 징계(해임)는 그 사유가 너무나 엉성하고 시시한 것들이었고, 그

절차 또한 후진국 독재 정권에서나 일어날 탈법적인 모습을 보였다. '재판부 사찰'이라고 해놓고 그 정보를 수집한 검사들에게 방법과 목적 등을 확인도 하지 않았다지 않는가?

지극히 상식적인, 사필귀정의 결정

감찰위원들의 자문을 '받아야 한다'는 규정을 몰래 슬그머니 '받을 수 있다'고 바꿔 버렸다. 감찰 보고서상의 '판사 성향 파악은 죄가 안된다'는 내용을 대담하게 삭제시키기도 했다. 윤석열이 징계받을 일이 아니라 그를 징계하려 한 사람들이 처벌받게 될 짓들을 한 것이다.(윤석열은 직무에 복귀하자마자 월성 원전 감사 방해 산업부 간부들 구속 영장을 승인하고 대검 감찰부에 대한 감찰을 지휘하고 있다.)

말도 안 되는 법치 파괴 행위가 판사를 했다는 장관과 변호사를 했다는 대통령의 지시 또는 방조 하에 이뤄진, 나라의 민주주의와 법치주의를 최악의 수준으로 타락시킨 어처구니없는 조치에 대해 독립적이고 중립적인 법무부 감찰위원들과 민주 대한민국 법치의 보루인 법원의 판사 조미연은 지극히 상식적인 사필귀정의 결정을 내렸다. 대한민국의 위엄은 살아 있고, 앞으로도 건재할 것이다.

전남 나주 출신에 성균관대 재학 시절 '극좌' 대선 후보 백기완 선거운동에 참여한 독실한 기독교 신자로 6수(修) 만에 사법시험에 합격한(윤석열은 고시 9수생 출신이다) '겸손한 판사' 조미연은 "검찰총장이 법무부장관에게 맹종할 경우 검사들의 독립성과 정치적 중립성은 유지될 수 없다. 재량권 행사는 장관의 검찰총장에 대한 인사권으로까지 전횡되지 않도록 더욱 엄격하게 숙고돼야 한다"고 '작심' 판결문에 적었다. '전횡(專橫, 권세를 혼자 쥐고 마음대로 함)'이란 단어를 쓰며 선배 여판사 출신 추미애의 직권남용을 나무란 것이다.

자, 대통령 문재인은 이제 어찌해야 할 것인가? 잘못은 빨리 인정하고 되어서도 안 되고 잘 될 수도 없는 무리한 일은 이쯤에서 포기하는 게 답이다. 그것이 자신과 정권이 살아남는 길이기도 하다. 검사들의 옳은 얘기를 집단이기주의로 폄하한 당신의 자세는 매우 위험하고 안이한 것이었다. 속셈이 뻔하게 들킨 공작(工作)은 일찌감치 폐기하는 게 좋다.

文. 지금이라도 토실구팽(兎失狗烹)하는 해법 제시해야

광인(狂人) 칼잡이 추미애의 용도는 이미 끝이 났다. 토사구팽(兎死狗烹)이란 말은 토끼 사냥이 끝나면 그 토끼를 잡던 개는 쓸모가 없어져서 삶아 먹는다는 사기(史記)에 나오는 말인데, 소란과 국민적 혐오감만 일으키고 그 토끼(윤석열)는 놓치는(失) 상황이 됐으니 그녀에게 그 책임을 물어 토실구팽(兎失狗烹) 해야만 옳지 않겠는가?

정권은 징계위를 일단 이틀 미뤘다. 더 미뤄질 수도 있고 어쩌면 (이 정권에 이성이 남아 있다면) 취소될 수도 있을 것이다. 위원장인 차관이 사표를 냈고 전열을 가다듬을 시간도 필요했겠지만, 추미애와 정권의 물불 안 가리는 폭주에 급제동이 걸렸음을 반증한다. 이러지도 저러지도 못하는 상황을 뜻하는 진퇴유곡(進退維谷)은 이런 때 딱 맞는 말이다.

그 궁지에서 빠져나올 해법을 제시해야 할 사람은 대통령 문재인이다. 그가 만약 민의와 사법부의 판단을 거스르고, 실보다 득이 더 많다는 눈먼 계산으로 추미애에게 윤석열을 기어코 자르게 한다면, 그는 돌이킬 수 없는 우(愚)를 범하게 될 것이다. 그 이후 사태는 아무도 예측하기 어렵다.

국회 의석의 절대 다수를 차지하고 있다고 안심하지 말라. 전세가는 지금 7년여 만의 최대치로 폭등하고 있다. 성난 민심의 파도는 그 국회 과반수쯤이야 간단히 뒤집어 버릴 수 있다.

2020년 12월 4일

문재인의 선택, '사실상 사임'밖에 없다

법원의 윤석열과 조국 판결로 권위 완전히 상실... 모든 것 내려놔야

부동산 탈원전 공수처 등 주요 정책 원점 재검토, 문제 장차관 조치

자, 이제 문재인에게는 어떤 선택이 남아 있는가?

필자는 어젯밤 인터넷으로 법원의 검찰총장 윤석열 징계 집행정지
결정을 알리는 긴급 뉴스 제목을 보고 이런 질문에 대한 답을 생각
해 보았다. 그 답은 대통령 문재인의 사실상 사임이다. 다시 말하
면, 사임에 준(準)하는 대(大) 용단을 내려야 한다.

그가 모든 것을 내려놓아야(포기해야) 하는 용단의 내용을 얘기하
기 전에 판사 홍순욱의 판결에 경의를 표하는 예(禮)는 먼저 표해야
하겠다. 필자는 어제 글(데일리안 [정기수 칼럼]-정경심 판결 재판
장, 성탄 전야에 희망과 축복을 선사하다)에서 이 결정을 암시했다.

윤석열에 대한 징계 청구와 함께 조치된 직무 배제를 취소한 판사 조미연, 조국 아내 정경심의 유죄와 조국의 공모 사실을 인정한 판사 임정엽, 그리고 판사 홍순욱이 어용 교수들을 동원해 구차한 사유들을 엮어 윤석열 정직 2개월 징계 모의를 한 법무부장관 추미애와 뒤에 숨어 있다. 그것을 재가한 대통령 문재인의 법치(法治)와 헌법 유린 행위를 결국 심판하게 될 것으로 낙관한 것이다.

이런 낙관과 예측은 필자가 대단한 신통력(神通力)이 있어서 할 수 있었던 게 아니다. 상식이기 때문이다. 말이 안 되는 일, 국민 대다수가 반대하는 일을 검찰과 법원이 정권 편에 서서 거꾸로 결정한다면 대한민국은 세계 사람들이 경제는 선진국이나 정치는 중진국으로 보는 현재 평판마저 지키지 못하고 정치 후진국이라는 오명(汚名)을 감수(甘受)하게 되었을 것이다.

대국민사과는 대통령으로서 당연한 의무

그런 점에서 조미연, 임정엽, 홍순욱을 비롯한 한국의 3000명 가까운 판사들이 자랑스럽다. 비록 사필귀정(事必歸正)의 결정이라 하더라도 그것은 결코 쉽게 할 수 있는 일은 아니다. 이 판사들과 함께 2,000여 명의 검사들도 박수를 받아야 마땅하다. 그들은 법무부장관이라고 불러 주기가 부끄러운 추미애의 망나니짓에 단호하게 잘못된 일이라는 의견을, 자기 이름들을 당당하게 걸고 밝혔다.

문재인이 가장 먼저 해야 할 일은 대국민사과이다. 이것은 대통령으로서 해야 할 당연한 의무이다. 성격이 내성적이고 고집이 세다고 해서 피해 갈 수 있는 일이 아닌 것이다. 호미로 막을 수 있는 일을 가래로도 막을 수 없는 불행(국민에게는 재앙)을 자초(自招)해선 안된다. 그가 그토록 무모한 애정을 갖고 국민 여론에 반해 장관(나아가 대선 후보)을 시켜려 한 조국과 그의 아내가 결국 법원에 의해 파렴치범들로 결론이 나고 있다. 또 윤석열 축출 기도도 원칙주의자 법관들 결정으로 2전2패, 대통령 권위가 땅에 떨어졌다. 이런 마당에 그가 사과 말고 무엇을 할 수 있다는 말인가?

국민 앞에 진실로 머리숙여 과오 반성해야

나라를 뒤흔들고 다수 국민의 혼란과 반감을 불러일으킨 자기 사람 키우기와 남의 사람 버리기 작전이 실패했으면 그에 맞는 자세를 갖춰야 나라의 최고 공복(公僕)으로서의 도리다. 추미애는 후임자고 뭐고 상관없이 법무부에서 당장 쫓아내야 한다.

아마 그녀는 장관에서 물러나면 수사를 받게 되는 신세로 전락할 수도 있다. 아들의 군 복무 관련 일도 그렇고 이번 윤석열과의 싸움 과정에서 일으킨 위법, 불법 행위가 너무 많아 야당과 시민단체의 고발을 이미 받았거나 앞으로 더 받게 될 것이고, 그렇게 되면 윤석열 검찰은 그것을 가만두지 않을 것이다. 그리고 그 2인자

자리에 있는 차관 이용구도 바로 사표를 받아야 한다. 그는 술에 취해 택시 운전사를 폭행한 특정범죄가중처벌법 피의자인데, 그 운전사에게 돈을 주고 합의해 처벌을 면한 잡범 수준의 인물이다. 문재인은 이런 자를 윤석열 징계위 구성을 위해 급히 임명했고, 그래서 추미애가 나가면 법무부를 지휘하는 장관 대행을 맡게 됐다. 이건 안될 일이다. 인사를 철회해야 할 대상은 또 있다. 장관은커녕 보통 공무원 자격도 안 되는 막말 주인공 변창흠이다. 국토부장관으로 지명된 그의 지난 공공기관장 재직 시절의 발언들이 줄줄이 공개되고 있다. 문재인 정부에는 왜 이런 품질 떨어지는 인사들만 골라서 들어오는지 알다가도 모를 일이다.

요약하면, 첫 단추는 국민 앞에 진실로 머리 숙여 과오를 인정하는 것이고, 두번째 단추는 국민 절대다수가 한심해 하고 창피해 하는 고위 공직자 후보들을 낙마(落馬)시키는 것이다. 언론 보도 내용을 청와대에서 확인해 사실로 밝혀질 경우 지명, 임명을 취소하면 된다. 어려운 일이 아니다. 고집부리니까 어렵게 되는 것이다.

실패로 나타나는 정책들을 원점에서 재검토, 폐기 수정해야

그런 다음에 꿰어야 할 세 번째 단추는 실패로 나타나고 있는 주요 정책들을 원점에서 재검토, 과감히 폐기하거나 수정하는 일이다. 대통령 문재인과 집권 여당은 인정하고 싶지 않겠지만, 속마음으로는 문제를 잘 알고 있을 것이다. 얼마나 불편하고 불안한가? 잘못되어 가고 있는 걸 보면서도 정책 방향은 옳았다고 강변하는 게 말이다.

부동산이 대표적이다. 올 연말을 가장 홀가분하게 보낼 사람은 물러난 국토부장관 김현미일 것이다. 그녀 자신의 소신인지 청와대 친문 세력이 시킨 것인지(많은 사람의 손가락은 청와대 정책실을 가리킨다) 몰라도 부동산 정책을 24번 내놓은 결과가 현재 대한민국 임차인이나 임대인들 모두 불만이고 심각하게 고통받고 있는 집값 폭등과 전세대란이다. 김현미는 이 난장판에서 해방돼 유유자적(悠悠自適)하게 됐으니 얼마나 행복한가? 문재인은 이 후임으로 막말에 반(反) 시장주의자인 이념적 관변 도시 문제 학자를 앉히려 하고 있다. 그가 천정부지(天井不知)로 솟고 있는 집값을 잡고 전세난을 해결할수 있는 사람이라고 보는 국민은 거의 없다.

친원전이 반환경이라 생각하는 미몽에서 졸업하자

탈원전 정책도 이쯤에서 포기하길 권한다. 친원전이 반환경이라고 생각하는 미몽(迷夢)과 무식에서 이 정권은 졸업해야 한다. 지구온난화 감소를 위해 석탄을 때지 않아야 하지 무공해 원자력을 버려야 하는 게 아니다. 그 안전성도 검증된 사실이다. 후쿠시마 원전 사고 자체로 죽은 사람은 0명이라지 않는가?

문재인은 1368명이 사망했다는 잘못된 주장을 믿고 탈원전 정책을 밀어붙였다. 〈판도라〉라는 재난 영화를 보고 받은 감명과 함께... 경제성 평가까지 조작하며(이것은 감사원장 최재형의 감사 결과 통보로 윤석열 검찰이 수사 중이다) 그 실력 좋았던 한국의 원전을 생으로 쓰레기화할 비용이 무려 2조 원에 이른다는 계산도 있다. 곧 전기 요금이 오르는, 탈원전 전기세 고지서가 죄 없는 국민 집으로 날아들 예정이다.

마지막 단추는 공수처(고위공직자범죄수사처)이다. 문재인과 친문들은 이 공수처 노래를 제발 그만 불러 주기를 진심으로 요청한다. 그것이 그대들이 사는 길이다. 윤석열 KO승 판결이 나오자 민주당 대변인이 한 말은 "유감이지만 검찰개혁은 개혁대로, 공수처 설립은 설립대로..."였다. 참으로 불쌍한 집착이다.

윤석열 잡으려고 국회 절대다수 의석을 가졌다는 폭력을 휘둘러 법 개정을 마친 공수처를 자기들 입맛대로 처장 뽑고 검사들 뽑아서 세워, 윤석열 검찰이 파헤치고 있는 청와대 관련 수사들을 빼앗아 뭉개고 마음에 안 드는 판검사들도 수사하기 시작하면 국민과 언론, 야당이 그 꼴을 보고만 있겠는가?

그것은 자기 무덤을 더욱 깊게 파는 어리석은 짓이다. 문재인과 586 운동권 출신 친문들은 자신들과 국가의 피해를 최소화하는 출구를 고민해서 찾아야 한다. 레임덕은 이제부터 매우 가속화될 것이다.

2020년 12월 5일

정경심 판결 재판장, 성탄 전야에 희망과 축복을 선사하다

조미연에 이은 임정엽의 정의와 진실 판결 대한민국 판사들의 건재 웅변
코드 인사, 친문 세력 테러가 5,000여 검사와 판사들 자기편 만들지 못해

필자는 독자들에게 야당과 언론, 검사와 판사, 그리고 국민이 살아 있으면 과히 걱정할 일이 없을 것이라고 일관되게 낙관론을 펴 왔다.

그 낙관론의 배경에는 대한민국의 수준에 대한 믿음과 SNS 라는 시대적 매체의 마력(魔力)이 있다. 정권이 아무리 코드(Code) 인사 (능력 자질 도덕성, 그리고 국민의 뜻에 관계 없이 인사권자가 정치적 이념, 성향 등이 비슷하거나 학연 지연 등으로 맺어진 인물을 공직에 임명하는 것)로 자기편 사람들을 심고, 갈아 치우고 해도 그보다 훨씬 더 많은 비(非) 코드 검사와 판사들이 버티고 있다.

문재인 정부 홍위병(紅衛兵) 노릇을 하는 '쓰레기' 문빠들과 '광신도' 친문 의원들이 코드 수사와 코드 재판을 거부하는 검판사들에게 더럽고 야비한 언어 테러를 가해도 그들은 흔들리지 않는다.

어쩌다 보니 이 정권에게 쓴소리만 하게 되는(정말이지 대통령 문재인과 그 정부가 잘하는 일이 많아서 칭찬하는 글도 좀 쓰고 싶다) 필자도 칼럼 끝에 기명(記名)과 함께 이메일 주소를 적어 놓아 자주 문빠들의 테러 대상이 된다. 그런 메일은 읽어 보지도 않고 바로 〈스팸 신고〉를 한다.

정의를 다루고 정의를 지키는 검사와 판사는 있다

간단하다. 소신을 지키는 사람에게 그런 폭력과 협박쯤은 전혀 장애물이나 공포의 대상이 되지 못한다. 이 시대 대한민국이, 참으로 다행스럽고 감사하게도, 몇십 년 전처럼 반정부 활동을 했다고 해서 어디론가 끌려가 얻어맞고, 생업을 잃고, 영어(囹圄)의 몸이 되는 나라는 아니다.

그렇게 하더라도 끝내 민주화의 봄은 오게 돼 있지만(북한을 보면 그 시간이 거의 영원에 가까우리만큼 오래 걸리기도 하지만), 그렇지 않은 나라에서 양심을 지키고 정의를 부르짖기가 아주 어려운 일은 아닌 것이다.

요즘 한국을 포함 세계에 만연(蔓延)된 정치적 양극화(Political

Polarization) 시대에는 권력으로부터의 정신적, 물리적 탄압보다는 자기 자신의 진영(陣營) 논리(자신이 속한 조직의 이념은 무조건 옳고, 다른 조직의 이념은 무조건적으로 배척하는 논리)에 의해 사람들이 사고를 하고 편을 든다.

그러므로 검찰과 법원 내에도 코드 인사 수혜자를 포함해 문재인 진영 편에 서서 국가적 중대사를 기소하고(또는 하지 않고) 판결하는 검사와 판사들이 있기는 할 것이다. 그 비율을 요즘 대통령에 대한 국민 여론에 견준다면 단순히 30%대라 할 수 있을 텐데, 필자는 그 절반 정도라고 본다.

직분(職分)이 정의를 다루고, 정의를 지키는 일이기 때문이다. 진영 논리를 극도로 경계해야 하는 직업윤리가 요구되는 사람들인 것이다. 더구나 정권이 요즘처럼 이성을 잃고 법치(法治) 파괴를 향해 폭주하고 있을 때 사회의 엘리트이자 민주주의와 법치주의 보루(保壘)인 그들이 서야 할 편은 자명하게 정해져 있다.

부장판사 임정엽의 법치주의 판결

어제 조국의 아내 정경심에게 징역 4년을 선고한 서울중앙지법 부장판사 임정엽은 바로 그편을 분명히 했다. 정의와 진실의 편이다. 그는 정경심에게 "공정한 경쟁을 위해 성실히 노력하는 많은 사람에게 허탈감을 일으키고 우리 사회의 믿음을 저버려 비난 가능성이 크다"고 판시했다.

"피고인은 조국 전 법무부 장관 청문회가 시작할 무렵부터 재판 변론 종결일까지 단 한 번도 자신의 잘못에 관해 솔직히 인정하고 반성한 사실이 없다."

이 얼마나 무섭고 정확한 말인가? 사실이 그랬다. 동양대 교수 정경심과 그녀의 남편, 문재인 청와대 정무수석 역임 후 법무부장관을 잠깐 한, 조국 그리고 친문 의원들을 비롯한 민주당 사람들은 세상 사람들이 다 비난하고 분노한 표창장 위조 등에 의한 조국 부부 자녀 입시비리 혐의 등이 검찰총장 윤석열의 조종에 의한 검사들의 먼지털이 수사라고 주장했다. 그리고 낯간지럽기 짝이 없는 '검찰개혁의 필요성'을 거기에 대고 역설해 왔다.

판사 임정엽은 정경심에게 "진실을 말하는 사람에게 정신적인 고통을 가했다. 그 죄책에 대해서도 무겁게 평가하지 않을 수 없다"고 꾸짖었다. 그의 이 판결은 크리스마스 전야를 맞은 대한민국 국민의 마음을 한없이 따스하게 하는, 희망과 축복의 선물이다.

임정엽은 올해 52세의 서울 출신으로 대성고-서울대를 나온 사람이다. 청와대 수사에 한발 한발 다가서고 있던 검찰총장 윤석열을 급히 쫓아내기 위해 어거지 사유들을 긁어모아 징계 청구와 직무배제 조치를 취한 법무부장관 추미애를 향해 맹종, 몰각, 전횡이란 말로 혼내며 가처분 신청을 인용(認容)한 서울행정법원 부장판사 조미연도 53세, 진보 성향의 호남 출신이다.

진영을 떠나 나라의 법치 바로세우기를 위해 정의와 진실의 심판을 한 두 50대 초반 판사는 대한민국 약 3,000명 판사들의 건재(健在)를 웅변하고 있다. 대법원장을 코드 인사로 앉혔다고 해서 나라의 판사들이 다 문재인 편이 되지 않는 것이다. 그들 판사 개개인은 헌법 기관이다.

준(準) 사법기관인 검사들도 마찬가지다. 2,000여 명의 검사 거의 전원이 문재인과 추미애의 윤석열 징계에 반대 의견을 표명했다. 그들의 정의감과 자존심을 건드리면 큰 화(禍)를 부르게 돼 있다. 대통령과 친문 세력은 이런 지극히 원초적인 진리를 무시하고 외면하려 한다. 그들 자신이 법을 직업으로 한 사람들이었으면서 말이다.

자기편 국민만이 국민인 여당

변호사 출신인 민주당 의원 김용민은 정경심 판결 후 "윤석열이 판사 사찰을 통해 노린 게 바로 이런 거였다. 윤석열과 대검의 범죄는 반드시 처벌받아야 한다"라고 엉뚱한 말을 했다. 그는 "검찰 기소의 문제점들이 국민에게만 보이나 보다. 법원이 위법 수사와 기소를 통제해야 하는데 오늘은 그 역할을 포기한 것 같다"며 법원을 비난했다.

그에게 국민이란 자기편 국민일 것이다. 그 숫자는 현재 여론조사로는 35% 정도이다(데일리안 의뢰 알앤써치 대통령 지지도 조사, 자세한 내용은 알앤써치나 중앙선거여론조사심의위 홈페이지 참조). 이렇게 눈을 감고 세상을 보는 사람이 집권당 핵심이다.

같은 당의 호남 출신 38세 변호사 출신 의원 김남국은 또 자신이 마치 유신과 전두환 시대 투사라도 되는 양 "가슴이 턱턱 막히고 숨을 쉴 수 없다. 세상 어느 곳 하나 마음 놓고 소리쳐 진실을 외칠 수 있는 곳이 없는 것 같다"고 페이스북에 적었다. 많은 독자는 김남국의 이 말을 듣고 가슴이 턱턱 막힌다.

오늘은 윤석열 정직 2개월 징계 집행정지 신청에 대한 2번째 심문날이다. 서울행정법원 부장판사 홍순욱이 조미연과 임정엽이 보여준 정의와 진실의 재판 결과를 이어 가게 될지 65%의 국민이 믿음을 갖고 주목하고 있다.

2020년 12월 25일

국민 여론에 떠는 문재인,
공수교(敎) 맹신도 버려라

날밤 새며 벌인 쇼와 꼼수 뒤 소송전 대통령에 치명타 될 수도
文정권은 공수처면 다 될 것으로 착각하는 공수교(敎) 광신도들

인터넷으로 윤석열 징계위 결정을 지켜보던 필자는 무슨 변고(變故)라도 일어났나 했다.

15일 오전부터 시작된 회의가 윤석열 변호인들의 반박 기회도 봉쇄하면서까지 일방적으로 종결됐다고 하더니 자정이 한참 지나서도 징계 결정 결과가 도무지 안 나오니 별생각이 다 들었다. '이 사람들이 회의실에서 자고 있나?' '아니면 기자들 몰래 비밀 출구를 통해 밖으로 나가 사우나라도 갔나?'
그리고 나서 아침 일찍 또 몰래 들어와 밤새 토론을 한 것처럼 속이고 징계 결정을 발표하려는가 보다 했다. 다음날 보도를 보니

오전 4시 47분에 발표를 했다고 한다. 그때까지 7시간여 동안 난상토론(爛上討論)도 열나게 했다고... 이걸 믿는 국민이 많지 않다는 걸 발표자인 위원장 대행, 외국어대 로스쿨 교수 정한중이 몰랐다면 거짓말이다.

윤석열 징계위에 참여한 위원들, 정권의 꼭두각시

정한중 얘기가 나온 김에 이번 징계위에 참여한 위원들 생각을 하지 않을 수 없다. 법무부차관 이용구, 전남대 교수 안진, 대검 반부패·강력부장 신성식... 이들은 자신들이 정권의 꼭두각시였다는 걸 모르지 않았으리라. 옛날 같으면 어용(御用)이란 딱지가 붙는 배역(配役)을 거부하지 않고 기꺼이 맡은 사람들이다.

이용구와 신성식은 어차피 정권에 충성하는 이들이지만, 호남 출신의 두 교수는 앞으로 학교에서 어떻게 학자로서 자신의 이번 행각(行脚)을 정당화할 수 있을지 괜한 걱정이 든다. 그 배역의 대가가 어떤 것일지는 모르겠으나 참 이해하기 어려운 처신이다. 대학교수라면 우리 눈에는 세상을 다 가진 것이다. 더 무엇이 필요해서 그런 오명(汚名)을 스스로 자기 이마에 달아야 했을까?

정한중과 그의 일당(一黨)은 새벽 5시가 다 되도록 잠을 안 자고 버티는 생고생을 하며 정직 2개월이라는 옥동자(玉童子)를 낳았다. 징계위가 열리기 전 정치권과 법조계, 언론에서 일제히 '징계 결론은 해임 아닌 정직'이라는 예측을 했었다. 그전의 여러 정황이 그런 추측을 쉽게 해줬기 때문이다. 옥동자의 성별(性別)은 물론 얼굴 생김새까지 다 알려진 셈이었다.

저녁부터 새벽까지 잠도 안 잔 징계위

4명의 징계위원들은 세상이 다 아는 징계 결과를 짜맞추기 위해, 서정주의 시를 빌리자면, '정직 2개월 결론을 위해 저녁부터 새벽까지 징계위는 그렇게 잠도 안 잤나 보다'라고 읊조릴 수 있겠다. 광주지검 순천지청장 출신 변호사 김종민의 말대로 그들은 쇼하느라, 연극하느라 정말 고생이 많았다.

정한중은 '연극이 끝난 뒤' 객석으로 나와 "증거에 입각해 결정을 했다"고 배역을 무사히 마친 소감을 말했다. 그 증거라는 것들이 법무부장관 추미애가 징계 청구를 할 때부터 하찮은 억지 이유들이고 사실관계를 따지면 오히려 추미애가 처벌을 받아야 하는 것들임에도 로스쿨 교수라는 사람의 입에서 저런 말이 나왔다.

4개 증거 중 하나만 예를 들어보자. 윤석열의 '퇴임 후 사회 봉사' 발언과 자신의 의사와 관계 없이 실시된 차기 대통령 선호도 여론조사에서의 상위 랭크가 검찰총장으로서 정치적 중립성 훼손이라는 것이다. 대한민국 법무부장관과 로스쿨 교수가 이런 걸 중징계 근거라고 댔다. 나라 망신이다. 법을 공부했다는 사람들의 수준이 이렇게 처참(悽慘)하다.

이번 연극의 총연출자로 지목되는 대통령 문재인은 일단 곤두박질 치고 있는 여론이 무서웠을 것이다. 윤석열을 해임하면 지지도가 30% 초반으로까지 추락할 수도 있었으니 겁먹고 떤 것이다. 추미 애는 윤석열을 이번 징계 한 방으로 날리고 싶어 했다. 그러나 그 사이 폭락한 대통령 지지도가 '해(解)' 자를 '정(停)' 자로 바꾸었다. 추미애는 그래서 윤석열을 끝내 잘라보지 못하고 자신이 먼저 잘 려나가는 운명을 맞았다. 그녀가 먼저 사의를 표명했다고 청와대 소통 수석이 말했지만, 징계위 난상토론 운운하는 것과 같은 소리 로 들린다. 사표의 대가로 다음 선거 출마 얘기를 했을 수는 있다. 그러나 그것이 사실이라면, 떡 줄 사람은 생각도 않는데 김칫국부 터 마시는 격이다.

윤석열 징계와 공수처 출범으로 다한 秋의 용도

그녀의 용도는 윤석열 징계와 공수처 출범, 소위 문재인 정권이 말하는 권력 개혁의 완성으로 다했다. 여기에서 윤석열 징계를 왜 정직 2개월로 잡았는지 그 해답이 보인다. 내년 초쯤으로 예상되 는 공수처(公搜處, 고위공직자범죄수사처)에서 그의 목을 확실히 처리하도록 할 계산이라는 게 알만한 사람은 다 알고 있는 그들의 시간표다.

그러나 그렇게 될까? 아마도 잘 안 되기가 쉬울 것이다. 세상에 다 들킨 꼼수로 뭘 어떻게 할 수 있다는 것인가? 국민이 핫바지이고 언론이 벙어리이며 여론조사 기관은 조작이라도 해서 문재인 지지도가 반등하고 있다는 결과를 내놓기라도 할 것이란 말인가?

공수처법 개정을 전후로 문빠들과 민주당 친문 의원, 그리고 대통령 문재인까지 공수처에 바치는 헌사(獻辭)를 듣자 하니 가히 공수교(敎)를 광신하는 신도들인 것처럼 보인다. 공수처 없었으면 어떠했을까 하는 의문이 들 정도다. 공수처가 검찰을 개혁해 대한민국을 바로잡기나 할 것 같이 요란을 떨고 있다.

야당의 추천권(또는 거부권)을 없애 버리고 사실상 대통령이 믿고 좋아하는 사람이 처장을 맡고 그 검사들과 수사관들을 민변(민주사회를 위한 변호사 모임) 출신 등 친여 인사들로 채운 기관이 독립적이고 중립적인 역할을 할 수 있을 것으로 보는 국민은 40% 이하일 것이다. 순전히 살아 있는 권력을 수사하는 검찰을 무장해제시키는 정권 친위대(親衛隊) 조직일 것이기에 그렇다. 이들이 출범하면 제1호 수사로 윤석열 본인과 윤석열의 지휘 아래 진행되고 있는 대전지검의 월성 원전 경제성 조작 사건 수사 등을 빼앗아(이첩해) 할 것이라는 예측이 무성하다. 그러나 그것은 모든 일이 문재인 정권 마음대로, 그들의 계획대로 착착 진행됐을 때의 시나리오다. 지금은 1980년대 몇 개 종이신문 시대가 아니고 2020년대 인터넷 무한 언론 매체 시대이다. 독자인 국민도 그만큼 똑똑하고 여론은 삽시간에 번진다.

현재의 여론만으로도 범여권은 국민의힘이 주가 된 범야권에 크게 밀려

우선 윤석열 측이 신청하게 될 정직 처분 무효 소송과 가처분 신청이 법원에서 인용(認容)될 가능성이 높다. 행정법원 부장판사 조미연이 2주 전 직무배제 가처분 신청을 받아들인 점을 고려하면 같은 사유들로 결정된 이번 정직도 당연히 무효가 되어야 한다. 게다가 이번엔 절차적인 불법 문제도 크다.

정직 가처분 신청에서 윤석열이 이겨 업무에 복귀하면 문재인 정권은 2전연패로 거의 만신창이(滿身瘡痍)가 된다. 설령 법원이 정권 손을 들어 준다 하더라도 여론이 더 나빠져 공수처장 인선부터 출범까지 수많은 난관에 봉착하게 될 것이다.

법원이 윤석열의 소송을 기각할 경우, 윤석열이 자퇴 카드를 내던지고 정계 진출을 준비하기 시작하면 정국은 돌연 대격랑 속으로 빠져들 것이다. 법원의 결정이 인용이든 기각이든 대통령 문재인에게는 모두 치명타가 될 수도 있다. 이제 싸움은 추-윤이 아니라 문-윤이 되었기 때문이다. 예측불허의 상황이다.

공수처가 그 험로를 무사히 빠져나가 진용을 꾸려 '제1호 수사'를 윤석열이나 월성 원전으로 한다고 치자. 언론은 이때 잠을 자고 있겠나? 연일 시끄럽게 때려댈 것이고 온갖 위법, 불법 행위와 뭉개기, 꼼수들을 낱낱이 고발하게 될 것이다. 그러면 여론의 문재인 지지도는 북쪽보다는 남쪽으로 내려갈 가능성이 훨씬 높다.

내년 초가 될 이때는 바야흐로 서울과 부산 보궐선거 후보들이 공식 선거운동을 시작하게 될 무렵이다. 이 과정에서 또 어떤 예상치 못한 일들이 벌어질지 모른다. 현재 여론만으로도 민주당을 포함한 범여권은 국민의힘이 주가 된 범야권에 게임이 안 된다.

전세 대란과 코로나 방역(백신) 실패가 윤석열 아니라도 문재인 정권을 잡게 돼 있다. 상황이 이러한데, 이 사람들은 공수교가 서울과 부산 시장, 나아가 차기 대권도 거머쥐게 할 것으로 믿고 있는 모습이다. 그 맹신(盲信)은 버리는 게 좋다. 국민 여론이 그 이유를 알려줄 것이다.

2020년 12월 18일

문재인은 진보 판사 조미연의
결정문을 읽어는 봤는가?

집행정지 결정은 사실상 윤석열 징계가 부당하며 추진 말라는 명령
더이상 미련 갖지 말고 조미연의 숙고(熟考) 의미 새기며 내려놔라

추미애는 떨고 있고 문재인은 고민하고 있다.

판사 조미연의 판결 때문이다. 그녀의 결정문과 인물에 대해서는
법원의 가처분 신청 인용(認容, 신청인의 주장이 이유가 있다고 인
정돼 그것을 받아들임) 직후 법무부장관 추미애에 의해 징계가 청
구되고 직무가 정지됐던 검찰총장 윤석열이 바로 출근, 그가 뉴스
의 중심이 됨으로써 언론 매체에 그 의미에 상응하는 보도가 이뤄
지지 않은 측면이 있다.
중앙일보에 난 '조미연 사찰 보고서'에 따르면 그녀(53)는 전남 나
주 외조모 집에서 자라고 광주에서 어린 시절을 보낸 호남 출신으

로 성균관대 재학 시절인 1987년 대선에서 민중 후보 백기완의 선거운동을 도운 진보적 성향의 청년이었다. 6수(修) 끝에 합격해 판사가 되어서는(윤석열은 9수 후 검사가 되었으니 묘한 공통점이 있다) 인권법연구회(문재인 정권에서 코드 인사로 비판받는 우리법연구회 후신) 회원이기도 해 진보좌파 정권 지지자로 믿어질 법도 했다.

대한민국 법치와 진보적 가치 옹호 및 신장 판결

그런 그녀가 추상(秋霜) 같은 결정문을 내놔 대통령 문재인과 장관 추미애를 넉다운시켰다. 장차 한국의 긴즈버그(Ruth Bader Ginsburg, 최근 작고한 미국 진보 대법관의 상징 여성 판사)로서 대한민국 법치와 진보적 가치 옹호 및 신장(伸張)을 위해 소신을 편 판사로 기억될 수도 있는 나라의 자산이다. 이런 사람이 바로 법무부장관이나 여성가족부장관을 맡아야만 할 것이다.

조미연은 결정문에서 맹종(盲從, 옳고 그름을 가리지 않고 남이 시키는 대로 덮어놓고 따름), 몰각(沒却, 없애고 무시해 버림)과 전횡(專橫, 권세를 혼자 쥐고 제 마음대로 함)이란 말을 써 추미애의 윤석열 직무정지는 물론 징계 시도 자체가 현행 법적 견지에서는 어처구니없는 것이라는 꾸지람을 무섭게 적었다. 그녀보다 판사를 먼저 한, '법도 모르고 법 위에서 행동하려 하는' 소위 법무부장관이라는 추미애의 낯을 파랗게 질리게 했을 준열(峻烈)한 선고였다. "검사는 법무부 장관의 지휘·감독에 복종함이 당연하지만, 검찰총장이 법무부 장관에게 맹종할 경우 검사들의 독립성과 정치적 중립성은 유지될 수 없다... 직무 정지가 지속되면 임기만료 시까지 직무에서 배제돼 사실상 해임과 같은 결과에 이르는데, 이는 검찰 독립성과 정치적 중립성을 보장하기 위해 총장 임기를 정한 관련 법령의 취지를 몰각(沒却)하는 것이다... 검찰총장이 대통령에 의해 임명되고, 그 임명 과정에서 국회의 인사청문회를 통해 검증이 이뤄지는 것을 고려하면 (직무 배제 조치가) 법무부 장관의 검찰총장에 대한 인사권으로까지 전횡되지 않도록 그 필요성이 더욱 엄격하게 숙고돼야 한다."

노무현 탄핵안에 찬성했던 秋, 조미연 판사의 결정문에 저주 퍼부어

추미애는 이 선고를 받고 자신의 페이스북에 올린 글에서 난데없는 전 대통령 노무현을 소환하며(그녀는 노무현 탄핵안에 찬성했었다) "검찰은 수사와 기소의 잣대를 고무줄처럼 임의로 자의적으로 쓰면서 어떤 민주적 통제도 거부하고 있다. 이 백척간두에서 살 떨리는 무서움과 공포를 느낀다. 그렇기에 저의 소임을 접을 수가 없다"고 썼다. 후배 여판사의 냉정한 결정에서 받은 좌절과 수치를 딛고 일어서려고 안간힘을 쓰면서 검찰을 향해 예의 저주를 퍼부으며 이미 흘러간 노래가 된 '검찰개혁' 타령을 또 부른 것이다.

그녀는 "인권침해를 수사해야 하는 검찰이 오히려 인권침해를 저지르고, 수사가 진실과 사실에 입각하지 않고 짜맞추기를 해서 법정에서 뒤집힐 염려가 없는 스토리가 진실인 양 구성하기 위해 수단 방법을 가리지 않는 가혹한 수사를 했다. 전직 대통령도, 전직 총리도, 전직 장관도 가혹한 수사 활극에 희생되고 말았다"고 했다. 그렇다면 박근혜, 이명박은 그 가혹한 수사 활극을 당한 전직 대통령들에 포함되지 않고 노무현만 희생됐다는 말인가?

다수 국민은 그녀와 정권이 부르는 검찰개혁 노래에 이제 신물이 나 있다. 그 속셈이 뻔하기 때문이다. 남의 편 수사는 혐의를 만들어서라도 해야 하지만, 자기 편 수사는 될수록 미루고 뭉개고 건성으로 하거나 아예 할 생각을 말아야 한다는 게 그들이 요구하는 검찰개혁이며 그 뜻을 거스른 윤석열을 내쫓으려고 하고 있다는 사실을 모르는(모른 척하는) 바보 국민은 이제 40%도 안 된다는 여론조사가 엊그제 나왔다(리얼미터, 자세한 결과는 중앙선거여론조사심의원회 홈페이지 참조).

호남지역민들과 강남좌파 진보층의 이반 조짐. 정신 차리라는 신호

맹목적인 지지를 보내던 호남 지역민들과 강남좌파 진보층의 이반

(離叛) 조짐은 매우 상징적인 현상이다. 문재인 정권이 이성을 가진 집단이라면 겁을 먹어야 하고 정신을 차려야 하는 신호인 것이다. 절차와 사유에서 위법을 저지르고 부당한 결정을 한 장관 추미애와 그것을 사실상 지시했다고 보는 대통령 문재인에 대한 대다수 일반 국민이 지금 갖고 있는 생각이다.

이것을 존중해서 바로잡는 자세를 보인다면 문재인은 위기에서 벗어나는 활로를 찾을 수 있을 것이다. 그는 그렇게 하고 있는가? 추미애 측근 차관이 사표를 내 윤석열 징계위원회 위원장 자리가 공석이 되자 문재인은 부랴부랴 자신의 선거 캠프 출신이자 이번 윤석열 징계의 발단이 된 월성 원전 수사의 핵심 대상자인 전 산업부 장관 백운규의 변호인인 이용구를 임명했다.

그리고 징계위원회 회의 날짜를 10일로 미루도록 했다. 징계를 밀어붙이려다 판사가 급제동을 걸고 여론이 급전직하하니 '절차적 정당성'을 이제 와서 강조하며 모양을 갖추려는 시늉을 하고 있다. 그는 당황하고 있는 것이다. 설령 징계위에서 해임 의결을 하고 대통령이 재가한들 윤석열과 검사들, 그리고 국민이 가만히 있겠는가? 정권 마음대로 할 수 있는 단계는 벌써 물 건너갔다.

현정권의 선장, 문재인이 살아 남을 수 있는 길

그러니 깨끗이 단념해야 한다. 망나니 장관에게 일을 맡겨 어거지 징계를 감행하려다 국민에게 그 치부(恥部)를 내보이고 말았으면 바로 잘못했다고 고백하고, 정리할 사람 정리하고(필자는 데일리안 12월 3일자 칼럼에서 추미애를 토실구팽(兔失狗烹)하라고 했다) 포기해야 할 것 포기하는 게 최선의 정책이요 상수(上手)다. 더 이상의 꼼수는 매만 더 벌 뿐이다. 집행정지 결정의 의미는 직무정지뿐이 아니라 윤석열 징계 추진 자체가 법 정신에 어긋난다는 것이다. 많은 국민도 그렇게 느끼고 있다.

정권의 배가 기울고 있는 이 시점에서 선장 문재인이 살아남을 수 있는 길은 아직 남아 있다. 판사 조미연의 결정문 전문을 읽어 보았나 모르겠는데, 안 읽어 봤다면 이번 주말에 정독하길 바란다. 자신보다 최소한 15년 후배인 젊은 여판사의 법치주의 의지와 가르침을 문재인은 숙고한 다음 현명하게 결정해야 할 것이다.

2020년 12월 5일

04

정권 수호하려다 정권 말아먹은 추미애

"추미애와 트럼프는 여러 면에서 닮은꼴이다. 안하무인(眼下無人)과 후안무치 (厚顏無恥, '추안무치'라고도 한다), 천방지축(天方地軸, '천방지추'라고 읽기도 한다) 등으로 표현되는 오만과 독선의 언행이 그렇고 SNS를 즐기는 것도 그렇다. 인성과 능력뿐 아니라 양심이 실종된 나르시시스트(Narcissist, 자기도취자) 적인 모습과 남 탓하는 것도 비슷하다."

추미애가 소환하는 미귀(未歸)의 유혹에 관한 추억

아들 '황제 휴가' 의혹 정의 행사되도록 해야 법무부장관
녹취 공개 불구 부인으로 역린 여론 극복할 수 있을까?

법무부장관 추미애의 아들이 군 복무를 한 부대 카투사는 미군에 배속된 한국군 군인으로서 미군과 함께 근무한다.

영어 약자로 KATUSA(Korean Augmentation Troops to United States Army, 미국군에 증강된 한국 병사들)인데, 옛날에는 외부에서나 내부에서나 이 카투사(원래 미국식 발음은 커투~싸)를 '카츄샤'로 부르는 사람들이 많아 톨스토이의 〈부활〉 스토리를 빌려 만든 한국 영화에서 주제가로 나온 〈카츄샤의 노래〉를 부대 주제가처럼 부르는 일이 흔했다.

'마음대로 사랑하고 마음대로 떠나가신/ 첫사랑 도련님과 정든

밤을 못잊어······' 라고 간드러지게 불렀던 김부자의 그 찰진 가요 말이다. 추미애의 아들 서일병(당시 계급)은 아마도 휴가 나와 친구들과의 술자리에서 이 노래를 부르지 않았을 것이다. 서일병은 약 10대1 경쟁률 시험(일명 카투사 고시)을 봐서 카투사 병(兵)이 된 세대라 이미 주제가가 사라진 부대에서 군대 생활을 했을 것이며 김부자류의 '뽕짝' 가요와는 전혀 다른 대중음악 속에 살았을 것이기 때문이다.

김부자의 〈카츄샤의 노래〉를 주제가로 불렀건 안 불렀건 카투사 부대는 예나 지금이나 상대적으로 편한 군 생활을 하는 부대임에는 변함이 없다. 당번 외에는 주말에 외출이 자유롭고 평일 근무나 숙식이 일반 한국 부대가 여인숙이라면 카투사는 호텔급이다. 필자가 카투사 출신이라 이것은 잘 안다. 그래서 '호텔 생활'을 하는 사람이 황제 휴가를 갔다느니 황제 탈영 의혹이 있다느니 하는 언론 보도를 접했을 때, 얼른 이해가 안 갔다. 아무리 편해도 군대는 군대이긴 하지만, 그래도 견디기 힘든 일반 부대들보다야 백번 나은 곳인데(매일이 반(半) 휴가 상태라고는 말하지 않겠다), 왜 저런 말썽을 피워야만 했을까, 라는 의문이 든 것이다.

서일병은 왜 부대복귀를 미뤘을까?

생각해 보니 필자도 외출이나 휴가 나왔다가 부대에 들어가고 싶지 않은, 소위 미귀(未歸)의 유혹을 느낀 적이 없지는 않았다. 카투사 생활은 동료나 상관(上官) 미군들과는 비교적 원만하다. 그러나 한국인 고참 병들과의 내무반 생활은 일반 한국군 부대와 비슷한 피곤한 문화가 상당히 많이 존재했다. 서일병이 복무한 시점에는 얼마나 바뀌었는지 모르겠지만 말이다.

부대 복귀 시간이 다가오면 초조해지고 불안해졌다. 그 좋다는 카투사였는데도...... 여자친구와 함께 하던 마지막 시간이 그때만큼 빨리 줄어들고 없어졌던 적이 그 전에도, 후에도 없었다. 그래서 생각해 본다. 서일병은 정말 다리가 아파서였을까, 다른 이유로 부대에 들어가기 싫어서였을까?

서일병의 휴가 연장과 관련한 그의 상급부대 한국군 장교와 국회의원이자 집권당 대표였던 서일병 모친 추미애 보좌관이라고 밝힌 남자와의 전화 대화 녹취록(무려 78분간의 통화 중 3분간의 기록)이 엊그제 공개됐다. 국민의힘 육군 중장 출신 의원 신원식이 수사를 뭉개고 있는 검찰을 대신해 이 엄청난 증거를 수집한 것이다.

녹취록에서 나타난 세 가지 중대 문제점

녹취록은 다음과 같은 세 가지 중대 문제점을 고발하고 있다. 첫째는 추미애가 아들의 휴가 연장 가능성 타진(사실상의 요청)을 국회의원 신분을 이용했다는 것이고, 둘째는 법무부장관을 맡은 사람이 국회에서 이와 같은 의혹에 대해 시종일관 부인하는 거짓말을 해왔으며, 셋째는 장관의 인사권 등으로 관련 수사를 방해하려 했다는 합리적 추론을 가능하게 한다는 사실이다.

아들이 정당한 사유와 절차에 따라 병가(病暇)를 얻었고, 자신은 그 병가 이용에 아무런 영향력을 행사하지 않았다면, 수사가 8개월 동안이나 지연되도록 인사 등으로 무언의 압력을 가할 이유가 전혀 없는 것이다. 이 수사 담당 서울 동부지청 차장검사가 검사장 승진 인사에서 누락 돼 사표를 낸 바 있다. 또 이 지청으로 정권을 찬양하는 검사가 최근 인사에서 영전되기도 했다.

무릇 수술로 아프다는 군인이 진단서 하나도 없고(국방부는 이에 대해 누락에 의한 행정 오류라고 했고, 서일병 변호인 측은 수술이 필요하다는 국군양주병원 소견서 등 관련 근거 서류 일체를 제출했다고 주장한다), 병원 치료가 아닌 집에서 쉬어야겠다고 엄마 보좌관을 통해 부대에 사실상 '통보'했으며(필자가 군 복무를 한 40년 전에도 카투사 아니라 일반 부대 역시 병사가 실제로 많이 아플 경우, 막사에서 쉬도록 배려해 주었는데 왜 집에 있어야만 하는가?), 부대에는 또 휴가 명령지, 병가 사유 등 근거 서류가 남아 있지 않다는 점 등이 '황제 군 복무'란 말을 나오게 하고 있다.

법무부(法務部)가 영어로 Ministry of Legal Affairs(법적 업무부)가 아니고 Ministry of Justice(정의부)란 사실은 신문에 하도 많이 언급되어서 이제 중학생도 외울 정도가 됐다. 사회의 정의(正義)를 구현(具現)하는 일, 즉 죄지은 자들을 수사하고 감옥에 가두는 행정 업무를 맡는 곳이 법무부이다. 장관 추미애는 이 정의가 자신과 가족에게도 엄정하게 행사되도록 관련 고발 수사의 신속하고 철저한 이행 의무를 다해야만 한다.

법무부장관의 인사 전횡과 치명적 역린으로 국민 여론 자극

추미애는 그동안 검찰총장 윤석열을 고립시켜 사퇴를 압박하기 위해 권력 비리 수사 검사들은 좌천시키고 그런 수사들을 일부러 안 하거나 반대 방향으로 튼 정권에 충성하는 검사들은 영전시키는 인사 전횡(專橫)으로 여론의 비판을 받아 왔다. 그 결과 심지어 '법무부장관에는 추미애 대신 개(忠犬)를 앉히라'는 풍자가 청와대 국민 청원 게시판에 올라와 화제가 될 정도이다.

한국 국민 사이에는 몇 가지 치명적인 역린(逆鱗, 용의 목에 거꾸로 난 비늘이란 뜻으로 군주의 약점을 건드리면 죽는다는 데서 유래한, 국민 여론을 크게 자극하는 비리)이란 게 있다. 만인에게 공평해야 할 입시와 병역 문제가 그 중의 하나이다. 조국은 딸의 전자(前者) 때문에 지금까지도 다수 국민에게 지탄받고 있다.

추미애는 아들의 병역 관련 불법행위와 직권남용 혐의를 받는 처지가 되었다. 야당은 군형법 위반(근무 기피 목적의 위계죄와 방조죄)으로 해당자들을 지방검찰청이나 고등검찰청 대신 윤석열이 있는 대검에 고발키로 해 귀추가 주목된다.

그녀가 법무부장관이니 수사는 어떻게든 피해갈 수 있을지 모른다. 그러나 역린 여론까지 극복하고 문재인 정권 수호의 전위대원(前衛隊員)으로서 계속 역할을 해갈 수 있을지는 의문이다.

2020년 9월 4일

끝나야 끝나는 추미애는
한국의 여자 트럼프

인성 실력 양심 등 모든 게 문제인 트럼프와 나갈 때까지 말썽 닮은 꼴
문재인 인사 중 최악... 인재가 위선적 586 아니면 광인(狂人)들뿐인가?

추미애에 관한 글은 이제 더 이상 쓸 일이 없게 된 줄 알았다.

그러나 그녀는, 끝날 때까지는 끝나지 않은, 참으로 질긴 사람이면
서 언론에는 차마 미워할 수 없는 뉴스 제조기다. 지난해 법무부장
관 추미애는 거의 매일 큼직한 기삿거리를 제공해 왔다.

칼럼을 기고하는 필자도 사실은 이 광인(狂人) 덕을 톡톡히 봤다.
적어도 소재난은 겪지 않게 해 줬기 때문이다. 아, 물론 쓸 게 없어
도 좋으니 그런 인물이 나라의 중요한 자리에 앉아서 만날 시끄럽
고 눈살 찌푸리게 하는 짓을 안 하는 편이 백번 낫긴 하다.

대선 패배에 불복하던 트럼프가 주 정부들과 법원들의 잇따른

반대 결정으로 시무룩해지고 바이든 대통령 시대 개막이 현실화되자 미국 언론 매체들에서 갑자기 한동안 볼 게 없어져 버렸다. 화제와 논란을 일으키는 뉴스가 트럼프의 일시 소강(小康)으로 더 이상 생산되지 않았기 때문이다.

하지만, 트럼프의 9회 말 공격은 끝나지 않았었다. 그는 의회의 바이든 승리 최종 확정을 저지하고자 하는 지지자들에게 의사당으로 가라고 반란을 선동, 재임 중 2차례 탄핵 투표를 당하는 미국 역사상 최초의 대통령이 될 가능성이 커졌다.

그의 임기는 불과 10여 일 남았으나 선례를 남기지 않도록 하고, 그의 다음 대선 출마를 원천봉쇄하기 위해서도 민주당과 공화당 일부 의원들이 탄핵에 적극나서고 있다. 트럼프는 탄핵 가결 확률이 높을 경우, 형사 기소 등을 피하기 위해 임기 종료 단 며칠 전에 사임, 스스로 백악관을 걸어나가는 신세가 될 수도 있게 됐다.

오만과 독선의 언행, 트럼프와 닮은꼴

추미애와 트럼프는 여러 면에서 닮은꼴이다. 안하무인(眼下無人)과 후안무치(厚顔無恥, '추안무치'라고도 한다), 천방지축(天方地軸, '천방지추'라고 읽기도 한다) 등으로 표현되는 오만과 독선의 언행이 그렇고 SNS를 즐기는 것도 그렇다.

트럼프는 그의 근거 없는 선거 사기 등의 주장과 인종차별, 극(極)

보수주의 편견 등을 전파하는 수단이었던 트위터 사용을 영구 정지당했다. 이것은 미국 국민에게는 세계에 얼굴을 들 수 없는 수치스러운 사건이지만, 온라인 미디어에 질리고 피해를 당하고 있는 요즘 시대 사람들에게는 한 줄기 빛이 보이는 희망의 조치이다.

추미애의 시 나부랑이(시인들에게는 이런 표현을 써서 미안하다) 인용하면서 법과 정의를 지켜야 할 장관으로서 법치(法治)를 훼손하는 발언들을 적는 페이스북, 그리고 곡학아세(曲學阿世)로 세상을 어지럽게 하는 극좌와 극우 말장난꾼들이 애용하는 SNS 들도 미국의 트위터처럼 엄격한 관리 감독을 받아야 할 때가 됐다. 적어도 폭력 조장이나 거짓말(가짜 뉴스) 유포에 대해서는 제재가 가해져야 하는 것이다.

인성과 능력뿐 아니라 양심이 실종된 나르시시스트(Narcissist, 자기도취자)적인 모습과 남 탓하는 것도 둘은 비슷하다. 트럼프는 선거에서 절대로 지지 않을 것이라고 했고, 지난 대선에서도 지지 않았다고 지금도 주장한다. 자기가 이겼는데, 상대방이 승리를 훔쳐갔다는 것이다.

증거는? 없다. 그냥 막무가내로 우길 뿐이고 트럼피즘(Trumpism) 광신도들은 이것을 의심 없이 믿는다. (듣자 하니 한국의 극보수 우파 유튜버 아무개도 자기 인생을 걸고 미국의 대선 부정을 1,200% 믿는다고 한다. 이런 사람들과 제1야당이 완전히 절연(切緣)했다는 게 얼마나 다행스러운 일인가!))

추미애는 검찰총장 윤석열 몰아내기에 몰두하다 자신의 책임 법무 행정 기관인 서울 동부구치소에서 코로나 환자가 폭증하고 사망자도 속출, 국민적 비판을 받게 되자 찔끔 한마디 사과했다. 그러나 이 사과마저 억울했던지 며칠 뒤 난데없이 전 대통령 이명박 탓을 했다.

그의 재임 중에 구치소를 밀집시설로 지어 그렇게 된 것이라고... 그녀는 자신이 어거지로 꾸며 추진한 윤석열 징계가 법원의 집행 정지로 휴지조각이 되자 망연자실(茫然自失)해 있던 중 위기가 심각해짐으로써 마지못해 동부구치소에 다녀온 뒤 바로 그날 밤 윤석열을 향해 한마디 하는 글을 또 페이스북에 올렸던 사람이다.

위선적 586 아니면 부도덕하고 몰염치한 인사뿐인 문정권

문재인 정부에는 인재가 이렇게도 없는가? 조국처럼 위선적인 586 운동권 출신 아니면 얼치기 진보좌파 이념으로 나라를 엉망으로 만들고 민생에 큰 해를 끼치고 있는 추미애 류(類)의 실력 없고 부도덕하며 몰염치(沒廉恥)한 인사들뿐이다.

추미애는 대통령 문재인의 자진 사의 표명 요청을 듣지 않았고, 지금까지 사표도 내지 않았다는 보도이다. 그래서 후임 내정자인 민주당 의원 박범계가 추미애 자리에 차질 없이, 빨리 앉을 수 있도록 야당은 그의 땅 재산신고 누락 등 의혹을 적당히 다루고 넘어가야만 하게 됐다. 웃지 못할 일이다.

대통령의 부당한 해고에 반기를 들었다면 용기 있는 국무위원이겠으나 그녀는 해고를 당해도 열 번은 당해야 할 장관이다. 국민 여론이 그것을 증명한다. 그녀는 국민적 피곤의 대상이고 도저히 일국의 장관, 그것도 법무부를 맡은 사람으로서는 있을 수 없는, 법 없이 춤추는 망나니 광인(狂人)이었다.

문재인도 그녀를 해고하려고 했으면, 본인이 하지도 않은 사의 표명을 거짓말로 발표하도록 하는 대신 국민들에게 '문재인 정부 최악의 인사에 대한 사과부터 했어야 한다.

그러나 세상일에는 언제나 음(陰)과 양(陽)이 함께 있는 법, 추미애의 무법 활극은 대한민국 사법부와 준(準) 사법기관인 검찰이 든든하게 자기 자리를 지키고 있음을 보여 주었다.

윤석열도 윤석열이지만, 추미애의 생각이 옳지 않다고 말한 전국 대부분의 검사들과 그녀의 징계는 불법이고 조국과 정경심은 법을 어겼다고 결정한 판사들이 있는 한, 우리는 2021년과 미래를 비관할 필요가 없게 된 것이다.

2021년 1월 11일

추미애의, 추미애에 의한, 추미애를 위한 검찰

윤석열 장모, 나경원 자녀 의혹 수사는 캐비넷에서 꺼내 하고
해야 할 권력 비리는 묻은 채 추미애 아들 건은 '모범답안'대로

야당 의원이 '장관님'을 세 번 불러도 그 장관이 대답을 안 했다
고 하니 할 말 다했다.

법무부장관 추미애는 전날 국회 법사위에서 정회 후 마이크가 꺼
진 줄로 알고 그 의원에 대해 "어이가 없다. 저 사람은 검사 안 하
고 국회의원 하길 참 잘했다. 사람 여럿 잡을 뻔했어. 호호호"라고
한 말이 크게 보도돼 또다시(지난번의 '소설 쓰시네'에 이어) 망신
을 당했으므로 그 의원과 말을 섞기가 껄끄럽긴 했을 것이다. 그래
도 그렇지, 한 나라의 장관이 국민을 대표하는 국회의원의 부름을
그토록 오만하게 싹 무시해 버려도 되는 것인가?

추미애는 그 의원이 앉아 있었던 자리에서 얼마 전까지 20년 이상 장관 등을 대상으로 호통 치던 5선 국회의원이었다. 국회의원 추미애에게 어떤 장관이 "판사 그만두고 국회의원 하길 잘했다. 사람 여럿 잡을 뻔했어. 하하하"라고 '뒷담화'를 하고 그녀가 그 장관에게 다음 날 국정 질문을 위해 '장관님'이라고 세 번 불렀어도 대답을 안 했다면, 아마 그 회의장은 (그녀의 성정으로 미루어) 뒤집어졌을 것이다.

장관 추미애의 막가는 오만을 부추기는 신임 국방부 장관

여기서 추미애의 '뒷담화'를 이끌어 낸 신임 국방부장관 서욱에 대해 한마디 하지 않고 지나갈 수 없다. 그가 추미애 아들 의혹 당사 기관인 국방부를 맡게 된 사람이라 더욱 그렇다. 새로 장관이 된 사람이고, 병사들의 병가 관련 부처 장관이며, 그녀의 옆자리에 앉아 있었기에 '선임' 장관에게 한마디 해주고 싶긴 했겠지만, "많이 불편하시지요?"라고 한 건 육사 출신 답지않은 아부 발언이었다. 그는 또 하필이면, 광주 사람이다.

장관 추미애의 막가는 오만은, 시장의 장삼이사(張三李四, 중국에서 가장 흔한 장씨의 셋째아들과 이씨의 넷째아들이란 뜻으로 평범한 보통 사람들을 이름)도 다 짐작할 수 있다시피, 대통령 문재인이 최근 어떤 회의장에 일부러 그녀와 함께 입장하는 사진 찍기 기회를 언론에 제공하는 등 '추미애 장관 아들 특혜 군 복무 의혹은 사실이 아니며 그녀를 경질할 일은 없을 것'이라는 뜻을 확실히 하고, 그에 따라 집권당과 친문 세력이 일제히 강공책으로 선회한 데서 힘입은 것일 게다.

그들은 너무 딱하고 우리는 너무 서글프다

여론조사라는 것이 비록 지난 4.15 총선에서 맞지 않을 것이라는 예측이 빗나가 사실로 결과가 나타남으로써 요새 신뢰도가 지나치게 높아진 측면은 있지만, 추미애 의혹 확산에 별다른 영향을 받고 있지 않은 듯 대통령과 집권당 지지도가 소폭 반등하고 있는 것 또한 추미애와 문빠들의 기를 살려 주는 것도 같다. 그러나 최근의 여론조사 결과는 소위 '결집한' 정권 지지 세력의 '작전"이 집중 반영되고 있는 것으로 보인다. 그렇지 않고서야 어떤 이슈에 관한 국민의 의견이나 호오(好惡)가 일주일 사이에 그토록 쉽게 변할 수는 없지 않은가?

만들어진 것이든 실제 민심이든, 그런 수치에 고무된 집권 세력에 의해 좌지우지되는 조직으로 전락한 '추미애 검찰'의 요즘 행태를 보노라면 분노는 이제 사치스런 감정이 되어 버렸다. 그들이 너무 딱하고 우리는 너무 서글프다.

추미애 아들 서일병 특혜 휴가 의혹 고발 건 수사를 서을 동부지검에서 8개월 동안 뭉개다 얼마 전부터(위에서 작성한 '모범답안'이 확정되자) 돌연 속도를 내고 있다고 한다. 아들도 소환하고 문제의 청탁 보좌관도 불러 조사했다는 것이다. 그러나 마음에 없는 일을 하면 어쩐지 부자연스럽기 마련이다. 아들 집을 압수수색했다고 언론에 보도자료를 낸 것이 대표적이다.

검찰이 압수수색 계획을 미리 알려 방송 카메라 등이 동행 취재를 하도록 하는 건 모종의 목적이 있다고 봐야 한다. 작년 조국 사태 때의 윤석열 검찰이 그렇게 함으로써 집권 세력의 거센 비난을 받은 바 있다. 그렇지 않은 경우에는 검찰이 대개 숨긴다. 기습적 밀행에 의한 충분한 증거 확보를 위해서다.

그런데 이번엔 사후에 친절하게 알렸다. 언론이 묻지도 않았는데, 과연 무엇 때문인가? 제발 물어 주기를 기다렸지만, 수사의 진정성을 믿어 주지 않고 있는 언론이 묻질 않으니 자기 머리를 자기가 깎은 것이다. '해야 할 수사를 이렇게 열심히 하고 있다'라고 선전하고 싶었던 것이었으나 관계자 소환 조사를 마친 다음에 하는 압수 수색이 무슨 의미가 있겠는가? 오히려 짜 맞추기 수사를 위한 증거 확보(만들기?)가 아닌가 하는 의심이 들게 하는 수작이다.

국민이 원하는 수사는 하는 둥 마는 둥,
이미 해명된 사건 수사로 물타기

국민이 해주길 바라는 건, 8개월 동안 하는 둥 마는 둥 하다 그나마 모든 수사반 검사들과 지휘관을 더욱 추미애 편으로 재편성한 동부지검의 수사는 그 결과가 보나마나이니 독립적인 특임검사나 특별수사단을 임명해 진짜 수사를 하라는 것이다. 이건 추미애나 정권이나 절대로 들어줄 수가 없는 요구이다. 진실이 밝혀지길 원하지 않기 때문이다.

추미애 검찰은 또 검찰총장 윤석열 장모와 지난해 '조국대전'에서 보수당 장수로 활약했던 당시 원내대표 나경원 자녀 특혜 의혹 수사도 갑자기 다시 하고 있다. 둘 다 이미 결론이 난 것이나 마찬가지이고, 더 캐봐야 나올 것이 없으니 수사를 더이상 하지 않고 있었던 고발 건인데, 추미애 아들 의혹이 확산되자 그 물타기 용도로 여당 의원이 '그 수사들은 어떻게 되고 있느냐'고 묻고 그에 대해 장관이 헛웃음을 지으며 '(윤석열의 수사) 의지가 없다'고 답함으로써 그녀의 충견이 지검장으로 있는 곳에서 "그럼 우리가 뭔가를 보여 드리겠습니다"라고 나서고 있는 것이다.

야당 의원도 법적으로 잘못이 있거나 도덕적으로 비난받을 일이 있으면 사과는 물론 의원직 사퇴를 해야 마땅하다. 그런 점에서 국민의힘 전 의원(엊그제 짐이 되지 않겠다며 탈당을 했다) 박덕흠의 이해 충돌 의혹에 대해 이 당이 보인 자세에 이해가 안 가고 실망스러운 점이 많다. 건설회사를 여럿 가진 사람이 관련 상임위에서 활동을 했으면 의혹 사실의 진위여부를 가리기 전에 일단 국민에게 유감 표명을 했어야 했고, 신속하게 진실을 가리는 작업에 착수했어야 했다.

나경원 자녀의 특혜, 비리 의혹은 조국 사태 때 거의 해명이 된 일이다. '우리 편' 논리로서가 아니라, 조국 딸에 비하면 중대한(입시 당락에 결정적 영향을 미치는) 문제도 아니거니와 그 자녀의 우수한 성적을 입증하는 자료도 제출이 됐었다. 조국을 끌어내리고 문재인 정권에 치명상을 입히는 싸움을 선도하는 야당 의원의 자녀라, 역시 물타기 목적으로, 고발된 의혹에 지나지 않았던 것이다. 그런데 그 수사를 이제 와서 또 하겠다고 하니 이 검찰이 진정 국민의 검찰인지 다수 국민은 묻고 싶은 것이다.

윤석열 장모 건은 더욱 그 동업자 고발인이 오히려 협박죄 등으로 징역을 살고 무고죄 구속 영장이 기각되기는 했으나 대법원에서 벌금형도 확정된 사건이라 추미애 아들 의혹을 희석시키면서 벌써 식물이 다 된 윤석열을 더욱 궁지에 몰기 위한 재수사라는 지적을 받는다. 장관 추미애는 지난 7월 윤석열과 싸우던 와중에 국회에서 장모 관련 자료를 (일부러?) 휴대전화로 보다 언론의 카메라에 포착된 사실도 있다.

윤석열이 관여하지 않은 처가 일이라고는 하더라도, 또 사실이 아닌 음해 고발이라고 하더라도, 장모가 가짜 은행 잔고증명을 이용해 부동산 투기를 했다는 주장이 나오는 행위를 했다는 건 좋은 일은 아니다. 하지만 혹시라도 죄가 있다면 처가 사람들이 받으면 될 일이다. 그러나 이미 과거에 수사를 해서 고발인이 역으로 처벌받은 사건을 같은 검찰에서 또 수사하면 어쩌자는 것인가?

검찰은 이와 달리 '청와대 울산시장 하명 수사 및 선거 개입 의혹' 사건을 비롯한 권력 비리 건들은 어느 때부터인가 일제히 손을 놓고 있다. 현 정권에 비판적인 다수 국민이 해야 한다고 생각하는 수사는 아예 안 하거나 반대 결론을 미리 내서 하고 있고, 안 해도 될, 이미 유무죄 여부가 판가름 나 있는 수사는 다시 캐비닛에서 꺼내 하고 있으니 그 모습이 딱하기가 이루 말할 수 없다.

권력의, 권력에 의한, 권력을 위한 검찰... 추미애의, 추미애에 의한, 추미애를 위한 검찰을 우리는 언제까지 보고만 있어야 할 것인가?

2020년 9월 26일

김여정이 남측 장관이 됐나
착각케 하는 추미애

공개 석상 비난은 장관의 품격 팽개친 추태
처음부터 게임이 안 되는 인물 발탁이 문제

　　법무장관 추미애의 주요 업무는 검찰총장 윤석열과 티격태격 싸우는 일이나 되는 것처럼 보인 지 오래다. 조국 사태로 장기간 공석으로 남아 있던 그 자리에 6개월 전 연초에 임명됐을 때부터 죽 그래 왔다.

그런데 요즘 그 불화와 갈등 수준이 어느 한계선을 넘고 있는 모습이다. 며칠 전 민주연구원이라는 데서 주최한 초선의원 혁신포럼 강연에서 했다는 그녀의 단어 선택과 표현 방식은 그야말로 그녀의 입장에 동의하지 않는, 듣는 이들을 아연실색케 한다.
"이 사건(한명숙 전 국무총리의 뇌물수수 사건과 관련한 위증교사

진정 사건)을 대검찰청 감찰부에서 하라고 지시했는데, 윤 총장이 서울중앙지검 인권감독관에게 내려보내고 대검 인권부장이 총괄하라고 하며 내 지시의 절반을 잘라먹었다. (윤 총장이) 장관 말을 들었으면 좋게 지나갈 일을 새삼 지휘해서 일을 더 꼬이게 만들었다. 말 안 듣는 검찰총장과 일해 본 법무부 장관을 본 적이 없다."

이 말이 왜 아연실색(啞然失色)케 하느냐고 묻는 독자들에게는, 영어식으로 말해, "당신은 혼자가 아니다(You are not alone)"라고 해주고 싶다. 필자도 다음 한 가지 더 있는 표현을 나중에 듣기 전까지는 "이번엔 좀 더 강하게 말했군"하고 말았기 때문이다. 강연에 참석한 사람 중에 누가 원문 그대로를 전달했는지 제주도 지사 원희룡이 이렇게 옮겼다.

"지휘랍시고" 막말의 대명사 김여정의 말?

"추 장관은 '윤 총장이 제 지시의 절반을 잘라 먹고, 틀린 지휘를 했다. 장관 말을 겸허히 들으면 좋게 지나갈 일을, 지휘랍시고 일을 꼬이게 만들었다'라고 했다. '지휘랍시고', '잘라먹었다'는 천박한 표현은 북한에서나 쓰는 말인 줄 알았는데 대한민국 법무부장관 입에서 들을 줄은 상상도 못했다."

그렇다. 그가 그녀의 원래 발언을 전달한 문장 속의 '지휘랍시고'란 말을 듣는 순간 북한 김정은의 친여동생이자 노동당 제1부부장인 최근 막말의 주인공 김여정이 떠올랐다. 그녀가 '남측'으로 어느새 내려와 장관을 하고 있나 하는 착각이 잠시 들 정도이다. 상대방의 심기를 극도로 긁기 위해 일부러 쓰는 비하 표현이기 때문이다. 그런 말을 하면서 책상도 여러 차례 내리쳤다고 한다.

둘 다 대통령이 임명하고 국회 청문회를 거친 매우 중요한 국민의 심부름꾼들이 이런 시장판 국어를 사용하며 말 난투극(일방적이지만)을 벌인다는 건 원희룡 말대로 대한민국의 국격이 땅에 떨어지는 일이다. 공개 석상에서 자기감정을 여과 없이 발설하는 건 자신에게 월급을 주는 국민에 대한 모독이고, 고위 공직자의 품위를 내팽개친 추태다.

개인적인 소신과 집착, 주변인과의 불편한 관계, 막말 종합세트

추미애는 임명된 지 얼마 안돼 윤석열을 향해 "내 명을 거역했다"는 말을 해 '최초 여성 판사 출신 지역구 5선 의원'이라는 자신의 여러 최초 타이틀 중의 하나에 오점을 남긴 바 있다. 한국에서는 옛날에 판사가 되면 그가 20세일지라도 '영감님''으로 불렸다. 경북 달성군의 세탁소집 차녀(나무위키) 출신인 61세 추미애는 아마도 이 '여성 영감님' 대접을 받으며 판사 생활을 한 습관이 몸에 밴 사람인 듯하다. 명을 거역했다라니...

보수야당 비대위원장 김종인은 추미애의 발언에 관한 기자들의 질문을 받고 "인성의 문제가 아닌가 한다. 말을 너무 쉽게 뱉는다"라고 지적했다. 그녀는 1995년 당시 새정치국민회의 총재 김대중에 의해 광주고법 판사에서 정치인으로 변신했다. 여성 판사, 영남 출신이라는 상품성과 법조계에서 일부 소문난 꼬장꼬장한 성격에 주목해 발탁했을 것이다.

이후 민주당 사상 최초 TK(대구경북) 출신 여성 당대표까지 지내면서 승승장구, 호남인 정치 대부의 기대에 부응했다. 이력과 언론 보도에 나타난 그녀를 대표하는 성격은 소신과 집착, 주변 사람들과의 원활하지 않은 관계, 한번 시작하면 끝을 보려는 의지 등이다. 그리고 또 하나, 막말이 있다.

'X같은 조선일보', '사주 같은 놈', '이회창이 이놈'

2000년 7월 5일(언론사들의 사주들이 도마 위에 올라 있었던 김대중 정부 시절), 동료 의원들 및 기자들과 함께 한 술자리에서 술에 취해 내뱉었다는 그녀의 막말은 언론계에서 전설로 내려오고 있다. 그녀에게 우호적으로 기술한 나무위키의 기록이다.

〈'X같은 조선일보', '이회창이 이놈' 등의 발언을 했고, 동아일보 기자와 싸움이 번져 '사주 같은 놈', '누구의 지시를 받아 기사를 썼느냐'는 등의 발언을 했다. 정동영 등 동료 의원들이 말리면서 데리고 나오자 '정의가 바로 서야 하는데 왜 이러느냐' 하고 마당에 주저앉아 펑펑 울었다고 한다(...) 다음 날, 조선일보에는 추미애의 'X같은 조선일보'' 발언이 대문짝만하게 실려서 곤욕을 치렀다.〉

추미애를 조국 후임으로 법무부장관에 추천한 여권 고위 인사로는 민주당 대표 이해찬이 유력하게 꼽힌다. 그는 2017년 말 김어준 방송에서 당시 경선에 참여하지 않은 정치인 중에 차기 민주당 대선주자 후보로 부상할만한 인물로 추미애를 들었다.

추미애가 대권을 생각하며 법무부장관 자리에 앉았는지는 그녀만이 알 것이다. 그렇다면, 윤석열과 저렇게 싸우는 작업이 그 대권 가도(街道)를 포장해주는 일이 아닐 텐데, 대망은 일찌감치 버리고 오직 정권 사수를 위한 악역만 충실히 수행하고 있는 것인가? 그녀는 애초에 윤석열과는 게임이 안 되는 그릇이었다. 시장 상인처럼 싸우고 있는 데서 그것이 증명된다.

그녀는 아마도 이제 자기 자신도 자신을 제어하지 못하는 정도에 이르렀지 않았나 한다. 한번 시작하면 끝을 보고야 마는 성격이므로 임기가 1년도 더 남은 윤석열을 끝내 몰아내는 것만큼은 성공할지도 모른다. 그러나 그렇게 되면 그 뒤의 영광, 최후의 승리는 그녀보다는 윤석열의 것이 되기 쉽다.

2020년 6월 28일

05

진보와 정의 가면이 벗겨졌을 때

"개혁 가면에 이어 진보 가면, 정의 가면을 쓴 사이비들이 지난 수십 년간 팬들을 잘 속여 왔다. 30년 인권평화운동의 성과와 그 리더의 문제는 구별돼야 하지만, 생활의 방편과 출세 수단으로서의 운동도 이제 깨끗이 청산되어야 한다. 윤미향 사건은 개혁, 진보, 정의 장사의 폐업 선고가 되어야 한다. 사이비들이 위장된 진보로 해 먹는 시대는 가라!"

박원순, 그가 자살 전에 했어야만 할 세 가지 일

피해자 여성과 서울 시민에게 사죄부터 하고
지난 선거 시 안철수에 양보해 빚도 갚았어야

"모든 분에게 죄송하다."

서울시장 박원순은 이렇게 유서를 써 놓고 북악산 자락에서 스스로 목숨을 끊었다. 그가 전날 전(前) 서울시장 비서에 의해 성추행으로 피소돼 고소인이자 피해자인 여성이 경찰에서 조사를 받았고, 유서 내용 등 여러 정황으로 볼 때 그는 자살했다고 봐야 할 것이다.

우선 고인의 죽음에 심심(深深)한 애도를 표한다. 그러나 나라를 이끌어 가는(또는 갔던) 사람들을 비판하고 칭찬하는 일이 직업인 필자로서는 고인에게 아쉬움이 남는 말 몇 마디를 하지 않을 수 없다. 그가 자살이라는 극단적 선택을 하기 전에 했더라면 더 좋았고, 더 강하게 얘기한다면, 했었어야만 할 세 가지를 영전에 드리고 싶다.

유서에 피해자에 대한 사죄가 없다. '모든 분'이라는 막연한 대명사 안에 포함돼 있을지는 몰라도 그렇게 표현해서는 안 되는 일이었다. 유서로 미루어 당신은 고소장에 성추행으로 표현된 성범죄를 시인한 듯하고, 고소 사건 조사 착수와 동시에 죽음을 택한 것으로 보아 그 범죄의 종류와 정도가 상당한 것으로 짐작된다.

그럼에도 불구하고, 피해 여직원을 특정해 그녀에게 진심으로 미안해 하고 용서를 비는 말을 전혀 하지 않았다. 그리고 자기 몸을 버림으로써 피해자는 졸지에 천애(天涯) 미아가 돼 버렸다. 가뜩이나 범여권 사람들의 당신에 대한 추모의 헌사(獻辭)가 지나쳐 피해자는 이미 까마득히 잊혀지고 있는 사람이 되고 있다. 당신이 '영원한 시장님'이라거나 '거인의 삶을 살고 갔다'라고 하는 죽은 자에 대한 예우에 시비를 걸 생각은 없다. 또 당신의 장례를 서울특별시장(葬)으로 하겠다는 계획에도 인색하게 굴지는 않겠다. 하지만 피해 여성과 서울 시민에게 사죄의 말씀을 드리고 시장직에서 내려와 경찰 조사를 성실히 받은 뒤 죄값을 받았어야 옳은 일이었다는 쓴소리는 아끼지 않고 싶다.

자살이 아닌, 사죄로 얻어질 수 있는 위엄

그것을 피해 몰래 산으로 들어가, 어떤 방법을 사용했는지는 경찰이 고인과 유가족의 '명예'를 고려해 밝히지 않는다고 하니 모르겠으나, 자살을 단행한 것은 용기가 아니고 무책임과 비겁에 더 가까운 행동이었다. 더구나 당신의 시신을 경찰의 수색견(犬)이 발견했으니 이 어찌 최후가 초라하지 않다 하겠는가? 위엄(威嚴)을 지켰어야 했다. 그 위엄은 자살이 아니라 사죄로 얻어질 수 있는 것이었다는 사실을 당신은, 불행하게도, 몰랐다.

고소장에 따르면 당신은 2017년부터 피해 여직원에게 성추행을 했다. 시장이 된 지 6년 되던 해이고 재선 임기의 마지막 해였다. 아마도 가정에 무슨 일이 있었던 탓이기도 하고, 시장을 오래 하다 보니 자기 자신 내부의 제어 기능에 문제가 생겼을 법하다. 그러나 당신이 인권변호사로서의 명성(또는 명예)을 생각하고 세계 굴지(屈指)의 수도 행정을 책임지고 있는 위치를 생각했다면, 한두 번 실수(사실은 범죄이지만)한 다음 바로 정신을 차렸어야 했다.

서울시장실의 뛰어난 용모의 여비서들

그리고 서울시장 비서실의 여직원을 일반 부서로 전원 인사발령, 남자 직원들로 대체함으로써 성범죄의 싹을 미연(未然)에 잘라내 버렸어야 했다. 필자가 25년 전 민선 1기 조순 시장 시절에 서울시를 출입하면서 시장실에 들어가면 눈을 어디로 둘지 몰랐던 기억이 난다. 여비서들의 용모 때문이다.

그 시절 서울시의 각 국장들 방에도 여비서 한 명씩이 배치돼 있었다. 세금을 내는 서울 시민들이 이 사실을 알면 혀를 찰 것이다. 그들이 하는 일이란 비서의 고유 업무, 즉 일정 관리나 회의 준비 같은 일보다는 전화 받고 차 심부름 하는 일이 대부분이다. 이 일을 위해 시민의 세금이 쓰여지고 잘못하면 그녀들의 보스로부터 성범죄나 당하는 것이다. 여직원이 아니어도 전화 받고 차 심부름 하는 일은 남자 등 다른 직원 아무나 할 수 있고, 심지어 본인이 안 바쁠 땐 직접 해도 된다. 민간회사 방식으로 공동 리셉셔니스트(Receptionist, 접대원)를 둘 수도 있다. 2~3명이 한자리에 앉아 여러 명의 국실장들 비서 보조 업무를 하면 세금도 절약하고 성범죄 발생 가능성도 크게 차단할 수 있을 것이다.

안철수가 양보했던 은혜의 빚 갚았어야

박원순의 성추행이 시작됐다는 2017년에서 1년이 지난 다음 지자체장 선거가 있었다. 당신은 이 선거에서 제3의 후보 안철수에게 양보를 선언하고 재선 서울시장으로 명예롭게 퇴진했어야 했다. 2011년 안철수가 당신에게 양보했던 은혜의 빚을 갚았어야 했던 것이다. 그때 그 감동적인 장면을 거의 전국민이 기억하고 있다. 백두대간을 일주하고 내려온 수염 텁수룩한 당신과 안철수가 '단일화'를 이룬 다음 포용하는 모습을 말이다. "서울 시장을 꼭 한번 해보고 싶다"고 한 당신의 솔직함과 포부도 보기 좋았고, 그것을 흔쾌히 받아들여 자신에게 쌓인 하늘 높았던 당시의 인기를 한순간에 당신에게 줘 버린 안철수도 멋있었다.

안철수는 그 뒤 후회를 했겠지만, 차마 그런 말은 못 하고 2018년 바른미래당 후보로 서울시장 선거에 나섰다가 민주당 소속 당신에겐 더블 스코어, 자유한국당 김문수에게는 4% 포인트 차로 지고 오늘날 거의 퇴물로 변하고 있는, 이 선거 저 선거에 얼굴만 내미는 '만년 후보' 처지가 됐다.

그때 양보했더라면 당신은 정치적 의리도 지키고 대인(大人)의 풍모(風貌)를 보이며 시민운동가 박원순, 인권변호사 박원순, 서울시장 박원순이라는 전직 명함을 유지하며 자원봉사자로서 아름다운 만년을 보내게 됐을 것이다. 그 절호의 기회를 일실(逸失)하고, 당신은 대권 도전이라는 세속적 욕심에 부하 여직원을 여자로 보는 미성숙하고 부도덕한 직업의식으로 자신의 명예를 스스로 땅에 떨어뜨렸다. 그리고 한 여성에게(이 여성의 경찰 진술로는 여러 명이라고 한다) 씻을 수 없는 죄를 짓고 말았다. 이 글은 하늘로 간 서울시장에게 주기 위해 쓴 내용이지만, 다른 고위공직자, 또 한국의 모든 권력 가진 남성들에게도 일독을 권한다.

2020년 7월 11일

박원순 부인 강난희,
무엇을 믿고 쓴 편지인가?

남편 외도는 고백하지 않으면 모르는 건데 억울함 일방적 호소
손편지 의문점 적지 않지만 본인 것이라면 2차 가해 방조 책임

자살한 전 서울시장 박원순의 부인 강난희가 반년 이상의 침묵을 깨고 언론에 글로서 얼굴을 드러냈다.

박 전 시장 지지 모임 박기사(박원순을 기억하는 사람들)에 보낸 손편지 서두에 필자 자신을 강난희라고 적었고, 그 편지를 본인이 쓰지 않았고 그 내용 또한 언론에 알려지기를 원치 않았다면 그런 사실을 밝혔을 것임에도 지금까지 아무런 말이 없는 것으로 보아 본인으로 간주할 수밖에 없다.

그러나 사실 손편지는 강난희 아닌 다른 인물이 쓰지 않았나 하는 의구심이 드는 흔적들도 전혀 없지는 않다. 전문가적 필치(筆致),

오자(誤字) 한 자 없는 2000년대식 맞춤법과 완벽한 띄어쓰기, 남편 호칭(박 시장 또는 박원순씨 아닌 박원순) 등이 그런 것들이다. 강난희에 관해 인터넷에 공개돼 있는 신상(身上) 관련 자료는 극히 빈약하다. 65세, 슬하에 1남1녀, 대학 국문과(철학 부전공) 졸업, 82년 박원순이 대구에서 검사 시보(試補)할 때 소개로 만나 결혼, 1999년 인테리어 회사 〈P&P 디자인〉 설립해 10여 년간 운영한 기업인

강난희는 무엇을 알고 무엇을 믿고 있는가

남편을 '40년 동지'라고 부를 만큼 함께 시민운동을 했다거나 손편지 문장력과 교열(矯閱) 감각을 방증(傍證)할 수 있는 직업적 이력이 없다. 성형 논란(실제로 그녀의 Before & After 사진을 보면 얼굴 차이가 매우 크다)과 인테리어 회사에 박원순이 세운 아름다운재단 및 아름다운가게 전국 지점들과 이들을 적극 지원한 현대모비스가 설계, 시공 일감을 몰아줘 창사 3년 만에 매출 23억 원을 달성했다는 의혹 기사들만 보인다.

박원순이 시장을 할 때도 그녀는 거의 얼굴을 내보이지 않았다. 심지어 시장에 처음 당선되던 선거일에 부부가 함께 투표하는 사진도 찍히길 꺼려 따로 투표하려다가 남편의 설득으로 가까스로 둘이 투표소에 나와 사진기자들에게 포즈를 취했다는 보도도 있다.

그래서 박원순이 성추행 피소와 함께 자살한 이후 시청 직원들 사이에서는 시장과 부인이 오래 전부터 사실상 별거 상태였다는, 확인 불가능한 소문이 돌았던 게 사실이다. 필자는 작년 여름 사건이 터졌을 때 이런 소문을 서울 시청 안팎 여러사람들로부터 들었다. 인터넷 자료와 루머가 이러할진대, 강난희의 "아직 진실은 밝혀지지 않았다고 저는 생각하고 있습니다"라고 강하게 남편의 결백을 주장하는 편지는 약간 의외로 느껴진다. 그녀는 과연 무엇을 알고 무엇을 믿고 있는가?

박원순의 시장 비서실 여직원 성추행 또는 성희롱 사실은 검찰 수사와 법원의 판결, 국가인권위 결정으로 움직일 수 없는 사실로 인정됐다. 서울중앙지법 형사합의31부(부장판사 조성필)는 올해 초 열린 박원순 피해자 성폭행 서울시 비서실 직원 재판에서 "여러차례의 피해자 진술에 비춰보면 피해자가 박 전 시장의 성추행으로 상당한 정신적 고통을 입은 것은 틀림없는 사실"이라고, 사건 발생 7개월 만에 박원순의 성추행을 공식화했다.

또 국민의 기본 인권 보호를 위한 독립 헌법기관인 국가인권위도 그 며칠 뒤 박원순이 늦은 밤 부적절한 메시지와 사진 등을 보내고 집무실에서 손을 만졌다는 피해자의 주장을 사실로 인정하며 "피조사자의 진술을 청취할 수 없어 일반적 성희롱 사건보다 사실관계를 좀 더 엄격하게 판단했다. 수위나 빈도가 아니라 공적 영역에서 성적 언동이 있었는지가 관건이므로 성희롱으로 판단하기 충분하다"라고, 또다시 박원순의 범죄를 확인했다.

피해자에게 위협이 되고 2차 가해가 될 수 있음을 인식해야

무엇보다 박원순의 당시 언행이 자신의 행동에 씻을 수 없는 과오가 있었음을 증명한다.

그는 피해자의 자신에 대한 고소장 접수를 수사 당국, 여성단체, 민주당 의원 등의 경로를 통해 (불법적으로) 전해 받고 주위 사람들에게 "이 파고는 넘기기 힘들 것 같다"고 얘기했다. 그리고 북한산 자락으로 홀로 올라가 목을 맸다. 이 모든 것은 무엇을 말하는가? 넘기 힘들 것이라고 체념한 파고(波高)는 "냄새 맡고 싶다"고 하는 등의 문자, 속옷 등을 찍어 보낸 사진 등이 확인된 최소한의 것들이다. 그리고 극단적 선택을 했다는 건 자신의 명예에 먹칠한 행동 때문이었다는 증거라고 보는 게 상식이다.

강난희는 이런 증거들을 믿지 못하겠다는 것인가? 무엇을 알고 있기에 '박원순을 끝내 지켜야 한다'고 호소하는 것인가?

부부 사이엔 비밀이 아주 많은 법이다. 더욱이 외도(外道)의 경우 그 지저분하고 적나라(赤裸裸)한 내용은 행위 배우자가 고백하거나 현장을 잡기 전까지는 상대 배우자가 전혀 알 수 없다. 그런데도 강난희는 남편 박원순이 시장 집무실에서 한 행동 일거수일투

족(一擧手一投足)을 집에서 24시간 CCTV로 지켜보기라도 한 것처럼 '아직 진실이 밝혀지지 않았다'고 강변하고 있다.

가해자의 명예 회복을(자신의 것도 역시) 원하는 부인으로서 그렇게 생각할 수는 있다. 그건 자유이고 권리지만, 그런 주장이 언론에 공개되길 원했거나 그것을 묵인했다면, (현재 자살 충동을 느끼면서까지 고통 속에서 몸부림치고 있는) 피해자에게 위협이 되고(피해자 변호사 김재련의 입장) 2차 가해가 되는 건 본인의 책임이라는 걸 알아야 한다. 만의 하나, 문제의 손편지가 강난희 자신이 쓴 것이 아닐 경우 침묵하지만 말고 언론에 조속히 사실을 밝혀야만 할 것이다. 그렇게 되면 박기사 안팎 사람이 썼는지, 전 서울시 비서실 관계자가 쓴 것인지, 아니면 제3의 이해 당사자가 박원순의 진실을 영원히 연막 속에 가려 놓기 위해 그런 짓을 했는지를 검찰에서 수사하면 된다.

손편지가 언론에 크게 보도된 이후 많은 대한민국 국민들 뇌리에는 "나의 남편 박원순은 그런 사람이 아닙니다"라는 부인의 간절한 호소가 "성추행 시장 박원순'과 자리바꿈하게 됐다.

강난희가 이것을 바라며 언론에 게재되는 걸 염두에 두고 그 편지를 썼다면, 그녀는 비록 가족이라 할지라도 전국민에게 2차 가해를 유도했다는 비판을 면할 길이 없을 것이다.

2021년 2월 12일

윤미향 사건은 진보·정의 장사의 폐업 선고

반대자들뿐 아니라 팬들도 이제 안 속아..."버티고 지켜줘 봐야 상처만 남는다."
독과점 사업 영속화 의도 들키면서 생활과 취업 출세 수단 이용 여론이 막을 것

이쯤 되면 결론은 난 것 같다.

일반 언론 독자는 물론이고 수사를 준비하는 검찰, 윤리위원회 같은 절차를 준비할, 큰집으로 바뀐, 그녀 소속 집권당 지도부도 큰 방향은 잡았을 것이라고 본다.

여기서 작년 조국 사태와는 다르게 전개되는 양상이 보여 한편으로 안도하게 된다. 비교적 빠르게 소속 집권당과 지지자들의 기류가 변하고 있다. 대한민국의 발전을 위해 참으로 다행스런 모습이다.

그 배경과 이유는 기부금 유용 의혹, 거대 여당으로서의 여유 등 여러 가지가 있지만, 가장 중요한 점을 꼽으라면 이제 반대자들은

물론 그들의 팬들도 안 속는다는 것이지 않을까 한다. 안 속는데 그치지 않고 버티고 지켜줘 봐야 남는 게 없고 상처만 남는다는 경험에서 비롯된 신속하고 정확한 판단이다.

옥에 티(?)라면 사태 발생 초기 민주당 주요 의원 15명이 나란히 서서 "친일·반인권·반평화 세력이 역사의 진실을 바로 세우려는 운동을 폄하하려는 공세"라고, 어디서 많이 들어왔던 전형적인 프레임 짜기 대응으로 윤미향 수호 선언을 하거나 "보수 언론과 야당의 공격은 일본 극우 세력만 좋아할 상황을 만들었다. 신(新)친일파의 등장이다. 윤 당선자를 공격하도록 만든 사람이 있다면 그것도 불순하다."라는 식의 비판이다.

타인에 의한 커밍아웃, 대한민국에서 퇴장해야

이런 의식, 이런 자기편 감싸기 행태는 조국에 이은 윤미향의 타의에 의한 커밍아웃으로 대한민국에서 퇴장할 것이고 퇴장해야만 할 것이다.

지금까지의 고구마 뿌리 캐기 언론 보도로 보면, 정의기억연대(정의연, 정대협 전신) 전 이사장 윤미향은 위안부 아이템으로 독점 사업을 벌여 의식주를 해결하고 국회의원이라는 신분에까지 오르기 직전인, 사업 운영의 귀재였다는 합리적 의심이 든다.

받은 기부금을 가지고 위치나 용도상 쉽게 납득이 안되는 집을 시세보다 고가에 사들였다가 최근 급히 또 헐값에 팔았고, 그것을 펜션 성격으로 임대 영업을 했으며, 그 관리인으로 자신의 부친을 고용했다. 또 각종 활동비 모금에 그녀 개인 통장을 이용했고, 일부 모금액과 사용액에서 불일치가 발견되기도 했다. 대출 없이 집 두 채를 사고 학비가 많이 드는 미국에 딸을 유학 보낸 사실도 '가난한 30년 인권운동가'로서는 작지 않은 의혹이다.

윤미향은 이 독과점 정의 사업을 오래도록 하고 싶었던 듯하다. 그 영속화 의도가 들킨 셈이다. 권위주의 정권 시절 하에서 시민단체는 본인의 본업이나 배우자의 직업으로 생계를 해결하며 변두리 허름한 건물의 방 한 칸을 빌려 어렵게 명맥을 이어 나갔었다. 그러나 이제 진보나 정의를 간판으로 내세운 시민단체들은 권력기관이 된 곳들이 허다하다.

그녀는 독과점 수익 보장에 권력까지 거머쥔 단체가 그 수요가 다해 문 닫는 일을 원치 않았다는 정황이 지난 정권의 대일(對日) 협상역을 담당한 인물에 의해 간접적으로 드러나기도 했다.

개혁 가면, 진보 가면, 정의 가면을 쓴 사이비들의 민낯

이명박 정부 청와대 외교안보 수석을 지낸 천영우의 증언이 그것이다. "2012년 일본 측이 '주한 일본 대사가 위안부 할머니들을 한 분 한 분 찾아뵙고 일본 총리대신의 사과 친서와 일본 정부의 보상금을 직접 전달한다'는 해결책을 제시했지만, 당시 한국정신대문제대책협의회(정대협) 대표였던 더불어시민당 윤미향 당선자가 아주 곤혹스런 표정을 지었다.”

“일본이 주는 보상금을 받으면 공창(公娼, 나라에서 허가한 창녀)이 되는 것”이라고 위안부 할머니들에게 한 그녀의 막말, 사실상의 협박도 그와 맥을 같이 하는, 사업 유지 의도에서 나온 것으로 해석되고 있다. 국가 차원의 사과를 당장 못 받을 것이라면 보상금이라도 받아야겠다는 피해 당사자 할머니들의 염원을 개인적 목적에서 방해했을 것이라는 의혹이다.

운동권 출신들의 재야 전유물 비즈니스 진출의 역사는 유구하다. 유신과 5공 시절의 '민주', YS와 DJ 이후의 '개혁', 노무현 이후의 '진보', 그리고 윤미향의 정의에 이르기까지 상대 정파는 취할 수 없는 주장과 명분을 가지고 성과도 얻으며 생활과 신분 문제를 동시에 해결했다. 그러다 장관도 되고 국회의원도 되고 지자체장도 되고, 하다못해 청와대 비서관으로라도 취직하고 출세했다.

개혁만 팔아 먹어도 10년은 잘 먹고 잘 살수 있다

2000년대 초 기자 출신으로 친노 사이트를 운영해 한때 권세를 얻었던 서영석이 한 유명한 고백이 있다.

“개혁만 팔아 먹어도 10년은 잘 먹고 살 수 있다. 노무현도 개혁을 팔아서 대통령이 된 것이다."

거칠게 말하면, 개혁 가면에 이어 진보 가면, 정의 가면을 쓴 사이비들이 지난 수십 년간 팬들을 잘 속여 온 것이다. 물론 그들이 이뤄낸 업적과 효과를 깎아내릴 생각도 없고 필자가 깎는다고 깎아질 수 있는 것도 아니다. 그것은 역사가 기록하고 있다.

정의연 옹호자들이 주장했듯이 30년 인권평화 운동의 성과와 그 리더의 문제는 구별돼야 한다. 나아가 생활의 방편과 출세 수단으로서의 운동도 이제 깨끗이 청산되어야 한다. 지금 언론과 여론이 그 작업을 하고 있다.

윤미향 사건은 개혁, 진보, 정의 장사의 폐업 선고가 되어야 하고 되리라고 믿는다. 대한민국은 이렇게 또 한 발짝 앞으로 나아가고 있다.

2020년 5월 22일

죽은 손영미가 산 윤미향을 잡는 정의연 드라마

자살한 쉼터 소장이 무릎 꿇은 게 결정적 반전
윤미향과 정의연은 돈과 죽음에 대해 설명해야

___

정의연 마포 쉼터 소장 손영미는 자살했지만, 아직 죽지 않았다.

"자기 목숨을 스스로 끊은 사람을 두 번 죽이지 말라"고 말하지 말라. 그녀의 죽음에 관한 언급은 이제 터부가 아니다. 그녀 사건의 이해 당사자와 윤미향 사태에 분노와 관심과 궁금증을 품고 있는 국민을 위해 보도되어야 하고 조사되어야 할 사안이 되었다. 그녀가 무릎을 꿇었기 때문이다.

정의연(정의기억연대) 전 대표이자 이달부터 국회의원 신분이 된 윤미향은 자신의 측근인 마포 쉼터 소장 손영미의 죽음을 두고 보수당(미래통합당) TF(Task Force, 특별대책위원회)를 이끄는 검사 출신 의원 곽상도가 타살 의문을 제기했을 때, 득의의 미소를 지었을지 모른다. 자살을 확신하고(또는 파악하고) 있었기 때문이다.

윤미향은 손영미의 죽음과 관련해 거의 모든 것을 알고 있었던 것으로 보인다. 그녀와 마지막 통화를 한 사람이 윤미향이고 그 며칠 동안 부지런히 움직인 정황이 있다. 당일엔 자신의 비서를 파주 손영미 자택으로 보내 생사를 확인하고 119에 신고하도록 했다.

전날 밤에는 추도사인지 추억담인지 모를 그녀에 관한 글을 SNS에 올리기도 했다. 사망 소식이 언론에 보도되자 윤은 이 글을 지웠다. 무엇 때문에 그런 감상적인 글을 생사가 오가는 시점에 올렸으며 그것을 왜 또 황급히 삭제했는지 수상하기 짝이 없다.

할머니 돈을 유용한 쉼터,
정의연은 돈과 소장의 죽음에 대해 설명하라

문제는 돈이다. 손영미가 그 쉼터에서 지내고 있던, 치매 증상이 있는 위안부 피해자 길원옥 할머니(92)의 매월 350만 원 정부 생활지원금과 시민 성금 1억 원 등이 쌓인 돈을 매월 몇백만, 몇천만 원씩 다른 곳으로 보낸 사실이 길 할머니 가족에 의해 확인됐다. 이 다른 곳들 중에 한 곳이 바로 정의연이었으며 길 할머니 가족은 손에게 이에 대한 설명을 독촉했다고 한다.

손은 검찰에 의해 쉼터가 압수수색 당해 수사를 받아야 할 처지가 돼 있었다. 이미 공포에 떨고 있는데, 할머니 돈을 유용(?)한 사실이 발각됐으니 엄청난 패닉에 빠졌을 것임은 쉽게 상상할 수 있는 일이다.

그녀가 자신의 생활 등을 위해 할머니 돈을 썼다면 벌을 받으면 그만이었다. 그러나 정의연, 그리고 당연히 윤미향과 관련돼 있어 일이 복잡하고 갈등이 많았을 것이다. 윤에게 보고하고 대책을 궁리했을 것이다. 죽고 싶다고도 말했을 것이다. 윤이 무슨 글을 올리고 한 건 이런 상황에서 일어난 일이라고 본다.

손영미에 관한 의혹이 이 정도에서만 그쳤다면 윤미향과 정의연은 또 관련 사실을 부인하며 빠져나갈 수 있었을 것이다. 죽은 자는 말이 없기 때문이다. 그러나 산통이 깨지는 증언이 나와버렸다.

길 할머니에게는 오래전 들인 양아들(황선희 목사)과 그 며느리(조씨)가 있다. 이들 부부는 어머니를 직접 모시지 못하고 있는 입장이라 그랬는지 전에는 길 할머니가 어디서 어떤 돈을 받고 있는지 자세히 몰랐고 알아보지도 않았다고 한다. 이걸 확인하게 된 계기는 유튜브였다.

정의연이 치매 상태인 길 할머니의 유언 동영상을 제작해 유튜브에 올린 것을 보게 됐고, 이에 의심이 들자 할머니 통장을 소장에게서 받아 들여다보게 됐다는 것이다. 유언 동영상은 '저와 관련한 모든 일을 정리하는 것을 정대협 윤미향 대표에게 맡긴다'는 내용이 포함돼 있었다고 한다. 정대협은 정의연의 전신이다. 이 단체가 길 할머니 재산 처분권 소유자를 특정한 유언을 왜 만들어 공개했는지 의문이다.

정의연은 할머니 양아들이 "아들이 있는데 무슨 유언장이 날아다니느냐"고 항의하며 윤미향 전 대표를 만나게 해달라고 요구하니 다음 날 이 동영상을 유튜브에서 삭제했다는 것이다. 정의연은 길 할머니 통장의 수상한 송금 내역에 대한 보도가 나오자 "아들이 돈을 요구했다"며 초점을 흐리는 해명을 내놓은 바 있다.

죽음을 역전의 계기로 삼은 윤미향과 정의연

소장이 돈 사용(송금) 내역을 밝히지 않자 아들 부부는 쉼터로 찾아가 그녀를 다그친 듯하다. 이때 소장이 갑자기 며느리 조씨 앞에서 무릎을 꿇었다고 한다. 이 대목이 이번 손영미 자살 의혹 사건에서 결정적이다. 모든 것을 설명해주는 장면인 것이다.

조씨는 "그들이 진짜 위안부 할머니를 앵벌이 시켰구나 싶었다. 살이 떨렸다"고 말했다. 그녀가 소장 손영미에게 재차 해명을 요구하는 문자 메시지를 보낸 며칠 뒤에 손은 숨진 채 발견됐다. 윤미향과 정의연은 손이 검찰과 언론 때문에 극단적 선택을 했다는 식으로 주장하며 도리어 죽음을 역전(?)의 계기로 삼으려는 모습을 보이기도 했다.

그날 손영미는 며느리 조씨 앞에서 무릎을 꿇고 있다가 아래층에서 '이제 그만 가자'고 하며 올라온 아들 황 목사가 나타나니 또 벌떡 일어섰다고 한다. 조씨에게는 순간 모면을 하려 했고, 목사에게는 그 모습을 보이지 않으려 한 것이 분명하다.

윤미향과 정의연은 원래 이 사건을 촉발한 이용수 할머니가 주장한 시민들의 기부금과 정부 보조금 유용 의혹에 관해 조사받아야할 입장인데, 문제가 의혹 수준을 넘어선 것으로 보이며 그 증언자들도 90대 할머니가 아닌 60대 부부라 방어 묘책이 별로 없을 것같은 손영미 죽음 관련 조사에 응해 설명할 수밖에 없게 됐다.

정의연의 회계부정 의혹을 파헤치려 나선, 상대적으로 젊은 위안부 피해자 할머니 2세는 황 목사 부부만이 아니다. 고 곽예남 할머니의 딸 이민주 목사 등도 동참, 엊그제 '위안부가족대책협의회'(위가협)를 결성해 기부금과 보조금 처리가 불분명한 정의연을 압박할 진용을 갖추었다.

친정부 시민단체들의 부도덕성과 이중성이 폭로된 정의연 드라마는 손영미가 길 할머니 가족 앞에서 갑자기 무릎을 꿇음으로써 대반전을 이루고 있다. 나관중의 삼국지연의(三國志演義)에 나오는 표현을 빌자면, 죽은 손영미가 산 윤미향을 잡고 있는 형국이다.

2020년 6월 19일

최강욱, 윤미향 의원 만드는 비례제 없애야 한다

후보에게 못하고 정당에만 투표하는 건 사실상 깜깜이
오만하거나 뻔뻔한 문제 의혹투성이 인물들 배제해야

지난 총선에서의 한국 보수당 참패 요인을 분석한 어느 미디어의 친정부 필자 글에 보니 혐오 보수 정치인들이 거명돼 놀랍고 흥미로웠다.

김진태·민경욱·이언주·이은재 4명이 싸잡아져서 '국민밉상'으로 지칭됐고, 이들이 낙선해 더 이상 보지 않게 된 것이 그 당의 부진이 그나마 '국민'에게 안겨준 성과라는 것이었다.

필자는 이 네 전 의원이 왜 이렇게까지 매도당하게 됐는지 그 이유를 정확히는 모르겠다. 그 글을 쓴 사람이 주어를 '사람들'이라고 표시하긴 했으나 아마도 개인적인 선호도가 아니었을까 싶다.

민주당 지지자를 국민이라고 부르는 습관으로 미루어 봤을 때 그렇다고 판단한다.

그렇다면 보수당 지지자들이 요새 가장 역겨워하는 정치인은 며칠 전부터 막 국회의원 신분으로 바뀐 최강욱과 윤미향이 대표적으로 꼽힐 수 있을 것이다. 이 두 사람은 청와대 개입과 시민단체 운영 관련 불법 혐의로 검찰의 수사를 받아 재판 중이거나 수사를 곧 받을 위치에 있다.

재판 중 국회 진출한 최강욱, 안하무인의 극치

최강욱은 변호사 출신으로 청와대 비서관으로 있으면서 조국 사태 무렵에 그의 언행으로 언론의 비판을 호되게 받으면서 독기를 품었고, 성격상 그것을 수시로 아무렇게나 내뱉어 매우 위태로운 모습을 보인다. 조국 아들 인턴 허위 증명서 발급 혐의로 기소돼 재판을 받는 처지임에도 총선 결과를 예측이라도 한 듯 급조된 비례용 열린민주당에 자신을 2번 후보로 올려 1, 3번과 함께 국회 진출에 성공한 데 이어 이 당의 대표가 됐다. 이 당의 득표 성적은 안철수의 국민의당과 같았다.

그의 당선 일성은 검찰을 향해 "세상이 바뀌었다는 것을 확실히 느끼도록 갚아 주겠다"고 하는 것이었다. (그를 부당하게 잘못 건드렸다면) 일부에게는 겁에 질리게 할 말이었고, (그를 지지하고 응원하는 다수 여권 지지자들에게는) 통쾌한 일갈이었겠지만, (그에 비호감을 갖는 보수 지지자 등) 다른 대다수에게는 "역시 저런 사람이었군" 하는 실소를 자아낸 그다운 발언이었다.

그의 오만은 여기서 그치지 않았다. 며칠 전 조국 아들 허위 인턴 증명서 발급 혐의 재판을 받던 중 30분 만에 자리에서 벌떡 일어나 "오늘 정당 기자회견이 있어서…"라며 그날 재판을 그만 마무리해줄 것을 재판장에게 요청했다는 것이다. 법원이 불허하긴 했으나 (이 대목에서 안도를 느낀 국민이 상당히 많았을 것이다) 세상이 바뀌었으니 이제 국회의원과 정당 대표로서의 현재 나의 일이 과거 혐의 재판보다 더 중요하다는 식의 안하무인 태도였다.

기부금과 국가 보조금 유용 의혹 윤미향, 국회에서의 뻔뻔한 태도

반면, 더불어민주당 비례대표로 당선된 윤미향은 소나기는 피하는 게 상책이라는 듯 30년 시민단체 생활의 연륜을 조용히 보여주며 국회의원으로 자리를 굳혀 나가고 있는 중이다. 정대협(정신대대책협의회)과 정의연(정의기억연대) 대표 시절 시민들의 기부금과 국가 보조금 유용 등의 수많은 의혹을 언론으로부터 받아 검찰 수사를 앞두고 있지만, 재판까지 끝나려면 의원 임기 4년 내내 갈 수도 있다는 자신을 하는 것으로 보인다. 그 검찰의 칼이 또 얼마나

오랫동안 날카로울 수 있겠느냐는 기대도 하고 있을지 모른다.

그녀는 명문 여학교 합격 신입생이라도 되는 것처럼 백팩을 메고 여의도 국회 의원회관으로 매일 출근해서 친정부 매체들의 표현에 따르면 '열공'하고 있다고 한다. 무엇을 열공하는지는 알 수 없으나 아마도 '불체포 특권' 같은 국회의원의 권리와 의무 등 오리엔테이션에 열중하고 있을 것이다.

기부금 모집과 회계부정 의혹이 많은 사람이라 세비(歲費, 국회의원의 직무활동과 품위유지를 위해 지급하는 보수) 4년분 총액과 소요 경비를 계산하고 있을지도 모르겠다. (말이 났으니 말이지 이 세비라는 전근대적이고 권위적인 용어도 바꿔야 할 때가 됐다. 그냥 국회의원 월급 또는 연봉이라고 해야 옳다. 미국과 캐나다는 영어로 샐러리라 하며 미국 대통령 연봉은 40만 달러, 미국과 캐나다 하원의원은 약 18만 달러이다.)

윤미향은 '자세히 보아야 예쁘다'라는 나태주 시인의 시를 써서 보내온 지지자의 당선 축하 편지를 SNS에 올려 그녀에게 호감이 없는 필자 같은 사람을 깜짝 놀라게 했다. 신문에서 이 기사 제목을 보고 기자회견 당시 땀을 비오듯 흘린 자신의 (거짓말하는 것으로 알려진) 얼굴도 사실은 자세히 보면 예쁘다는 말인 줄 알았던 것이다. 그 뻔뻔함이 오싹할 정도였다.

어쨌거나 우리는 의원 윤미향과 오랫동안 함께 살아야 할 처지가 됐다. 검찰 수사는 지루하게 이어질 것이고, 그녀와 정의연은 부인으로 일관할 것이며, 현재 그녀 소속인 민주당은 안면몰수하고 윤을 피의자 아닌 국회의원으로 지켜주면서 국민에게도 같은 예의를 차릴 것을 요구할 것이다.

일회용 악법 '연동형 비례대표제'의 폐해

총선도 끝나고 지난해 여름을 뜨겁게 달궜던 소위 범여권의 선거제 개정 소동도 먼 과거 일이 돼버려 '연동형 비례대표제'란 생소한 용어가 이미 많은 사람의 기억 속에서 사라지고 있지만, 이것은 어차피 다음 총선에서 다시 운영될 가능성은 거의 없다. 범여 의석 부풀리기를 위해 동원된 일회용 악법이었기 때문이다.

미국과 캐나다에는 비례대표제라는 게 현재는 없다. 그냥 다 '위너 테이크 올' 식의 단순한 소선구제로만 한다. 이게 완벽해서가 아니다. 비례제 또한 완벽하지 않고 너무 복잡해서다. 캐나다 BC주에서는 진보 집권당이 자신들에게 유리한 비례대표제를 도입하기 위해 지난 10여 년간 3번이나 주민투표를 실시했으나 번번이 패배했다.

여기 유권자들은 삼척동자도 이해하는 승자승제(First-Past-The-Post, FPTP, 결승 말뚝을 가장 먼저 지나간 말이 우승이라는 뜻의 용어) 이외의 제도는 머리가 아파서 생각하기를 싫어한다. 한국의 연동형 비례제도 산식이 너무 복잡해 그것을 추진한 집권당 지도

부도 사실은 뭐가 뭔지 몰랐다는 것 아닌가?

사표, 과반에 못 미친 득표로 절대 다수당이 되는 과다 대표성(이번 민주당이 그 경우로 통합당과 8% 득표차였으나 의석은 60~70%를 차지했다), 다당제 탄생 어려움 등의 문제 때문에 유럽식 비례제를 안고 가는 것이 국민 다수의 뜻으로 나타날 경우 그 시행 방식이라도 고쳐야 한다.

현행과 같이 정당이 후보 순위를 결정하고 유권자들은 그 리스트만 보고 표를 줘야만 한다면 앞으로도 최강욱과 윤미향 같은 문제인물들이 줄줄이 당선되게 돼 있다. 그러므로 정당은 무순위 후보들 리스트만 제공하고 유권자가 특정 후보를 고르도록 하는 방법을 고려해볼 수 있을 것이다. 말 그대로 지역구 아닌 전국구 의원을 뽑는 제도로 개선하는 것이다.

선거제는 정답이 없다. 특히 비례대표제는 종류와 장단점이 각기 천문학적이어서 그 용어를 이해하는 데만 박사논문 공부에 버금가는 노력을 해야 한다. 그러니 비례제를 어떻게 바꾸자고 하는 건 시간낭비이고 공허한 제안이 되기 쉽다.

복잡하면 간단하게 가야 한다. 의혹투성이고 문제투성이인 사람들이 하루아침에 국회의원이 되는 사실상 깜깜이 비례대표제 선거는 없어져야 한다.

2020년 6월 7일

06

위선과 무능, 촛불정권의 겉과 속

" 데스형! 정치가 왜 이래? "

"친문(親文) 개인들은 내로남불이요 문재인 정권은 문로박불이라는, 뻔뻔스러움과 적반하장(賊反荷杖)의 극치를 보여 주고 있다. 문재인이 하는 건 로맨스지만, 박근혜가 한 건 불륜이라는 궤변과 강변을 얼굴색 하나 안 바꾸고 들이밀고 있다. 진보좌파 지지 다수 국민이 이런 생각과 자세에 동의한다는 게 대한민국 정치 양극화의 절망적 모습이다."

황희, 희대의 거짓말 장관 후보자...
월 생활비 60만원?

딸 거액 학비 대면서 그걸로 살았다니...'김명수는 저리 가부러!'
추미애 아들 당직 사병에 대한 이해할 수 없던 막말 이제야 이해

그의 지역구 서울 목동 2단지 이웃 주민 5명에게만 물어보면 당장 진위가 밝혀질 것이다.

문체부장관 후보자인 민주당 재선 의원 황희의 가족이 머리 집에서 자르며 초근목피(草根木皮)로 연명하며 살아 월 생활비가 60만원밖에 들지 않았다는, 해외 가짜뉴스 톱10에 들고도 남을 사실을 말이다.

필자는 목동 2단지 주민들을 취재하지 않고도 그의 국회 인사청문회 서면 제출 서류와 해명이 새빨간 거짓말임을 확신한다. 그 인근 아파트에 살았던 사람이고, 동연배 지인들이 부부만 사는 은퇴

부럽임에도 60만 원으로는 택도 없는 생활비 부담을 안고 살아가고 있다는 걸 알기 때문이다. 아무리 아껴도 월 100~200만 원은 드는 게 요즘 한국 보통 사람들의 생활 아닌가?

대통령 문재인이 골라낸 대법원장도 그렇고 장관들 대다수가 의혹 종합선물세트 아니면 거짓말의 명수들이다. 우리는 이런 3부(府) 요인과 그 아래 장(長)들을 모시며 살고 있다. 문재인정부 들어 심각해진 국격(國格) 문제이다. 국민이 창피해서 얼굴을 들 수 없을 정도다. 대법원장 김명수는 거짓말하는 피고인들에게 죄를 묻는 법관 중 최고 자리에 앉아 있으면서 자신의 거짓말이 백일하(白日下)에 탄로남으로써 아래 법관들은 물론 각계로부터 사퇴 압력을 받고 있다. 그러나 희대(稀代)의 근검절약 장관 후보자 황희의 거짓말은 그의 출신 지역(목포) 말로 하면 '김명수는 저리 가부러!' 하는 정도이니 김명수가 물러나지 않고 버틸 만도 하게 됐다.

한 해 720만 원으로 딸 외국인학교 학비, 생활비 쓰는 신공 소유자, 황희

올해 53세인 황희는 국회에 월세·채무상환금·보험료·기부금 등을 제외하고 3인 가족이 한 해 약 720만 원을 쓴 것으로 추산되는 근로소득 원천징수 영수증을 냈다. 가족 세 사람이 생활비로 월 60만 원을 지출했다는 뜻이다. 그는 이 놀라운 알뜰 가계부에 의문을 표시한 조선일보에 이렇게 설명했다.

"딸을 외국인학교에 보내며 아내와 '한 달 100만 원 넘지 않게 쓰고 살자'고 약속했다. 아내는 미용실도 가지 않고 머리도 스스로 자른다. 명절에 고기 등 음식 선물이 들어와 식비도 크게 들지 않는다."

그는 평소 정부여당 입장과 일관되게 자사고에 비판적인 말을 해왔지만, 정작 그의 딸은 자사고에 입학한 뒤 1년 학비 4,200만원인 외국인학교로 전학했다. 조국을 비롯한 친문 586사람들의 위선, 내로남불은 또 얘기하려면 지면이 아깝다.

황희의 믿기지 않는 해명에 야당 부대변인이 "혹시 옷도 뜨개질로 해 입으며 신발도 만들어 신고 있느냐"고 비아냥하는 논평을 했다. 하지만 필자의 머리를 어지럽게 한 대목은 그보다는 '음식 선물이 들어와 식비도 크게 들지 않는다'는 말이었다.

거짓말은 또 다른 거짓말을 낳기도 하면서 이렇게 뜻밖의 고백, 더 큰 죄를 자수해 버리는 실언을 하게 된다. 음식 선물이 많아 식비가 들지 않을 정도라니…이 사람은 그 옛날 백성들을 수탈(收奪)하며 선물을 빙자한 뇌물이나 즐겨 받은 탐관오리(貪官汚吏)가 아닌가 심히 의심된다.

황희는 국회에서 받는 세비(歲費, 국회의원 월급을 이렇게 고상한 이름으로 부른다)를 고스란히 저금한다고도 했다. 다른 경비는 의정활동비로 결제할 수 있어서라고 그 이유를 댔다. 국회의원 황희는 정치를 저축 수단으로 잘못 알고 있음에 틀림이 없다.

그 돈은 국민이 가족과 생활도 부족하지 않게(월 60만 원으로 궁상 떨지 말고) 하면서 필요할 경우 나라와 지역구 주민들을 위해 쓰라고 주는 세금이다. 황희는 이런 국민의 대표자로서의 책무와 품위를 모르거나 그걸 안양천에 버리고 필부필부(匹夫匹婦, 이름 없는 남편과 아내라는 말로 평범한 사람들을 가리킴)보다 못한, 치사한 돈 모으기를 취미로 즐기고 있는 소인배(小人輩)라 하지 않을 수 없다.

관용 여권으로 가족 여행한 문화체육 분야와는 전혀 관계없는 후보

이런 그에게 당연한 일 같지만, 그는 관용 여권으로 스페인, 미국 등에 가족 여행을 다녀오기도 했다. 이 해외여행 돈은 월 생활비 60만 원 말고 다른 데서 조달했나? 선진국에서 정치인이 관용 여권으로 사적 여행한 사실이 드러나면 바로 사퇴해야 하며 기소까지 될 수도 있다. 대한민국 문재인 정부에서는 사퇴, 기소는커녕 장관 후보가 된다. 그리고 그 여행을 위해 국회 본회의에 불출석한 사유로 병가(病暇)라고 했다. 야당과 언론에서 따지니 그는 보좌관들이 실수로 그렇게 썼다고 둘러댔다. 거짓말이다. 출장을 병가로 적는, 중학생보다 못한 실수를 하는 보좌관들이라면 국민 세금으로 데리고 있을 이유가 없다. 즉각 파면하라!

이제야 그가 지난해 9월 당시 법무부장관 추미애 아들의 군 황제 복무 사건으로 시끄러울 때, 친문 패거리의 정권 및 그 하수인(下手人) 추미애 옹호 목적으로 내지른 폭언을 이해할 수 있을 것 같다.

"(추미애 장관 아들 건 제보를 한) 당직 사병이 산에서 놀던 철부지의 불장난으로 온 산을 태워 먹었다. 그의 언행을 보면 도저히 단독범이라고 볼 수 없다. 그에 대한 철저한 수사가 필요하며 공범 세력도 철저히 규명해야 한다. 단순한 검찰개혁의 저지인지, 아니면 작년처럼 다시 한번 대한민국을 둘로 쪼개고 분열시켜 대혼란을 조장하기 위함인지 우리 국민은 끝까지 추궁할 것이다. '국정농간세력'은 반드시 밝혀내고 뿌리 뽑아야 한다."

황희는 그 공익제보자 당직 사병의 실명까지 공개하며 이렇게 무지막지한 공격을 한 뒤 비난이 빗발치고 제보자가 사과하지 않을 시 고발하겠다는 의사를 밝히자 곧바로 사과, 피고발자 명단에서 가까스로 제외됐던, 충동적이면서 강단(剛斷)도 없는 모습을 보인 인물이다. 대통령 문재인이 낙점하는 인사들의 면면은 왜 하나같이 이 모양인가?

문체부가 기타 부서여서 정권 말기에 한 자리 보상해 주려고 그런 충성분자(황희는 문화체육 분야와는 전혀 관계없는 사람이다)를 찍은 것이라면 문화체육계는 물론이고 전체 국민에 대한 모독(侮瀆)이다.

2021년 2월 19일

"이제 우린 북한이야."-미얀마의 자조와 문재인 정권

미얀마엔 아웅산 수지, 러시아엔 나발니, 중국과 북한엔? 없다
中 공산당 100주년 축하와 北 원전 추진 의혹 접하는 착잡함...

우리 세대에겐 버마라는 국명(國名)이 더 친숙한 미얀마에 또다시 군사 쿠데타가 났다는 보도를 접했을 때 필자의 첫 반응은 "아이고, 이 사람들아..."라는 탄식이었다.

그들이 불쌍하다고 말하면 미얀마에겐 모욕으로 들리겠지만. 솔직한 마음이다. 그런 점에서 우리는 지금 우리가 누리는 이 민주와 풍요, 무엇보다 언론 자유와 법치주의 수준을 높여 온 민주화 운동 지도자들과 그 투쟁에 참여한 시민들의 용기와 헌신에 감사하는 마음을 가져야 마땅하다.
하지만 이 정권 들어 더욱 노골화한 그들의 변절(變節)과 독재 정권

들에 대한 서로 다른 태도가 미얀마 쿠데타 풍경을 전하는 이 나라의 저명한 기자의 글과 오버랩되며 착잡한 상념을 일으켰다. 그 기자의 글에 북한('Now we are North Korea.'라는 문장에서)이란 말이 등장해서다.

미얀마는 한국의 현대사와 비슷하면서도 1980년 후반 극적으로 다른 길을 걸었다. 이 갈림길이 미얀마를 오늘날 아시아의 최빈국(最貧國) 중 하나로 만들었다. 이 나라의 이전 쿠데타 발생 해는 1990년이다. 1962년(한국의 5.16보다 1년 뒤다) 네 윈(Ne Win) 장군이 군사 통치의 서막을 올린 이래 두 번째였다. 2년 전인 1988년(한국의 직선제 실시 1년 뒤다) 학생들의 봉기를 무력으로 진압하고 나서. 1980년 광주민주화운동 후 전두환 신군부가 권력을 장악한 것과 비슷하다.

2008년 새 헌법 채택 이후 이 나라 사람들은 우리보다 20년 늦은 민주화의 봄을 맞았다. 아웅산 수지(Daw Aung San Suu Kyi)가 이끄는 당에 국민이 몰표를 던지며 문민정부도 세웠다. 그 봄은 그러나 완전하진 않았다. 군부가 여전히 권력을 합헌적(合憲的)으로 공유, 정부 부처 요직과 의회 의석의 25%를 자동으로 언제나 차지하고 있으며 수많은 국영기업이 군유화(軍有化)됐다.

미얀마. 아웅산 수지 있어 암울한 겨울은 길지 않을 듯

공식 지위는 국가 고문이나 실질적인 정상(頂上)이었던 수지는 이 '조건부 민주화'라도 받아들이고 지키는 것이 차선이라고 보고 군부 대항마(對抗馬) 민 아웅 흘라잉(Min Aung Hlaing) 총사령관의 비위를 건드리지 않으면서 위태로운 동거를 계속해 왔다.

흘라잉의 로힝야(Rohingya) 인종 청소를 옹호해 국제 사회로부터 훈장 박탈 등 큰 수모를 당하기도 했다. 그러나 이 동거는 수지의 국민연맹 당의 지난 11월 총선 압승(80% 이상 지지)으로 인한 개헌 의석 확보와 흘라잉의 퇴임(60세에서 65세로 연장했으나 오는 7월 65세가 됨) 임박으로 깨졌다. 그가 개헌과 퇴임 후 처벌을 피하려 선제 쿠데타를 일으킨 것이다.

미얀마는 그래서 암울한 겨울로 다시 돌아갈 것인가? 일시적으로는 그렇겠지만, 그 겨울은 길지 않을 것으로 외신은 희망하고 있다. 미얀마에는 아웅산 수지가 있고(누구 말대로 보유국이다), 군부 내에서도 수지 정당 지지가 압도적인 것으로 선거 결과 나타났다.

그리고 무엇보다 지금은 SNS 시대이다. 군부가 페이스북 등을 통제하더라도 한계가 있다. 따사로운 봄볕 맛을 본 사람들에게 탱크로 민주 정권을 뒤집는 쿠데타야말로 '구시대의 유물'(대통령 문재인이 북원추 의혹과 관련해 이적행위 주장하는 야당에 한 말)이기 때문이다.

30년 만에 무장한 군인들이 수도 양곤 거리에 다시 등장한 모습을 친척집으로 가 하루 동안 자조적(自嘲的)으로 바라보며 쓴 로이터 소속 여기자(Aye Min Thant)의 뉴욕 타임즈 기고 글에서 그것이 느껴진다. 이 기자는 미국 코넬 대학에서 석사를 했으며 퓰리처 상 (국제 보도 부문)을 받은 사람이다.

"'이제 우리(나라)는 북한이야'라고 이모가 말했다. 나는 옛날의, 고립된 미얀마로 차에 실려 옮겨진 듯한 아득한 느낌을 갖는다. 60대 중반의 이모부는 생애 세 번째 쿠데타를 겪으며 살고 있다. '우리는 10년 동안 자유로웠지. 어떻게 또다시 그리 살 방법이 있을지 모르겠네'라고 그는 말했다. SNS로 약속된 밤 8시가 되자 이웃 사람들이 발코니로 나와 냄비와 프라이팬, 찜통, 바케쓰를 두드렸다. 우리는 투쟁 없이 포기하진 않을 거라면서."

그래도 수지가 있어 불량배 국가, 중국과 북한의 미래와는 판이한 미얀마

미얀마는 아웅산 수지 보유국이다. 민주화 운동의 상징적 인물이 있는 것과 없는 것은 그 응집력과 지속성에서 큰 차이가 있다. 이 나라 쿠데타와 함께 날아오는 소식은 러시아의 반(反) 푸틴 지도자로 독살 위기에서 살아난 알렉세이 나발니(Alexei Navalny)의 죽음을 두려워하지 않는 SNS 투쟁이다. 러시아도 나발니를 보유하고 있다. 그는 가석방 조건 위반이란 이유로 실형을 선고받은 법정에서 수백만 명의 팔로워들에게 이렇게 선언했다.

"푸틴은 역사 속으로 사라질 것이다. 독살자(毒殺者)에 불과한 인물이 되어. 그가 나라 전체를 (나처럼) 가둬 놓을 수는 없기 때문이다."

러시아에 곧 봄이 올 것만 같은, 리더의 웅변이다. 이 나라에 SNS 민주화 운동이 이렇게 거침없이 전개되는 한 푸틴 독재의 끝은 시작되고 있다고 봐야 한다. 그러나 그 반대의 독재국가들이 있으니 바로 중국과 북한이다. 중국은 홍콩 민주화 운동 탄압과 최근 위구르 족에 대한 만행 보도에서 보듯 잔인무도(殘忍無道)한 깡패 국가이고 북한은 세계가 다 아는 이하동문(以下同文)이다.

이 두 나라는 어찌된 일인지 대한민국 문재인 정권으로부터 매우 우호적인 대접을 받고 있다. 자기네 나라 독재에는 처절히 항거했던 사람들이 세운 정권인데, 남의 나라 독재에는 놀랍도록 관대하다. 아이러니다.

대통령 문재인은 얼마 전 중국 주석 시진핑과의 통화에서 "중국 공산당 창립 100주년을 진심으로 축하한다"고 말했다. 이 발언은 청와대 발표가 아닌 중국 인민일보(人民日報) 1면 보도로 한국 국민들이 알게 됐다.

문재인은 친 중국(공산당) 반 미국(제국주의) 내용으로 쓰여진 1970~80년대 대학생 의식화(意識化) 교과서 리영희의 〈전환시대의 논리〉를 '내 인생의 책', '이 땅의 국민과 함께 읽고 싶은 책'이라고 2017년 대선 직전에 공언한 바 있다.

이 정권은 비판자들로부터 종북(從北), 친북(親北) 표찰이 붙여져 있다. 북원추(北原推, 북한에 원전 건설을 해주는 계획 검토) 의혹은 북한에 뭘 해주고만 싶어 하는 586 주사파 운동권 출신들의 경사(傾斜)를 보여주는 가장 최근의 단면이다.

문재인 정부는 왜 아웅산 수지도, 나발니도 보유할 꿈조차 꾸지 못하는 세계적 두 불리(Bully, 불량배) 국가, 중국과 북한 편을 그토록 들고 싶어 하는 것일까?

2021년 2월 8일

나라 망신... 법무부장관도 대법원장도 거짓말 밥 먹듯

법관 탄핵 저항 않고 정권 눈치나 본 김명수는 국가 수준 그 자체
법과 양심에 따라 판결한 판사들보다 못한 사법부 수장의 깜냥..

대법원장 김명수는 거짓말 하나로 식물인간이 됐다.

시정잡배나 마찬가지로 드러난 사람이 어찌 나라의 세 기둥 중 하나인 사법부를 이끌고 보호할 책임자로 계속 앉아 있을 수 있다는 말인가? 법관들은 고사하고 자기 사무실 비서 앞에서도 고개를 들지 못할 한심한 처지로 추락한 사람이 말이다.

그가 당장 대법원을 나가더라도 먹고 살 형편은 될 것이다. 국민 세금으로 받을 퇴직금과 연금만도 상당할 테니...이름이 그토록 더러워졌으니 변호사 할 생각도 말고 두문불출(杜門不出)하며 부끄러운 지난 인생을 반성하면서 여생을 살기 바란다.

김명수를 망신시킨, 이번 민주당의 오만과 폭거에 의해 탄핵된 (박근혜 세월호 행적 기사로 명예훼손 재판받는 산케이 신문 지국장 사건에 개입한 이른바 사법농단) 부장판사 임성근의 녹취 행위도 비판받을 여지는 충분하다. 대화 중에 상대의 말을 녹음했다는 건 미리 계획했다는 뜻이다. 이는 대법원장 김명수의 인격을 그가 평소 못 믿었거나 녹음 내용을 다른 목적에 쓰기 위해서였을 수도 있을 것이다.

귀를 의심하게 만드는, 조롱거리 된 김명수의 녹취 내용

녹취 의도와 그 정당성이야 어떻든 그 내용, 즉 김명수가 거짓말을 했다는 건 사실로 입증됐으며 그래서 그는 호된 꾸지람을 받아야 싸다. 판사가 법정에서 피고인에게 하는 그 꾸지람이다. 김명수는 앞으로 자신이 법정에서 근엄하게 한 말을 되새기며 헛웃음을 지을 피고인들과 그들의 변호사들이 보내는 조롱의 환청에 시달리게 될 것이다.

녹취 내용 중 중요한 부분들을 옮겨 보자.

"사표 수리 제출 그러한 법률적인 것은 차치하고 나로서는 여러 영향이랄까 뭐 그걸 생각해야 하잖아. 그중에는 정치적인 상황도 살펴야 하고."

정치적인 상황... 이것을 왜 대법원장이 살펴야 하나? 국민은 그러라고 김명수를 대법원장 시킨 게 아니고(지명은 대통령 문재인이 했지만 국민의 대표로서 했다고 보고) 대법원장이 그런 생각을 하리라고는 꿈에도 생각하지 못했다. 대한민국 대법원장이 이런 수준밖에 안되었나?

"지금 상황을 잘 보고 더 툭 까놓고 얘기하면 지금 뭐 탄핵하자고 저렇게 설치고 있는데 내가 사표 수리했다 하면 국회에서 무슨 얘기를 듣겠냐 말이야."

이 대화가 이뤄진 시점은 지난해 5월이다. 그런데 국회가 탄핵하자고 저렇게 설치고 있다고 김명수는 말하고 있다. 민주당이 그때 법관 탄핵 얘기로 설쳤나? 적어도 언론에는 그렇게 나타나지 않았다. 그가 여권 사람들과 내응(內應, 내부에서 은밀하게 외부와 호응하여 내통함)한 흔적이다.

"나도 법관이 탄핵 돼야 한다는 그런 생각은 갖지 않는데 일단은 정치적인 그런 것은 또 상황은 다른 문제니까 탄핵이라는 얘기를 꺼내지도 못하게 오늘 그냥 수리해버리면 탄핵 얘기를 못 하잖아. (대법원장이) 그런 비난을 받는 것은 굉장히 적절하지 않아."

자신의 위치와 책무를 망각한 어처구니없는 말이다. 탄핵 시도 자체가 무산돼 버리지 않도록 해야 하고 대법원장이 (무산시킨) 비난을 받지 않아야 하는 것에 이 사람은 최대 관심을 두고 있다. 사법부 수장 맞아? 1심에서 무죄 판결받은 법관을 입법부가 탄핵하겠다는 데 대해 저항해야 마땅할 사람이 집권 세력 눈치나 보고 있다.

그는 이런 말들을 한 적이 없다고 처음에는 둘러댔다. 임성근 변호인이 녹취록을 공개하자 할 수 없이 자백한다고 한 게 이렇다.

"불분명한 기억에 의존해 다르게 답변한 데 대해 송구하다."

어디서 많이 듣던 말이다. 아하, 그가 재판하는 법정에 출두한 피고인들이 곧잘 하는 변명과 거짓말이 이런 것 아니던가? 대법원장이란 사람이 이 모양이다. 불과 8개월 전에 자기 생각과 의견을 밝힌 그 중요한 얘기의 기억이 불분명하다니...

국민의 마음을 참담하게 만드는 사법부 수장, 나라 망신

3권분립의 한 축을 지키는 사람의 수준을 지켜보는 국민의 마음이 더할 수 없이 참담하다. 입법부 수장(首長)이었던 사람은 대통령이 국무총리 자리를 준다고 하니 덥석 받았지 사법부 수장은 취임 초기부터 정권의 사법개혁 코드를 적극 맞추며 그 시녀(侍女) 역할을 자임하던 중 그들의 법관 탄핵을 적극 방조하다 거짓말이 들통났다.

대한민국의 나랏일 담당 분야 중 법과 관련된 곳 장(長)들이 특히 범죄인들 수준과 다르지 않아 창피하기 짝이 없다. '이게 나라냐?'라는 분노의 물음이 또 나온다. 더구나 그들은 그 분노를 업고 잡은 정권에서 임명된 높은 사람들이다. 나라 망신이고 국격(國格)의 문제이다.

전 법무부장관 조국과 추미애의 밥 먹듯 한 거짓말, 조로남불 추로남불은 지면이 부족해 이 글에서는 생략해야만 한다. 법무부차관 이용구는 또 어떤가? 술에 취해 택시 운전사에게 욕설하고 폭행까지 했다. 이런 자들이 나라의 법치(法治)를 이끈다고, 김명수 말대로, 설치고 있다.

대법원장은 이렇게 실패했지만. 우리에겐 검찰총장 윤석열과 감사원장 최재형이 있다. 그리고 윤석열, 조국과 정경심, 김경수 등 관련 사건 재판에서 법과 양심에 따라 판결하는 위엄(威嚴)을 보인 조미연, 홍순욱, 임정엽, 권성수, 김선희, 성창호 판사 등이 있다(민주당이 어제 가결한, 곧 퇴임하는 임성근을 탄핵한 것은 바로 이런 판사들에 대한 겁박(劫迫)이 진짜 목적이다).
김명수는 이런 후배 판사들 근처에도 못 가는 깜냥의 인물이란 사실을 거짓말로 고백했으니 속히 법복(法服)을 벗어라.

2021년 2월 6일

여자 망신은 고-박-진-추 네 명이 다 시켜

고민정 박영선 진혜원 추미애... 정적 비난, 문비어천가, 2차 가해
품격 없는 아첨과 조롱이나 일삼으며 여자들 부끄럽게 하고 있다

"광진을 주민 선택도 못 받았으면서..."

민주당 초선 의원 고민정이 국민의힘 서울 시장 후보 경선에 나선 오세훈에게 이렇게 말하며 그의 (안철수 입당) 조건부 출마론을 비판하자 이 당의 동료 경선 후보 오신환이 "이런 저질 정치인은 처음"이라고 비난했다.

고민정은 방송 아나운서 출신으로 청와대 대변인 김의겸이 부동산 투기 의혹으로 물러난 자리를 이어받았다가 4.15 총선에 '소 도살장 끌려가듯' 차출됐으나 지역구와 코로나 사태 등의 도움으로 오세훈에 의외로 신승, 국회의원이 된 여자다.

신승(辛勝)이란 힘들게 겨우 이긴 승리라는 뜻이다. 2,746표, 2.55% 포인트 득표율 차이였다. 고민정이 오세훈에게 "광진을 주민 선택도 못 받았으면서"라고 말할 수 있으려면 표차가 적어도 10% 포인트는 나야 상식에 맞다.

광진을은 사실 알고 보면 민주당이 지기 어려운 지역구다. 법무부 장관 추미애가 이 지역구에서 5선 기록을 세운 것은, 윤석열과의 싸움에서 드러난 그녀의 진면목에서 알 수 있듯이, 추미애라는 인물 이외의 면들이 작용해서였지 않았겠는가?

자양동과 구의동 일부에 (보수 지지층이 많은) 큰 아파트들이 있을 뿐 화양동 등 지역이 대체로 (진보 지지 성향이 강한) 연립·다세대주택들로 구성돼 있고, 건국대와 세종대 학생들도 많이 살아 20~30대 인구가 40% 이상이다. 이들 연령대의 4.15 당시 민주당 지지는 압도적이었다.

정적을 깎아내려 자신이 높아지려는 치기(稚氣)

그리고 호남 인구도 30%에 달하는 것으로 인터넷 자료에 나와 있다. 2012, 2017년 대선과 2014, 2018년 서울 시장 선거, 구청장 선거에서 민주당 후보들이 전승한 곳이 바로 광진을이다. 오세훈은 이렇게 불리한 지형에서 여자로서 인상도 나쁘지 않은 고민정과 대결해 5만 표 이상을 얻으며 선전(善戰)한 것이다.

고민정은 지역구 어드밴티지 때문만이 아니고 승자의 아량이란 점에서도 오세훈에게 그렇게 말하면 안 됐다. 운동화가 좋아서 달리기 1등 한 것을 맨발로 뛴 2등 주자보다 실력이 좋았다고 자랑하는, 철없는 부잣집 초등학생 같은 치기(稚氣)를 보인 셈이다.

"오세훈이 저보다 훨씬 훌륭한 후보였다"라고, 마음에 없더라도, 말을 하는 것이 한국 아니라 어느 나라에서도 미덕으로 받아들여진다. 고민정은 오신환의 쓴소리를 가슴에 새기고 앞으로 정적(政敵)을 깎아내려 자신이 올라가려는 어쭙잖은 시도로 동료 여자들을 부끄럽게 하지 않도록 해야 할 것이다.

'문재인 보유국' '문비어천가'를 외치는 박영선

동료 여자들이 부끄러워 한 정도가 아니라 같은 여자인 게 싫은 느낌이 들게 한 여자는 민주당 서울 시장 후보 경선에 출사표를 던진 박영선이다.

그녀는 며칠 전 난데없이 '문재인 보유국'을 외치는 문비어천가를 불러 여자, 남자 할 것 없이 사람들의 어안을 벙벙하게 했다. 아첨 수혜자인 대통령 문재인도 박영선의 이 기습적인 찬양에 무척 당황하고 얼굴이 뜨거웠을 것이다.

경쟁 상대인 우상호를 제치고 여권 후보가 되려면 친문 패거리들에게 잘 보여야 해서였을 것으로 이해는 하지만, 아무리 급해도 그렇지 '문재인 보유국'은 잘못 차도 너무 엉뚱한 방향으로 차 버린 아부 똥볼이었다. 봉하마을 충성 참배(參拜)에서 돌아 와 보니 비난이 빗발쳐 있자 그녀는 황급히 페이스북 글을 수정, "국민, 시민(서울 시장에 나갈 거니까 시민도 포함시켰다) 한 분 한 분이 모두 보유국이다"라면서 손흥민, 김연아, 류현진, 봉준호 등의 이름을 정신없이 열거했다.

고민정과 박영선은 대통령과 같은 경희대를 나왔고, 대통령이 선호하는 방송국 아나운서와 기자 출신이다. 그래서 둘은 대통령의 총애를 받았는지 청와대 대변인과 중기부장관을 지냈다. 이런 총애에 대한 답은 국민을 위한 양질의 봉사가 최고이다. 품격 없는 아첨이나 조롱이 아니고...

4개 여성단체가 해임 요구한 진혜원

그러나 이 두 여자보다 대통령과 영부인 찬양을 가장 꾸준히, 꿋꿋하게 잘 해 온 여자 고위공직자는 '달님에게 바치는 노래'의 주인공 진혜원이다. 서울동부지검 부부장검사인 그녀는 문재인 부부를 향한 아첨도 모자라 이젠 집권 세력에 흠집을 내는 사람에게도 야비한 조롱의 칼을 휘두르는 여자 문빠의 모습을 보여주고 있다.

진혜원은 "냄새 맡고 싶다"고 한 전 서울 시장 박원순의 성추행 사실을 인정한 법원에 '기소되지도 않은 사람에 대한 별건 판결로

서 극우 테러에 재미를 본 나치 돌격대 수준'이라고 비난하는가
하면 박원순 피해자에게는 '꽃뱀은 왜 수틀리면 표변하는가'라는
제목의 글로 비아냥대는, 범죄 수준의 저질 2차 가해를 저지르기
도 했다.

4개 여성 단체는 최근 그녀가 일하는(일하는지 SNS 글 쓰는지는 알
길이 없다) 서울동부지검 앞에서 기자회견을 열어 검사 진혜원의
해임을 요구했다. 이들은 "진 검사가 박 전 시장 성추행 사건 피해
자와 대한민국 여성에게 되돌릴 수 없는 모욕감을 줬다"고 말했다.
그녀는 전국의 2,000여 동료 검사들과 모욕당한 수많은 여자를 대
신한 것으로 받아들여졌을 이 해임 요구가 무섭긴 했던 모양이다.
자신을 보호해 줄 장관 추미애도 곧 가고 총장 윤석열이 시퍼렇게
살아 있는 마당에 너무 잘못 나갔다는 느낌이 뒤늦게 들었을까? 진
혜원은 엊그제 정의당 성추행사건이 보도되자 "장혜영 의원님의
용기를 응원한다"라고 이미지 상쇄(相殺)를 시도하기도 했다.

거짓말 30차례 들통난 여자 망신 추미애

하지만, 위 3명이 아무리 여자 망신시키고 있다 한들 어디 추미애
한 여자를 당할 수 있으랴. 그 방면에 독보적인 그녀가 퇴임을 며
칠 앞두고 진보좌파 한 매체와 인터뷰를 했다. 장관으로서는 다시
없을 언론과의 대형 인터뷰 기회를 그녀는 원한맺힌 여자처럼

윤석열 때리기로 이용했다.

"내가 먼저 사의를 밝히면 윤석열 검찰총장도 그런 정도의 엄중함과 책임감을 가져주리라 기대했다. 국민에 대한 예의 차원에서 총장 스스로 직을 내려놓는 게 옳지 않겠는가 생각했다. 그 정도의 눈치는 있어야 하지 않았느냐."

윤석열이 눈치도 없고, 눈치를 보지 않는 사람이란 걸 몰랐단 말인가? 추미애는 이 마지막 인터뷰에서조차 거짓말을 하고 있다. 그녀는 아들 황제 휴가 등으로 거짓말을 이미 30차례 가깝게 한 사실이 들통난 여자다. 여자 망신이다,

2021년 1월 29일

의사 직업 능멸한 조국 딸 면허, 결국 취소된다

트럼프가 뽑은 법관들도 그의 주장 내칠 수밖에 없었던 미국 못 봤나?
'7개 스펙 다 허위'1심 판결에도 입학 취소하지 않는 부산대 버티기 한심

조국이 무너진 건 그가 알고 보니 위선적인 586 운동권 출신의 대표적 인물이었다는, 벗겨진 가면 때문이었다.

그러나 정치를 모르고 정치에 관심 두고 싶지도 않은 보통 생활인들, 특히 여성들부터 분노를 크게 산 것은 입시비리 역린(逆鱗, 용 목에 거꾸로 난 비늘이란 말로 임금의 노여움을 의미)을 건드린 탓이 보다 직접적이다.

그들은 평등의식이 유난히 강한 한국 사람들의 전통적인 DNA를 보유, 돈과 빽이 부족해 불이익을 받는 건 욕은 내지를망정 체념하지만, 점수 조작으로 자기 자식이 떨어지게 되면, 또는 자기 자식

이 직접적인 피해자가 아니더라도, 도저히 참지 못한다. 법무부장관을 1개월 하고 사퇴한 조국과 그의 아내 동양대 교수 정경심의 딸 조민은 부모의 스펙 조작에 의해 대학(고려대)과 의전원(부산대)에 합격했으므로 점수를 조작한 것이나 다름없다.

서울중앙지법 형사합의25부(부장판사 김선희, 임정엽, 권성수)는 작년 연말 조국 사태로 기소된 정경심(그의 남편 조국은 생업을 위해 되도록 부부 동시 구속은 피하는 관행 등으로 집에서 쉬며 서울대 로스쿨 월급을 일부 받고 있다)에 대한 재판에서 그녀의 딸이 고려대와 부산대 의전원에 제출한 7가지 스펙이 모두 허위라고 판단했다. 건망증이 심한 필자 같은 사람들은 그동안 크게 이슈가 된, 엄마가 교수로 있는 대학에서 받은 것으로 돼 있는 동양대 총장 표창장만 가짜인 것으로 기억에 남아 있었다. 그러나 그것 말고도 다른 대학 합격에 도움이 되는 확인서들이 6가지나 더 있었고, 이게 또 모두 위조 또는 허위로 작성됐다는 것이다.

조국 딸 조민의 조작된 가짜 스펙, 재주도 좋아

단국대 의과학연구서 인턴 및 체험활동 확인서, 공주대 생명공학연구소 인턴 및 체험활동 확인서, 서울대 공익인권법센터 인턴 및 확인서, 호텔 실습수료증 및 인턴 확인서, KIST 분자인식연구센터 인턴 및 확인서, 동양대 보조연구원 연구활동 확인서...

참 재주도 좋고 대담하기도 하다는 말이 절로 나온다. 그런데, 아빠와 엄마가 모두 서울대를 나온 수재들이니 그 딸의 머리가 돌연변이가 아닌 한 매우 명석했을 텐데도 왜 이렇게 많은 스펙(원래 사양, 규격, 명세서라는 영어 Specifications의 줄임말이나 특별한 자격, 경력이란 의미로 쓰이는 한국식 조어)이 필요했고, 그것들이 하나같이 다 가짜였을까?

엄마 정경심이 가짜 스펙들을 끌어모으기 위해 동분서주한 것으로 보아 그녀의 딸 조민은 듣자하니 용모가 뛰어난 여학생이었다고 하는데, 공부에 열중하진 않았던 것 같다. 부산대에서 유급을 밥 먹듯이 하면서도 관련 학칙들이 우연의 일치로 개정돼(그녀의 아버지 입김에 의한 것이라는 주장이 있다) 총 1,200만 원의 장학금까지 받으며 무사히 졸업했다. 그리고 이번 의사고시에 합격해 조국 일가의 숙원인 집안의 의사 면허 획득이란 위업(偉業)을 달성했다. 조국이 위기 상황에서 사회에 환원한다고 발표했다가 지금은 흐지부지된 부산 교외의 웅동학원 부지는 조국 일가가 미래에 병원으로 바꿔 지을 계획이었던 것으로 보도된 바 있다.

정권 눈치 보는 지성과 양심의 전당

한국의 의사 면허 시험 합격률은 약 95%다. 공부는 뒷전에 두고 술 먹고 개망나니 짓이나 일삼아도, 용모 가꾸기에 열심이고 밤낮

유급을 해도 졸업 학점만 따면 벼락치기 준비로 시험은 합격, 환자의 생명을 다루는 직업인이 되는 것이다. 선진국의 의사 면허 합격률은 대개 85% 이하이다. 변호사 시험은 약 25%가 떨어진다.

이런 지나치게 느슨한 최고 전문직 시험 관문보다 더 심각한 문제는 지성과 양심의 전당이라고 해야 할 대학의 눈치 보기, 정권에 대한 굴종이다. 조국 딸 스펙에 관한 의혹들이 언론 보도에 의해 거의 사실로 드러났을 때 그녀를 합격시켰던 대학으로, 다수 국민으로부터 합격(입학)을 취소해야 한다는 압력을 받은 고려대와 부산대는 매우 비겁하고 정파적인 입장을 취했다. 이해하기 어렵고 한심한 일이다. 검찰 수사를 지켜보아야 한다고 했다가 점점 더 불리해지니 법원 판결 이후에 결정할 것이라고 했다. 조민의 의사 면허 자격에 결정적인 역할을 하게 될 당사자인 부산대 의전원은 1심 판결 이후 "법원의 최종 판결이 나오면 학칙과 모집 요강에 근거해 심의 기구를 열어 입학 취소 여부를 결정할 예정"이라고 밝혔다.

정의는 지각하더라도 오면 된다

대법원 판결까지 기다리겠다는 것인데, 필자는 대법원의 대법관들(대법원장 포함 14명 중 9명이 문재인 정권 임명)이 위조된 서류를 위조된 것으로 볼 수 없다는 판결을 할 사람들이라고 보지 않는다. 그들 중 다수가 아무리 우리법연구회 출신이건 어쩌건 판사는 판사이고 대법관은 대법관이다. 개인의 명예와 대한민국의 법치(法治)를 위해 그들이 양심을 팔지는 않을 것이라고 보는 것이다.

트럼프의 말로를 보라. 그는 대법관 3명을 비롯해 재임 중 항소법원과 지방법원 등에 200여 판사들을 자기 사람들로 임명했으나 이들은 결국 지난 대선이 사기로 도둑질 당했다는 그의 허위 주장을 냉정하게 각하했다. 명백한 진실 앞에서는 정파도 의리도 전혀 소용없는 것임을 보여주는 웅변적 사례다.

지난해 말 서울행정법원 판사 조미연과 홍순욱, 서울중앙지법 판사 임정엽, 권성수 김선희 다섯 명은 검찰총장 윤석열 징계와 조국 정경심 부부 관련 재판에서 대한민국의 법치주의와 민주주의를 지키고 나라의 앞날에 희망과 확신을 주는 역사적 판결문을 썼다.

필자는 정경심 항소심을 심리할 고등법원과 대법원도 법과 양심, 상식으로 "조씨(조민)의 최종 점수와 최종 합격을 하지 못한 16등의 점수 차이는 1.16점에 불과해 (동양대) 표창장 수상 경력이 없었다면 합격하지 못할 가능성이 높다"고 판단한 1심 결과를 뒤엎을 수 없을 것이라고 믿는다.

그렇게 되면 부산대는 그제서야 조민의 입학 취소 결정을 할 것이고, 의사 직업을 능멸(凌蔑)한 그녀의 의사 면허는 따라서 무효가 될 것이다. 정의는 지각하더라도 오기만 하면 더 값진 것이 될 수도 있다.

2021년 1월 19일

문로박불... 문재인이 하면 정권 책임 아니고 박근혜가 하면 정권 책임이다

박근혜의 세월호 7시간보다 문재인의 연평도 47시간이 더 엄중

세월호-안전불감증과 판단 착오 참사, 연평도-월북 프레임... 사실상 고의

"그분이 떠내려가거나 혹은 월북했거나 거기서 피살된 일이 어떻게 정권의 책임인가?"

집권 민주당 중진 의원 우상호는 이렇게 말했다. 이 문장의 구(句, 글귀)들을 하나하나 따져 보자.

떠내려가거나 혹은 월북했거나... 한 사람의 국민, 그것도 공무원이 실종됐고, 그 사실을 관계 당국이 시시각각 파악하고 있었는데, 나중에 신문 보고 안 것처럼 이런 식으로 말을 해도 되는가?

거기서 피살된 일... 이 일은 그 공무원이 우리의 주적(主敵)인 북한군의 총격에 의해 사망하고 소각된 충격적인 대사건이다. 그럼에

도 불구하고 그는 정권과 정부가 미처 신경 쓸 경황이 없었던 사소한 일처럼 말했다.

어떻게 정권의 책임인가?... 아니, 이것이 정권의 책임이 아니면 누구의 책임이란 말인가? 여기에서 책임이란 말은 법적 책임만은 아니다. 정치적, 도의적 책임이란 의미가 더 크다.

공무원이 실종되고 피살돼도 정권은 책임 없다

국민의 생명과 재산이 없어지거나 위협받는 일이 일어났을 때 정권과 정부는 당연히 책임을 통감하고 사죄를 하는 자세를 가져야 마땅하다. 하다못해 말로만이라도 그래야 하는 것이다. 그것이 정치이고 통치이다. 그런데... 뭣이라고? 그것이 어떻게 정권의 책임이냐고?

학생운동 전력으로 4선 고지에까지 이른 우상호의 이런 생각과 자세는 문재인 정권이 국정을 어떻게 이끌어 가고 있고, 국민을 어떻게 바라보고 있는지 그 적나라한 실체를 드러내 준다. 자기들이 하는 건 모두 옳고 털끝만큼도 비판받을 일이 없다는 듯 행동하고 말한다. 잘못은 죄다 보수 정당 국민의힘이나 보수 단체들이 한다는 식이다.

친문 개인들은 내로남불이요 문재인 정권은 문로박불이라는, 뻔뻔스러움과 후안무치(厚顔無恥, 낯이 두꺼워 부끄러움을 모름)와

적반하장(賊反荷杖, 도둑이 오히려 몽둥이를 듦)의 극치를 보여 주고 있다. 문재인이 하는 건 로맨스지만, 박근혜가 한 건 불륜이라는 궤변과 강변을 얼굴색 하나 안 바꾸고 들이밀고 있는 것이다. 친문은 물론 진보좌파 지지 다수 국민도 이런 생각과 자세에 동의한다는 게 대한민국 정치 양극화의 절망적 모습이다.

세월호 사고는 언젠가 그 원인과 배경이 진실 그대로 고쳐져 역사에 기록되어야만 할 텐데, 규제 완화로 인한 노후 선박 수입 운영, 사주 일가의 부도덕한 경영과 선사의 부실한 선박 관리 및 안전교육, 선장과 항해사의 판단 착오와 늑장 대응, 해경을 비롯한 정부의 대처 실패 등에 의한 안전불감증 해상 참사라고 보는 것이 일반적인, 비정치적인 관점이다.

세월호 때 대통령은 구명조끼 입고 구조작업 했어야 한다는 논리

그러므로 대통령 박근혜가 사고 발생 후 7시간 동안 머리를 했다느니 미용 시술을 받았다느니 하는 건 그녀와 정부가 꽃다운 학생들 약 300명을 수장케 한 죄인이라고 몰아붙이면서 정권을 뒤집어엎기 위해 주장하고 의혹으로 제기한 공세였던 것이다.

대통령이 이런 대형 사고 시에 무엇을 할 수 있다는 말인가? 국가 재난 행정 시스템은 이런 상황에서 가동되게 돼 있다. 대통령이 전남 진도 맹골수도로 전용 비행기와 헬기를 타고 내려가 구명조끼 입고 구조 작업을 해야 하는 건 아니다.

당시 진보좌파와 이에 동조한 국민의 박근혜 공격은 사실상 그녀가 수영을 해서 학생들을 살려내지 못했다고 아우성친 거나 다름이 없었다. 그녀는 최순실 사건으로 탄핵이 됐지만, 이 세월호 때 이미 멍이 들 대로 멍이 들어 그로기 상태였다. 그렇게 넋이 나가 있던 상태에서 국정농단 폭로 결정타를 맞고 녹다운되고 말았던 것이다.

연평도 공무원 피격 사건은 실종 발생에서 사살-소각에 이은 사후 처리 과정에서 세월호와는 크게 다른 점들이 있다.

문재인이 잠자느라 사건 보고를 제때 받지 못하고 실종 공무원 구출을 위해 어떠한 조치도 취하지 않은 47시간(또는 32시간)이 박근혜가 잠을 잔 7시간보다 더 엄중하긴 하지만, 박근혜처럼 문재인에게도 직접적인 구조 지시나 구조 활동을 하지 않은 책임을 물을 수는 없다고 본다. 군과 해경이 시스템과 의지에 의해 움직여서 해야 할 일들을 해야 했었다. 그러나 그 시스템과 의지가 문재인과 집권 세력의 간접적 방해에 의해 제대로 움직여지지 않았다면 정권은 그 책임에서 벗어날 수 없다.

그 간접적 방해란 문재인과 집권 세력이 그동안 일방적으로, 무모하게 작업해 온 평화 드라이브 등에 의한 대북 스탠스가 접적 지역에서 군경의 생각과 행동에 미친 영향을 말한다. 비핵화 주장은 온데간데 없어져 버리고 오직 북한과의 긴장을 풀고 되도록이면 건드리지 않는 쪽으로 자세를 취하도록 문 정권은 견인해 왔던 것이다. 연평도 공무원 피격 사망 사건은 바로 군이 5~6시간 동안 그가 표류하고 있는 사실을 알고 있었으면서도 북한이 하는 짓을 구경만 한 결과이다.

문재인은 사건이 발생한 날 전후부터 사망자 아들의 분노와 절규의 편지가 전달된 며칠 후까지도 종전 선언에 집착하는 모습이었다. 그런 그가 그 아들의 편지에 '나도 마음 아프다'는, 아픔이 전혀 배어 있지 않은, 소위 '영혼 없는' 응답을 한 건 너무나 당연한 일이라고 하겠다.

월북 프레임 짜기로 바빴던 연평도 공무원 피격사건

이런 대통령의 눈치뿐 아니라 북한의 눈치도 보느라 바쁜 군과 해경은 피격 공무원의 월북 프레임 짜기에 처음부터 바빴다. 그 동생을 누구보다 잘 아는 형과 아들이 그의 수영 실력 등을 근거로 월북 주장에 강하게 의문을 보이고, 동료 어업지도 공무원 15명 중 13명이 사망자의 평소 행동과 조류 등을 감안할 때 월북 가능성이 전무하다고 진술을 했음에도 실종자의 평소 도박 등에만 지대한 관심을 가지고 이에 대해 집중 질문한 해경은 동료들의 말들을 묵

살, 월북 결론을 내렸다.

이것은 중대한 은폐 범죄 행위이다. 해경이 처음에 월북 정황으로 제시했던, 실종자가 벗어 놓은 것이라고 한 슬리퍼도 동료들 말에 의해 본인 것인지 여부가 불분명한 것으로 바뀌었고, 청장이 국회에서 휴대폰을 인위적으로 끈 것으로 보아 월북이 확실하다고 했으나 인위적으로 끄거나 자동으로 꺼지거나 흔적에 차이가 없는 것으로 나타나 모든 정황을 월북으로 몰아가려 한 당국의 의도가 분명해지고 있다. 사실상 고의에 의한 타살 방조인 것이다.

박근혜 정권이 이랬다면 아마도 그런 보도가 나온 다음날부터 광화문에 촛불 수십만 개가 켜졌을 것이다. 그러나 문재인 정권에는 코로나라는 엄청난 우군이 옆에 붙어서 결사 호위, 광화문에 사람은 없고 차벽만 있다.

진실은 언젠가는 밝혀지게 돼 있다. 월북 프레임으로 위기 모면에 성공해 어둠 속에서 회심의 미소를 짓고 있을 집권 세력, 그의 '똘마니'들은 그때가 되면 국회 등 국가 기관 아닌 집에서 혹은 감방에서 그 '진실'을 대면하게 될지도 모른다.

2020년 10월 12일

유시민과 친문 패거리들이 망치고 있는 나라, 나훈아와 김부선이 살리고 있다

가수와 배우가 국민 깨우치고 정권 혼내는 시대의 역설적 자신감

요설과 궤변으로 국민 우롱하는 유시민과 문빠들 부끄럽지 않은가?

연예인 나훈아의 TV에서의 일갈이 추석 연휴에 국민의 안주가 되고 있다.

필자는 나훈아를 예인(藝人)이라 부르지 않고 가황(歌皇)이라고는 더욱 부르고 싶지 않다. 그냥 연예인이면 연예인이지 그보다 더 고상하고 기품 있어 보이게 하려는 칭호 인플레이션에 대한 거부감이 있기도 해서 그렇다.

예인도 그렇지만 가황은 뭔가? 체육 선수도 실력이 걸출하면 황제니 여제니 하는데, 이런 건 참 우스운 한국 매체들의 습관이다. 나훈아가 말했듯이 왕이 어디 백성들에게 좋은 말 들었던 적이 있고,

백성들을 위해 목숨 걸었던 적이 있는가? 그런데도 왕도 아니고 황제란 칭호를 붙이기 좋아하는 건 '노예근성' 비슷한 무의식이라고 본다.

교련 세대인 필자는 1970년대 후반 대학생 때 유신 정권의 강제 병영 체험을 위해 만들어진 문무대에 입소했는데, 어느 날 오후 한 라디오 방송국에서 공개방송 녹음을 하러 왔다. 이 행사에 〈가는 세월〉의 서유석이 초대돼 노래를 불렀다. 무대에 나온 서유석이 자신을 소개하며 객석의 군복 입은 학생들에게 "가수 서유석입니다"라고 한 대목이 그 후 40년 이상 그 말이 가끔 생각날 정도로 매우 인상적이었다. 그는 자신의 직업을 가수라고 당당히 밝힌 진정한 프로페셔널이었던 것이다.

정치 감각 뛰어난 가수 나훈아, 나라 위해 할 말 다 해

나훈아를 칼럼 소재로 쓰기 위해 서론이 길었다. 그는 본명이 최홍기인 경상도 촌사람이다. 필자가 학생 시절 애창했던 〈고향역〉 같은 노래를 불러 더욱 촌사람으로 보인다. 한국 촌사람들은 정치를 잘 알고 정치 얘기하기를 좋아한다. 나훈아도 정치 얘기를 곧잘 하고 정치 감각이 뛰어나 보인다.

최근 보수 진영 일각에서 '나훈아를 대통령 후보로 추천한다'는 반 농담 반 진담 제안이 나온 것도 그런 배경과 연관이 있다. 그는 연예인이지만 정치적 소신이 분명한 '정의파'이기 때문이다. 그는 노무현 시절 유명 가수들이 북한에 가서 공연을 하는 계획이 추진될 때 처음 명단에 들어 있었으나 돌연 참가 거부를 선언했다. 6.25와 북한 지명 노래를 금지시킨 북한의 제재와 간섭에 항의한 것이다.

"북한당국으로 부터 출연료를 받아도 신통찮을 건데, 그렇지 않고 돈이나 선물보따리를 들고 가서 북한당국의 비위나 맞추며 그들의 지시대로 놀아나는 것은 대한민국의 대표적 트로트 가수 나훈아의 자존심을 건드리는 일이다."

나훈아는 이런 사람이었다. 그런 그가 이번 명절 TV 앞에 모인 국민에게 "역사책에서 왕이나 대통령이 국민 때문에 목숨을 걸었다는 사람은 못봤다. 바로 여러분들이 이 나라를 지켰다"라고 국민을 깨우치면서 '정권을 흔드는' 발언을 한 것은 그러므로 전혀 놀랄 일이 아니다.

더구나 그는 올해 73세이다. 은퇴를 앞둔 노가수가 무슨 욕심이 남아 있고, 무엇이 두려울 것인가? 그는 이번 TV 공연도 돈을 받지 않고 했다. 참으로 그 나이다운 멋진 재능 기부 행위이다. 나훈아는 남자는, 이렇게 말하면 성차별이니까 사람은, 이렇게 살아야 한다는 것을 보여주고 있다. 나라를 위해 할 말은 하고 혼낼 사람들은 혼내는 그런 기백과 용기가 가수 나훈아를 위대하게 보이도록 한 것이다.

월북 녹취록 공개를 요구한 배우 김부선, 국민의 알권리 주장

김부선은 또 어떤가? 필자는 이 여배우를 잘 모른다. 언론 보도를 통해 어느 정치인과 어떤 관계가 있었고, 그와 어느 신체 부위 특징 등을 가지고 진실 공방을 벌였으며, 그의 편을 드는 대표적 문빠 작가 공지영이 마침내 SNS계에서 하차하도록 하는 계기를 마련해준, 목이 긴 장신의 연예인이라는 인상을 받았을 뿐이다.

자료를 찾아보니 어머니가 4.3사건의 피해자인 제주도 출신 여성이고, 2017년 대선 때 문재인도 홍준표도 아닌 안철수를 찍었다고 보란 듯 공개한 중도좌파적 소신을 보인다. 그런 그녀가 엊그제 통쾌한(보수우파와 현정권에 비판적인 일반 국민이 듣기에) 한마디를 했다. '북한에 피살된 공무원의 월북 녹취록' 공개를 정부에 요구한 것이다.

"나는 좌파다. 이명박·박근혜 정부 때 진중권(전 동양대 교수)과 함께 블랙리스트 1호로 찍혔다. 이유는 노회찬·심상정 진보신당 창당 때 홍보대사를 수락했기 때문이다. 좌파가 좌파 정부에게 요청한다. 북한군에게 억울하게 피살당한 공무원 이모씨가 생전에 월북 의사를 밝혔다는 녹취록을 당장 공개하라."

그러면서 김부선은 "국가는 누굴위해 존재하는가? 투명사회는 정보 공개로부터 비롯된다. 개인정보 보호는 개나 줘버려라. 휴전 국가 국민의 알권리가 너무 처참하고 슬프다. 거짓말쟁이 추미애는 당장 사퇴하라. 좌파들아, 우리 제발 괴물은 되지 말자"라고 호소하기도 했다.

세습 독재자를 '계몽군주'라 칭한 유시민, 요설과 궤변으로 괴물 되어 가

북한 국무위원장 김정은을 '계몽 군주'라고 칭한 노무현재단 이사장 유시민은 나훈아와 김부선의 이런 말들을 듣고 있는가? 자신이 김부선 말대로 괴물이 되고 있다는 걸 알고 있는가? 중고교 세계사 교과서에나 나오는 용어를 세계적 조롱거리 세습 독재자에게 써먹는, '아는 체'하기 좋아하는 그의 정신 나간 요설과 궤변에 우파 지식인들과 일반 국민의 비판이 들끓자 그는 "내가 너무 고급스러운 비유를 했나 보다"라고 해명해 매를 더 벌었다.

트로트 황제(나훈아를 높이기 위해 필자도 황제란 말을 써본다) 70대 가수 나훈아의 당당한 삶에 비하면 60이 넘도록 아부나 편 가르기, 자기편 감싸기 발언이나 일삼으며 국민을 우롱하고 있는 같은 경상도 출신 전 의원이자 전 장관 유시민의 삶이 얼마나 비루한가? 그는 세 치 혀(항소이유서)로 흥했다가 세 치 혀(조국 아내 정경심의 PC 빼돌리기가 증거 인멸이 아니라 증거 보전이라는 주장 등)로 망한, 한때 유력했던 차기 대권 후보이며 여전히 진보좌파와 문빠, 친문 패거리들의 점수를 빵점으로 수렴시키는 데 혁혁

한 공을 세우고 있는 인물이다.

조국이나 유시민은 정치적 재기 가능성이 제로라고 필자는 감히 보고 있다. 정치인의 가장 중요한 덕목은 진실과 신뢰인데, 두 사람은 그 두 가지에서 과락이기 때문이다. 그럼에도 불구하고 둘의 말이 지속적으로 언론에 크게 보도돼 다수 국민을 짜증스럽게 하고 분노하게 하는 이유는 그들이 친문의 상징적 인물들이어서다. 그러나 그들이 떠들수록 밑천이 드러나고 있으므로 이미 멍들 대로 멍든 대한민국의 재기에 나쁘진 않다. 그들은 부끄러워해야 하지만, 안 해도 괜찮다. 나훈아와 김부선 같은 똑똑하고 소신 있는 연예인들이 있으니 우리는 좌절하지 않는다. 역설적으로 자신감을 갖게 된다. 제2의 나훈아, 제3의 김부선은 앞으로도 계속 나오게 될 것이다.

2020년 10월 3일

'소설 쓴' 조국, 유시민 따라 폐인의 길 걷고 있다

조로남불 상태가 차라리 건강, 음모론 중독 심각
궤변 자랑하다 존재감 상실한 유시민 전철 밟아

지난 해 법무부장관을 한 달 하고 그만둔 조국의 생각과 발언이 사임한 지 일 년도 못 돼 많은 국민의 웃음거리로 전락했다.

한때 진보 진영의 숨겨진 카드, 그러나 대단히 유력한, 차기 대권 주자였으며 장관 지명 후 국회 인사청문회와 윤석열 검찰의 그의 일가(一家)에 대한 수사, 그리고 조국 옹호 거리 집회 과정에서 '문빠' 및 '조빠'들에게서 나타난 락스타 같은 그의 인기를 추억할 때 참으로 금석지감(今昔之感)이 아닐 수 없다.

그가 엊그제 난데없이 주장한 '탄핵의 밑자락을 깐' 검찰 음모론에 대해 야당과 진보 정권 비판론자들로부터 실소(失笑)와 조롱만 들릴 뿐 집권당이나 진보 진영 사람들로부터는 공감하는 지지 발언이 전무한 것에서 그의 이상(異常)이 뚜렷이 감지된다.

진보 쪽 인사들이 이런 적이 없었다. 정권 홍위병(紅衛兵) 의원들과, 어용(御用) 교수, 충견(忠犬) 검사들이 하나둘 나서서 증거를 보강 제시하며 응원하던 것이 예전 그들의 짜고 치는 모습이었는데 말이다.

소가 웃을 음모론 제기한 조국, '조로남불' 위선 사례 줄줄이 사탕

조국은 이제 들판에 홀로 선 외로운 투사인가? 팬들이 그만 식상(食傷)해 동정의 박수도 열광적으로 쳐줄 수 없는 흘러간 무대의 가수가 된 것인가? 그는 더 이상 잠재적 대권 후보도 아니요, 살아 있는 권력에 맞서는 검찰총장 윤석열 제압용으로 기용된 법무부장관도 아니다.

조로남불('내가 하면 로맨스, 남이 하면 불륜'이라는 유행어에 '내가'를 조국의 '조'로 바꾼 조어)하는 이중적 잣대와 위선 사례가 검찰 수사와 언론 보도로 수도 없이 회자(膾炙)된 데다 논문, 표창장 등과 관련한 그의 부인과 딸 문제로 만신창이가 된 상태이다. 청와대 민정수석 재임 전과 후에 그의 직장이었던 서울대 로스쿨에서는 강의 자리도 잃었다.

아마도 자신의 이런 처지가 복수심을 낳아 국대떡볶이 사장을 1번 타자로 삼은 명예훼손과 손해배상 소송 시리즈를 시작하게 됐고, 이번에 '소가 웃을' 음모론을 제기하게 되지 않았는가 싶다.

그는 페이스북에 이렇게 적었다.

"작년 하반기 어느 시점, 검찰 수뇌부는 4·15 총선에서 집권여당의 패배를 예상, 희망하면서 검찰 조직이 나아갈 총 노선을 재설정했던 것으로 안다. 문재인 대통령 이름을 35회 적시한 울산 사건 공소장도 그 산물이다. 집권 여당의 총선 패배 후 대통령 탄핵을 위한 밑자락을 깐 것이다."

증거라고 주장한 것은 청와대 개입 의혹이 짙은 송철호 울산시장 선거 사건 공소장에 대통령 문재인 이름이 35차례 나온다는 사실이었다. 검찰이 '총노선을 재설정하고 탄핵의 밑자락을 깔았다'고 표현하는 것도 국가의 검찰 조직을 반정부 운동권 조직 정도로 보는, 그의 무지(無知)하고도 단순하기 짝이 없는 시각과 사고의 경지를 보여준다.

그러나 이보다 더 중요한 사실은 문재인 이름이 수십 번 적시된 공소장이 탄핵의 밑자락이라고 '고백'한 것이다. 청와대가 대통령의 30년 절친을 당선시키기 위해 개입하지 않았다면, 따라서 검찰 수사 내용으로부터 전혀 결백하다면, 그것을 두려워할 이유가 어디에 있고, 검찰이 죄가 성립되지 않는 그것을 가지고 어떻게 탄핵을 준비할 수 있다는 말인가?

'빠'들이 아직도 당선시키고 싶은 상품,
폐인으로 가는 지름길에서 빠져나오길

조국의 이와 같은 자기 꾀에 자기가 넘어가는 말실수는 노무현재단 이사장 유시민을 연상케 한다. 그 또한 음모론과 궤변의 선수이다. 조국 일가 수사 때 그는 조국 부인인 동양대 교수 정경심이 연구실 PC를 빼돌린 것에 대해 "증거 인멸이 아니라 증거 보존 목적이었다"고 주장함으로써 차기 대선 후보군에 속해 있던 자신의 존재감을 일시에 상실케 하는 계기를 스스로 빚어냈다.

검찰이 그 PC를 가지고 증거를 조작하는 것을 막기 위해 선제적으로 PC를 가져와 버린 것이라는 음모론적 '소설을 쓴' 것이다. 그는 자신의 직업을 자주 '작가'라고 소개한다. 검찰이 탄핵의 밑자락을 깔았다는 조국도 정권에 비판적인 사람들이 보기에는 앞뒤가 안 맞는 '소설을 쓴' 셈이다.

현 법무부장관 추미애가 국회에서 야당 의원에게 '소설을 쓰시네'라고 혼잣말을 들리도록 했다가 국회를 아수라장으로 만들고 급기야 소설가협회로부터 소설을 거짓말로 비하하지 말라는 경고를 받았는데, 소설가협회는 필자에게 야단치지 않기를 부탁한다. 대한민국 장관이 한 대로 따라서 그렇게 표현했을 뿐이기 때문이다.

유시민의 현재에 대한 평가는, 정권 쪽에서는 검언유착이고 반대쪽에서는 권언유착이라고 하는 채널 A 사건 수사 대상 검사장 한동훈이 당시 기자에게, 거칠긴 하지만, 한마디로 공모(?)를 거절한 말 속에 있다.

"관심 없어. 그 사람 밑천 드러난 지 오래됐잖아. 그 1년 전 이맘때쯤과 지금의 유시민의 위상이나 말의 무게를 비교해봐."

조국은 유시민의 이런 급전직하(急轉直下)를 타산지석(他山之石)으로 삼아 이성을 차리는 게 좋을 것이다. 음모론 탐닉(耽溺)은 폐인으로 가는 지름길이다. 그의 탄핵 밑자락론은 그 중독 증세가 심각한 상태임을 드러낸다. 그러느니 조로남불로 남는 것이 차라리 더 건강할지도 모른다.

유시민의 전철(前轍)을 밟으려 하지 말고, 증오와 복수의 마음을 내려 놓은 다음 정치인으로서 새 길을 걷기 바란다. 진보 진영 '빠'(극렬 지지자)들에게 조국은 아직도 당선시키고 싶은 상품이라고 본다.

그러나 폴리페서(Polifessor, 현실 정치에 적극적으로 참여하는 교수를 일컫는 조어)이자 최근 서울대 연구진실성위원회 조사 결과 석박사 논문에서 표절 행위가 확인됐으므로 학자의 길은 접는 게 학생들을 위해서 좋을 것이다.

2020년 8월 11일

07

오만과 독선, 586 운동권 시대의 종언

"문재인은 대통령의 책무를 혹시 잘못 알고 있지 않나 싶다. 국정은 아래 공무원들이 하고 대통령은 한가하게 인문학 독서나 하는 자리인가? 전셋값 폭등으로 많은 국민이 고통과 절망 속에 있고 추미애의 '검찰 농단'으로 짜증이 폭발 직전인데, 저렇게 한마디도 안 하고 유유자적(悠悠自適)할 수는 없다. 소통하지 않는 대통령은 대통령이 아니다. 대한민국에 지금 대통령은 없다."

'개들은 짖어라, 나는 그래도 시킨다'

문재인이 뺏어가 추억과 함께 사라진 부적격 후보자의 낙마
체념과 냉소... 분노도 무의미한 정치적 니힐리즘 위험 수준

낙마(落馬)는 이제 추억의 단어가 됐다. 임기를 1년 3개월도 안 남긴 대통령 문재인의 인사(人事)가 너무 뻔뻔스럽고 막 나간다.

문재인이 임명한, 거짓말을 다스리는 사법부의 수장(守長)이란 사람이 자신의 거짓말이 드러나 망신을 당하고도 그 자리에 계속 앉아 버티고 있다. 그의 사법연수원 동기, 출신 대학 77학번 동창들과 변호사 단체 등 법조계와 교육계에서 연명(連名)으로 그를 '탄핵'했으나 그는 대통령을 믿고(국회와 헌재의 정식 탄핵 후 새 대법원장 임명 가능성은 0%니까) 태풍이 수그러지기만 기다린다.
생활비 거짓말과 국회의원직을 재태크 수단으로 삼아 온 좀도둑

수준의 인물도 야당과 다수 국민의 반대와 야유 속에 이 정부 들어 29번째로 장관에 임명됐다. 대통령의 '개들은 짖어라, 나는 그래도 시킨다'는 식의 국회와 국민 무시 강행에 의해서다. 그래서 그 후보자는 드디어 국회의원보다 활동비 규모가 훨씬 더 큰 장관이 돼 통장 46개를 골고루 채울 수도 있게 됐다.

나라를 움직이는 상층부 인사가 이렇게 개판이 돼 국가 위신이 땅에 떨어졌으니 국민은 심히 분노하고 있는가? 아니다. 분노도 정력이 있어야 하고 애정이 있어야 일어나는 법이다. 그 둘이 다 없으니 나오느니 한숨이요 이느니 체념일 뿐이다. 분노하는 의미조차 없어져 그것을 하지 않는다는 게 보다 더 적확(的確)한 표현일 것이다.

정치적 니힐리즘(Nihilism, 허무주의)이 위험 수준에 이르고 있다. 국가를 지탱하고 발전시키는 법과 제도, 원칙, 가치 등에 대한 일반 국민의 믿음이 종잇장처럼 얇아졌다. 다수가 반대해도 그들 뜻대로 되고 말 것이라는 생각, 체념이 생활화한 지 오래다.

국민의 법과 제도, 원칙, 가치에 대한 믿음을 뺏는 정치인

그래도 대통령이 임명할 테니 장관 되겠지. 야당과 언론이 떠든다고 물러나겠나? 청문회 하루 이틀만 거짓말과 번복(飜覆), 둘러대기로 버티면 되는데 왜 후보직 사퇴를 해... 이것이 대통령이 임명한 장관급 인사청문회 대상자들에 대한 의혹 보도에 반응하는 국민의 자동 응답이다. 국회 인사청문회가 후보자의 이념, 정책 등을 검증하기보다 사생활 들춰내기나 도덕성 문제 부각에 집중, 한 사람을 난도질해 망신시키는 장(場)이 되었다는 지적이 틀린 것은 아니다. 그러나 도저히 깜이 안 되는 후보자를 봐줄 수는 없지 않은가?

문재인 정권 탄생과 보위(保衛)를 위한 충성에 보은(報恩)하는 인사로 문체부장관 자리를 얻었다고 해석되는 황희의 경우를 보자.
그는 서울 강남에 있는 어느 대학 경제학과를 나와 당시 새정치국민회의 총재 김대중의 비서로 정치권에 발을 들여놓은 뒤 목동아파트단지 재개발 문제에 사활을 걸어 양천갑 선거구에서 재선에 성공했다. 운동권도 전문가 출신도 아닌 전형적인 유력 정치인 비서 출신 국회의원이었으며 문화체육 분야와는 전혀 무관한 사람이었다.

그는 거짓말과 재태크에 능한 하급(下級) 정치인이다. 국회에 낸 근로소득 원천징수 서류를 보고 기자가 주거비 등을 제외한 생활비가 지나치게 적은 데 대해 질문하자 "우리 가족 생활비가 한 달 60만 원 정도인 건 맞다. 아이가 외국인학교를 다니면서 아내와

한 달 100만 원 안 넘게 쓰고 살기로 약속했다. 명절에 고기 등 음식 선물이 들어와 식비도 크게 들지 않고, 배우자가 미용실 안 가고 머리칼도 스스로 자른다. 우리집에서 내가 돈을 제일 많이 쓰는데, 그 비용은 다 의정활동비로 처리하고 국회의원 월급은 전액 저금한다"라고 말했다고 보도됐다.

이 뻔한 거짓말과 비리 의혹을 얼떨결에 고백한 재산 늘리기 솜씨에 야당에서 오병이어(五餠二魚, 떡 5개와 생선 2마리로 예수가 5,000명을 먹여 살렸다는 기적)론으로 비아냥하고 많은 국민의 비난과 야유가 쏟아지는 가운데 청문회가 열렸다. 그는 작전을 바꿨다. 주거비 등을 포함 시켜 "원래 생활비는 300만 원에 가깝다. 60만 원이라고 말한 적이 없다. 내가 쓴 카드 값만이 그 액수다"라고 도망갔다. 그리고 몇 시간 뒤 대통령이 장관 임명안을 재가했다.

국리민복(國利民福)보다는 가족 소리(小利)에 집착하는 무수한 후보자들

그는 박사 논문 표절, 딸 유학비 출처, 급격한 재산 증가 등에 관한 문제도 제대로 설명하지 못했다. 이런 거짓말의 명수, 국리민복(國利民福)보다는 자신과 가족의 소리(小利)에 집착하는 자를 야당의 반대에도 불구하고 문재인이 장관급 기관장에 임명한 경우가 이제 30명에서 딱 한 명 부족하다. 낙마는 그의 사전에 없는 단어가 됐다.

인사청문회 대상 후보자들의 낙마는 지지자들에게는 안타까움과 분노, 반대자들에게는 통쾌한 카타르시스(Katharsis, 정화(淨化), 배설, 쾌감)를 주는 합법적 학대이다. 이 학대는 대선 불복(不服) 심리와 함께 대리 만족을 얻는 언론과 야당(보수우파와 진보좌파가 정권 교체 때마다 이들 역할을 바꾼다)의 수단이 되고 있는 것도 사실이다.

역대 낙마자 중 가장 잔혹하게 난자(亂刺)당해 청문회 문턱에도 가보지 못하고 사퇴한 사람은 박근혜 정부 초대 국무총리 후보였던 전 중앙일보 주필 문창극(73)이다.

"일본 지배 하나님의 뜻... 게으르고 자립심 부족... 민족 DNA"라는 과거 발언 때문이었는데, 방송은 이것을 앞뒤 자르는 '악마의 편집'으로 왜곡, 그를 민족 비하(卑下)자, 친일파로 둔갑시켜 민주당 지지 국민을 대대적으로 선동했다. 문창극은 사실은 독립운동가 자손이다. 낙마자들의 단골 부적격 사유인 부동산 투기, 논문 표절, 재산 축소 신고 같은 것도 아니고 논쟁적인 발언을 반대자들 입맛대로 조작해 떨어뜨린 이런 행위는 사실 임명 강행보다 더 나쁜 것이었다. 그럼에도 낙마의 향수(鄕愁)에 젖는 까닭은 무엇일까?

시장의 장삼이사(張三李四, 장씨 성을 가진 3명과 이씨 성을 가진 4명이란 말로 평범한 보통 사람들을 가리킴)보다 못한 인격과 도덕성을 가진 사람은 알아서 물러나도록 국회 인사청문회 기능이 살아 있어야 하기 때문이다. 스스로 사퇴하지 않으면 임면권자(任免權者)가 민의를 존중해 지명을 철회함으로써 그들의 마음을 달래 주는 것이 또 청문회 제도이다. 문재인은 이러한, 위로받고 보상받는, 국민의 주인으로서의 권리와 민주주의 하는 보람을 빼앗아 버린 대통령이다.

2021년 2월 15일

문재인, 트위터라도 좋으니까
국민들에게 말 좀 하라

사상 최악의 불통 대통령... 침묵으로 일관하다 퇴임할 것인가?
차라리 트럼프 막말 트위터가 나아 보이는 1년 1회꼴 기자회견

"문 대통령도 김치가 없으면 한 끼도 못 먹을 만큼 한국인에게
김치는 꼭 필요한 음식이다."

대통령 문재인의 부인 김정숙 여사가 엊그제 김치의 날에 이렇게
말했다고 한다. 김치의 위대함을 강조하려는 뜻이었고, 그것은 또
사실이기도 할 것이다. 그러나 이런 식습관은 이제 꼭 자랑만은 아
니다.

김치를 좋아하고 잘 먹어야 하지만 샐러드로도 한 끼 먹을 수 있
어야 한다. 스시 먹을 때나 피자 먹을 때나 햄버거 먹을 때도 김치
가 있어야 한다면, 애국자로 보이기보다는 어쩐지 외골수, 변화에

적응하지 못하는, 또는 하지 않으려고 하는 고집이 엿보이는 사람의 모습 아닐까?

요즘 해외에 사는 한국인들은 거의 배추를 구할 수 있고 김치를 담궈 먹거나 한인 가게, 심지어 COSTCO 같은 현지 체인점에서 사서 먹을 수도 있다. 김치 먹는 식생활에 관한 한 한국에 사는 것이나 거의 똑같다. 그렇지만 김치를 먹는 양은 갈수록 줄어든다.

먹는 음식 역시 습관이기 때문이다. 줄이면 줄일 수 있고 끊으려 하면 끊을 수도 있다. 담배와 다르지 않다. 더구나 김치는 이제 외국인 의사들도 잘 알아서 한인 심혈관 질환자들에게 김치 즐겨 먹느냐고 묻곤 하는, 염분이 많이 들어가 고혈압을 일으키는 대표적인 반찬이다. 소시지처럼 줄이는 게 좋은 종류인 것이다.

한국에서도 김치 소비량은 쌀과 마찬가지로 많이 줄었고 앞으로도 줄어들 것이다. 먹는 종류가 다양해지면서 세태도 변하고 있어서다. 석 달 뒤면 68세가 되는 대통령에게 왜 김치 없으면 밥을 못 먹느냐고 물을 수는 없다. 문제는 그의 외골수 단면이다. 특히 소통과 관련된 그의 말하지 않기, 만나지 않기가 대통령으로서는 실격 수준이라 심각하다.

국가 중대 사태에도 침묵으로 일관하는 대통령

필자는 '그는 이번에도 나오지 않았다'라고 첫 문장을 쓴 지난 칼럼(9월 27일 자 〈정기수 칼럼〉 '이게 나라이고 이게 대통령이냐')에서 북한군에 의한 서해상 어업 지도 공무원 사살 사건을 비롯한 국가 중대 사태 시는 물론 국론이 팽팽하게 갈라지는 주요 쟁점 발생 때마다 침묵하는 문재인의 문제를 지적한 바 있다.

그는 정말 기자회견을 싫어하고 TV 앞에 나와 국민에게 나랏일을 직접 설명하는 브리핑 기회를 극구 피한다. 사실 이것은 그가 공짜로 누릴 수 있는 천만불짜리 광고 기회인데도 전혀 써먹을 생각을 않는다. 공중파 텔레비전이나 케이블 종합편성 채널들은 대통령이 방송 좀 하겠다고 하면 아무리 인기 높은 프로그램이라고 하더라도 곧 중지하고 청와대 중계차로 연결할 태세가 되어있는데 말이다.

캐나다의 쥐스탱 트뤼도를 포함해 해외 유명 정상들은 코로나 사태가 터지자 매일 아침 마이크를 잡고 어제오늘 상황과 계획을 설명하고 국민의 걱정을 공감하고 위로하며 그들의 궁금증을 풀어주려고 노력했다. 트럼프만 의사들 의견과 과학을 무시하며 가짜 뉴스를 남발했을 뿐이다. 그러나 최소한 그는 말은 했다. 2차대전 승리를 이끈 미국의 장애인 대통령 프랭클린 루스벨트가 저녁마다 라디오로 국민에게 국정 전반을 얘기한 노변담화(Fireside Chat)는 유명하다.

변호사 출신 대통령이 말하기를 좋아하지 않는 이유

문재인은 말 잘하는 변호사 출신이다. 그러나 말하기를 좋아하는 사람은 아닌 모양이다. 아니면 피고인의 무죄나 원고인의 권리를 주장하는 건 잘하지만, 대한민국 국가의 권리, 그 정부와 정책 담당 공무원들과 국민의 무죄나 권리를 주장하고 설명하는 데는 열의가 없거나 자신이 없기 때문인지도 모른다.

그의 불통이 어쩐지 심하다 했더니 마침 기자협회보가 통계로 그 실상을 고발했다. 김대중 이후 역대 대통령들의 직접 브리핑과 기자간담회를 합한 횟수가 김대중과 노무현 각각 150회, 이명박 20회, 박근혜 4회, 문재인 6회라는 것이다.

'불통'(不通) 대통령으로 유명했고 그것이 결국 탄핵으로 이어지는 데 큰 역할을 했던 박근혜와 막상막하인데, 공식 기자회견 횟수로 보면 그녀보다도 못한 게 문재인이다. 박근혜는 7번이나(?) 했으나 그는 4번에 불과하다. 그래서 문재인의 기자회견은 연례행사라 '2019 기자회견', '2020 기자회견'이라는 식으로 제목을 달아야 한다는 비아냥도 듣고 있다. 이것이야말로 내로남불이다. 자신은 박근혜보다 못하고 있으면서 그녀를 불통이라고 비판했으니…

그는 사람 만나는 것도 좋아하지 않는다. 국민의힘 의원 김성원이 대통령의 공개 일정을 전수조사해 공개한 바에 따르면 그의 취임 후 식사 회동은 209회로 일주일에 한 번이 조금 더 된다. 이 중 외교부장관 강경화가 포함된 자리가 45회를 차지해 거의 25%이다. 심한 편식이고 편애이며 낯가림이라 아니할 수 없다. 그녀의 능력과 식견이 자주 지적되는 강경화는 이번 개각에서도 유임되는 것으로 언론에서는 전망하고 있다.

국민과 수시로 소통하겠다던 약속과 선언은 어디로

문재인의 취임사는 자세히 들어보지 않았고 정독해서 읽어 본 적도 없다. 하지만 언론 매체를 통해 그 약속이 달라져 희화화되고 있는 문장들은 외우다시피 하게 됐다. 검색해 보니 가장 대표적인 문장이 이렇게 나온다. "문재인과 더불어민주당 정부에서 기회는 평등할 것입니다. 과정은 공정할 것입니다. 결과는 정의로울 것입니다." 오늘 칼럼의 주제인 소통에 관한 약속과 선언은 또 이렇게 거창했다.

"구시대의 잘못된 관행과 과감히 결별하겠습니다. 대통령부터 새로워지겠습니다. 우선 권위적 대통령 문화를 청산하겠습니다. 준비를 마치는 대로 지금의 청와대에서 나와 광화문 대통령 시대를 열겠습니다. 참모들과 머리와 어깨를 맞대고 토론하겠습니다. 국민과 수시로 소통하는 대통령이 되겠습니다. 주요 사안은 대통령이 직접 언론에 브리핑하겠습니다. 퇴근길에는 시장에 들러 마주치는 시민들과 격의 없는 대화를 나누겠습니다. 때로는 광화문광장에서 대토론회를 열겠습니다.”

놀라운 취임사다. ‘새빨간’이라는 형용사는 이럴 때 사용하라고 사전에 있는 말일 것이다. 이렇게 다를 수 있고, 이렇게 거짓말을 할 수 있는지 어안이 벙벙해진다. 직접 언론 브리핑... 퇴근길 시장 시민들과 격의 없는 대화... 광화문 광장에서 대토론회... 어느 것 하나 거짓말 아닌 게 없다. 속된 말로 거기 들어가기 전과 나온 후처럼 완전히 딴판이다. 우리는 이런 대통령을 모시고 살고 있다.

광화문 대통령은 바라지도 않고 TV에 가끔 나와 중요한 문제들에 대해 국민에게 이해를 구하는 그의 눈과 입을 국민은 보고 싶은 것이다. 날이면 날마다 검찰총장 윤석열을 쫓아내지 못해 히스테리를 부리는 ‘광인’(狂人) 법무부장관 추미애의 ‘칼춤’인지 ‘캉캉춤’인지가 구경하는 국민의 피로감을 높이고 있는 판국에 인사권자인 대통령이 나와서 자신의 생각과 입장을 밝혀야 마땅할 것 아닌가?

소통하지 않는 대통령은 대통령이 아니다

그는 바빠서 TV와 기자들 앞에 나서지 못하는 게 아니라는 사실은 우리가 다 알고 있었지만, 지난달 말 그가 페이스북에 썼다는(이것마저 자신이 직접 쓰지 않고 청와대 비서실에서 대신 써준다는 것도 다른 사건을 통해 알려졌다) 독후감이 그것을 확인해줬다. 미술학자 최열의 책 〈옛 그림으로 본 서울〉을 소개하며 "모처럼 좋은 책을 읽었다"고 적은 것이다.

막말로 말하면, 문재인은 대통령의 책무를 혹시 잘못 알고 있지 않나 싶다. 국정은 장관을 비롯한 공무원들이 하고 대통령은 한가하게 인문학 독서나 하며 사색하는 자리로 여기지 않고서야 전셋값 폭등으로 많은 국민이 고통과 절망 속에 있으며 추미애의 '검찰 농단'이 극에 달해 짜증을 일으키고 있는데, 저렇게 한마디도 안 하고 유유자적(悠悠自適)할 수는 없다. 앞으로 1년 반 동안 이렇게 버티다 퇴임할 것인지 묻고 싶다.

이러니 루스벨트나 트뤼도 같진 않더라도 트럼프라도 되어 주었으면 좋겠다는 바람이 나온다. 트위터로 자기 하고 싶은 폭언, 험담, 거짓 주장 등을 제멋대로 띄우더라도 그는 소통은 했기 때문이다. 그래서 언론과 국민은 그가 어떤 생각을 하고 있고, 무엇이 문제라는 걸 알게 됐다. 최소한 답답하지는 않았던 것이다.

소통하지 않는 대통령은 대통령이 아니다. 대한민국에 지금 대통령은 없다.

2020년 11월 23일

미국에 극우 트럼프 있었다면
한국엔 좌파 트럼프들 있다

막말 거짓말 차별 분열 독선 내로남불... 그와 닮은 점 너무 많아
'자기 편은 아무리 잘못해도 찍는다'는 정치 양극화 한국도 비슷

트럼프가 결국 갔다.

우리들에게 풍요와 합리, 민주주의의 꽃으로 보였던 미국의 이미지를 만신창이 3류 국가의 그것으로 전락시키며 미국민들 다수에게 큰 고통과 상처를 주었던 그가 4년 더 백악관을 지키는 '악몽'을 연장하는 데 실패했다. 그는 패배를 인정하지 않고 있지만, 대법원이 그의 손을 들어준다면 해가 서쪽에서 뜨는 결과가 될 것이다.

그러나 트럼프는 심판당하지 않았다는 게 이번 미국 대선의 가장 큰 의미이자 한국민들에게 던져 주고 있는 공포의 메시지이다. 왜? 보수와 진보 진영 간 갈등의 골이 이토록 깊어지고 그것을 극복하

기가 어려운 정도가 아니라 잘못하면 불가능해질 수도 있다는 걸 '바이든 신승-트럼프 석패"' 결과는 웅변하고 있기 때문이다.

바이든은 잠정 집계로 약 7,500만 표를 얻었다. 미국 역대 대통령 후보들 가운데 1위다. 그럼 트럼프는 아주 형편없는 득표를 했는가? 천만에다. 약 7,100만 표를 얻어 바이든 다음으로 역대 2위를 기록했다. 약 5,450만 표에 그친 같은 공화당의 인기 많았던 레이건보다 1,600만 표나 더 얻었고 6,950만 표의 오바마보다 더 지지를 많이 받은 것이다.

트럼프표가 많이 나온 이유를 생각해 본다

물론 트럼프가 좋아서만 이렇게 많은 표가 나온 것은 아니다. 투표율이 높았고, 보수표들이 결집한 것이 가장 큰 이유다. 그런데 이 두 가지 요인이 바로 우리를 걱정하게 하고 있으니 그것은 미국 보수 세력의 이러한 묻지마 투표가 바로 한국 진보좌파 지지자들도 다음 선거들에서 보여줄 가능성이 매우 높은 행태로 보여지기 때문이다.

지난 4년간 트럼프가 대통령으로서 미국민들을 분열시키고, 우울하게 하고, 부끄럽게 하고, 분노하게 하고, 어처구니없게 한 성적표와 '전과'(前科) 기록으로만 보면 그는 이번에 30% 득표를 했어도 감지덕지해야 할 정도일 것이다. 그러나 라티노(Latinos, 미국 거주

중남미계 사람들)는 물론 그가 차별해 마지않고 거의 경멸했던 여성과 흑인들로부터도 지난 2016년 선거 때보다 5%가량 더 지지를 많이 받았다. 심지어 흑인 여성들도 8%가 트럼프에게 표를 줬다. 이유는 무엇일까? 라티노라고 해서 다 같은 생각을 하는 게 아니고 여성과 흑인들도 국적, 종교들이 다르고 사람마다 입장과 의견이 다르므로 한마디로 말하긴 어렵지만, 좌파(사회주의) 이념에 반대하고 시위와 약탈에 넌더리 내고 시대의 극단적인 진보 물결에 거부감을 가진 사람들이 그만큼 많다고 보아야 할 것이다. 물론 인종차별 의식이 (백인뿐 아니라 화이트 라티노들 사이에서도) 여전히 강하다는 것도 사실이다.

위험한 좌파 이념에 맞섰던 트럼프, 그의 특기를 따라 하는 '좌파 트럼프'

이들은 트럼프가 인격에 문제 있다는 건 인정하면서도 그가 그들이 보기에 위험한 좌파 이념과 진보 물결의 반대편에 서 있고, 법서를 위해 싸우는 전사(戰士)로 보고(보고 싶어서) 밀어줬다. 그리고 이념보다는 경제가 중요하다고 생각하는 단순한 사람들이 기업인(장사꾼) 출신의 트럼프가 더 잘하고 있고, 앞으로도 더 잘할 것으로 믿고 찍은 것이다.

트럼프는 막말과 거짓말의 대가이다. 그리고 차별하는 데 일등

선수이다. 마음에 안 들면 바로 '너 해고야!' 하며 잘라 버리는 독선적, 독재적 스타일은 우간다의 이디 아민이 미국 대통령이 되었나 착각이 들 정도였다. 차별과 거짓말, 음모론으로 국민을 갈라치기 하는 것도 그의 특기이다. 그 수단은 트위터다. 이거 어느 나라 어떤 사람들과 매우 흡사하지 않은가? 말만 하면 막말에 내로남불, 음모론이요 불리하면 거짓말해 버리는 한국의 유명 진보좌파들은 그러므로 '좌파 트럼프'라고 별명을 붙여도 틀리지 않을 것이다. 트럼프가 '극우 트럼프'라면 말이다.

문제는 한국의 좌파 트럼프들이 광화문 집회 주동자를 '살인자'라고 외친 청와대 비서실장 노영민이나 '드루와' 폭언의 민주당 원내대표 김태년처럼 아무리 험한 막말을 하고 법무부장관 추미애처럼 거짓말을 밥 먹듯(이번 국회에서만 28번 했다나 뭐라나?) 하고 조국이나 민주당 지도부(보궐선거 무공천 당헌을 간단히 뒤집도록 묵인한 대통령 문재인도 예외가 아니다)처럼 내로남불을 천연덕스럽게 하더라도 표 받는 데는, 그리하여 당선돼 권력을 재장악하는 데는 별문제가 없을 것이라는, 정말 하품 나오는 예상이다.

하품은 졸릴 때만 나오는 것이 아니다. 배고플 때나 불안할 때도 나오고 저렇게 개선하고 극복해볼 방책이 딱히 없는, 굉장히 절망적인 상황을 그려볼 때도 나온다. 그렇다. 이것은 한국 사회의 커다란 위기이다. 자기편이 아무리 못해도, 상대편이 아무리 잘해도 표는 어디 가질 않는다. '죽어도 민주' 아니면 '죽어도 보수'(이럴 때 하필 대표적인 보수 야당 당명이 국민의힘이어서 두 자로 줄일 수도 없다)인 것이다.

보수우파는 부동층 30~40%의 표를 끌어오기 위해 필사적으로 노력해야

한국의 정치 지형을 거칠게 나눠 볼 때 고정표를 최대한으로 확대 하면 진보 40% - 보수 40% - 중도 20% 정도로 볼 수 있을 것이다. 그러나 필자는 그것을 최소한으로 축소 시켜 진보 20% - 보수 20% - 중도 및 부동층 60% 정도로 보고 싶다. 10명 중 6명의 표는, 너무 낙관적일 수도 있지만, 바꾸려고 하면 바뀔 수 있다. 그러나 양진영 으로 결집이 일어나기 시작하면 중도 및 부동층은 30~40%로 줄게 될 것이다. 대부분 원래의 '집'으로 되돌아간다고 보아서다.

그러니까 승부는 이 30~40% 표를 누가 더 많이 가져가느냐가 결 정하게 돼 있다. 바이든은 이번에 선거인단으로는 대승을 거뒀으 나 전국 득표로는 약 3% 차로 트럼프를 제쳤다. 이 3% 차를 만들 어내기 위해 트럼프는 4년간 천하의 망나니짓을 했다. 다른 말로 하면, 그러고도 3% 차로 겨우 패한 것이다.

한국의 진보좌파가 아무리 못하더라도 트럼프처럼 못하진 않을 것이다. 북한 김정은을 '뚱뚱한 미치광이'라고 했다가 어느 날 갑자기 '터프가이'라고 치켜세우며 '평화 쇼'를 연출하는가 하면, 미 해군 특공대는 오사마 빈 라덴을 사살한 게 아니라는 아니면 말고 식괴담을 철없는 고교생처럼 리트윗하고, 불법 월경 난민들의 어린 자녀들을 부모들에게서 떼 내 강제 격리 수용하는 반인륜적인 행위도 아무렇지 않게 저지른 트럼프처럼 악정, 실정을 제정신을 가진 사람들이라면 도저히 따라 하기가 어렵다.

그래서 걱정이다. 정치적 양극화, 사이비 종교 광신도들처럼 갈라진 진영 대결이 가져올 투표의 놀라운 반전을 상상하면 참으로 답답하고 암담하다. 국민적 미움을 받고 있다고 여론 조사를 토대로 보수 언론들이 말하는 추미애가 내년 서울시장 보궐선거에 나온다면 거짓말처럼 당선될 수도 있는 것이다. 이것이 엄연한 현실이다. 하지만 미국민들이 4년 동안 쓰레기통에 처박혀 있던 미국의 품위와 위엄을 3% 차로 건져냈듯이 서울 시민들과 대한민국 국민들도 결국 그렇게 하게 될 것으로 믿는다. 국민의힘을 비롯한 보수우파 세력은 30~40%의 그네(Swing) 표심을 절반 이상 끌어오기 위해 필사적으로 노력해야 할 것이다.

그들은 저쪽이 잘못한다고 해서 자동으로 이쪽으로 몰려오는 사람들이 아니다. 잘못해도 또 찍어줄 수 있는 사람들이다.

2020년 11월 11일

문재인 검찰개혁은 한동훈 같은
검사들 무장해제다

그들에겐 다 후속 계획이 있었다... 중수청 신설로 '검찰 해체'
석동현, "윤석열 총장은 차라리 내 목을 치라는 결기 보이라"

문재인 정권의 '검찰 해체' 작전이 어지럽고 섬뜩하다.

공수처(公搜處, 청와대, 국회, 검찰, 법원, 정부 부처 등 고위공직자 범죄수사처) 설립을 국회 절대 다수 의석으로 밀어부칠 때까지만 해도 그것이 독립 수사 기관으로 세워지는 것이니 정권 뜻대로 움직이지만 않을 것이라는 희망이 있었다. 실제로 초대 처장인 판사 출신 김진욱에 대한 기대도(제2의 검찰총장 윤석열이나 감사원장 최재형이 되어 주기까진 바라진 않더라도) 아주 없진 않았다.

문재인 정권 수뇌부와 민주당 돌격대 의원들은, 필자 같은 사람들이 보인 일말의 낙관을 이미 알아챘음에 틀림없다. 그들에겐 다 후속 계획이 있었다. 이른바 검찰개혁 시즌2다. 나라의 중추 기관 개조 작업을 시즌 운운하다니... 무슨 연속극인가?

심심풀이 연속극이 아니라 심각한 검찰 해체 작업 2단계이자 최종 마무리 수순(手順)이다. 중대범죄수사청(중수청)이란 걸 만들어 지난번 검경수사권 조정으로 검찰에 남겨 둔 소위 6대 범죄, 즉 부패, 경제, 공직자, 선거, 방위산업, 대형참사 등의 수사를 전담케 하겠다는 것이다.

이들과 고위공직자, 일반 사건을 중수청-공수처-경찰이 나눠 맡는 검찰 왕따 속셈이다. 그리하여 검찰은 직접 수사는 하지 않고 공소유지(公訴維持)만 하는 공소청으로 변신시킨다는 환골탈태(換骨奪胎) 검찰 무력화 구상이다. 이런 법을 발의하고 여론 조성 작업을 시작한 이들은 다름아닌 검찰 수사를 받은 피의자들이다.

'검찰 해체'가 '검찰개혁'의 궁극적 의도, 운명적 과업으로 여겨

중수청 신설법 대표 발의자인 민주당 의원 황운하는 청와대 울산시장(대통령 문재인의 친구 송철호) 선거개입과 경찰 하명수사 의혹 사건으로 검찰에 의해 불구속 기소돼 있다. 또 최근에 중수청이란 이름을 SNS에 난데없이 띄우며 공론화한 이는 586 운동권 출신 문재인 정권 인사들 위선과 파렴치의 대명사 조국이다.

그는 "문재인 정부 초기 구상은 '공수처 신설-수사권 조정' 성취 후 검찰개혁의 최종 목표인 '수사-기소 분리'로 나아간다는 단계론이었다"라고 검찰 해체가 그들이 말하는 검찰개혁의 궁극적 의도임을 분명히 했다.

황운하, 조국과 함께 검찰에 이를 가는 듯한 김남국, 최강욱 등 여권 의원들 면면이 하나같이 검찰의 수사를 받았거나 받을 수도 있으며 출신이 경찰이나 법무관, 검판사 거치지 않은 변호사로서 검사들에 대해 경쟁적인 감정을 갖는 공통점을 보이고 있다.

검찰과의 악연(惡緣)이란 점에서 대통령 문재인의 것은 또 자못 역사적이다. 그의 검찰개혁 의지를 숙원(宿願) 또는 '운명적 과업'이라고 부르기도 하는데, 그가 비서실장으로 모신, 자살한 전 대통령 노무현이 검찰 수사의 직접적 피해자라는 인식(여기에는 증오의 감정과 복수심이 동반된다)에서 비롯됐다고 보는 게 정설(定說)이다.

진짜 검찰개혁은 살아 있는 권력 비리도 엄정하게 수사할 수 있는 시스템 구축

사감(私感)은 이렇다 할지라도 정권을 잡은 뒤 적폐(積弊) 수사라는 간판을 걸고 정치 보복을 저지를 때는, 그 유용하고도 달콤한 검찰의 용도를 절감했을 것이며 따라서 그 수사권을 줄이고 더구나 해체하는 정도까지는 생각도 하지 않았으리라.

그러나 조국 수사가 문재인과 그 돌격대, 검사들에 원한과 열등 콤플렉스를 가진 의원들에게 검찰 해체라는, '개혁 과제'를 밀어붙치는 방아쇠를 당겼다. 거기에 윤석열의 대들기와 버티기는 방아쇠가 당겨진 그 총에 탄알을 무한 충전하는 역할을 했다.

정부 조직의 중대 변화가 이렇게 사사로운 배경에 의해 설계되고 칼질이 되어도 좋은 것인가 하는 우려와 탄식은 이 정권에서는 사치다. 민주당의 관련 TF팀장인 박주민이 법안 통과를 6월로 예정하는 걸 보면 이들은 7월에 임기가 끝나는 검찰총장 윤석열을 의식해서 일정을 짜고 있다.

윤석열의 최측근으로 찍혀 전 법무부장관 추미애에 의해 3번 연속 좌천 인사를 당한 조국 수사 검사장 한동훈은 지난 설 연휴 중에 조선일보 기자에게 응한 인터뷰에서 이렇게 말했다.

"진짜 검찰개혁은 살아 있는 권력 비리도 엄정하게 수사할 수 있는 시스템을 만드는 것이다. 특별한 검사가 목숨 걸어야 하는 게 아니라, 보통의 검사가 직업 윤리적 용기를 내면 수사할 수 있는 시스템이다. 이 정부의 검찰개혁은 반대 방향이다. 그 결과, 권력 비리 수사의 양과 질이 드라마틱하게 쪼그라들 것이다. 강자의 권력 비리가 드러났는데도 처벌받지 않는 것이 뉴노멀이 되는 순간, 부패는 공사(公私) 모든 영역으로 좀비처럼 퍼져 나가 약자들과 서민들이 대놓고 착취당할 것이다."

문재인 정권의 검찰 해체 목적은 바로 이렇게 바른말하며 두려움 없이 자기 할 일을 하는 한동훈 같은 검사들로부터 수사권을 빼앗아 무장해제(武裝解除) 시키는 것 아니겠는가?

전 동부지검장 변호사 석동현은 엊그제 자신의 페이스북에 "(정권이) 검찰의 무력화, 초토화를 넘어 공중분해를 통한 검찰 해체 수순으로 가고 있다"면서 "윤석열 검찰총장이 차라리 내 목을 치라며 분연히 그 불의한 시도를 막겠다는 결기를 보여주어야 한다"라고 적었다.

이 정권이 만약, 정말로 검찰 해체에 나서게 된다면 윤석열은 자신의 목숨을 건지기 위해 싸웠던 추-윤 갈등과는 비교가 안 되는, 진짜 싸움을 앞에 두고 있다.

2021년 2월 17일

탐욕과 쓰레기, 사람 아닌 후보에
투표하지 말라?

야당에 표 주면 탐욕에 투표... 쓰레기 후보 분리수거라니
'사람에 투표해달라' 대학 신입생 상대하는 듯한 선전선동

"잘못을 통렬히 반성한다."

느닷없는 이 사죄와 표 구걸은 결국 사기 행위였음이 그 뒤로 이어
지고 있는 집권 민주당 인사들의 막말과 저열한 네거티브 공세가
증명하고 있다. 사실 민주당 선대위원장인 전 대표 이낙연은 '국민
여러분, 도와주십시오'라는 제하의 글에서 무엇을 잘못했는지에
대해서는 전혀 언급하지 않았다. 밑도 끝도 없이 잘못했다고 하면
감동해서 동정표가 나올 줄 알고 마음에도 없는말을 할 때 이미 원
색적인 막말과 네거티브 공격 탄알이 가득 장전돼 있던 것이다.
이 당 법사위원장 윤호중은 상대 당 서울시장 후보 오세훈이 내곡

농 처가 땅 측량 현장에 있었다는 KBS의 증언 보도를 사실로 단정 짓고 그를 쓰레기라고 하며 4월 7일 분리수거 하자고 말했다. 오세훈 측은 보도 영상 속 선글라스 낀 이는 그의 처 양부였다고 반박하며 KBS 관계자들을 허위사실 공표, 후보자 비방 등의 혐의로 대검에 고소했다.

이낙연, 쓰레기처리 하자는 윤호중이 찌라시 신문이라 여기는 동아일보 출신

윤호중은 1984년 그 유명한 서울대 프락치 사건(운동권 학생들이 민간인을 프락치로 몰아 감금, 폭행한 사건)에 노무현재단 이사장 유시민과 함께 연루됐던 인물이다. 그는 지난해 후반 국회 법사위 회의에서 동아일보 기자 출신 국민의힘 의원 조수진에게 "찌라시 만들 때 버릇이 나오는 것 같아 유감이다"라고 한, 무지막지한 막말의 주인공이기도 하다.

그의 눈엔 동아일보는 허위 보도를 하는 찌라시 신문이고, 검언유착 오보를 낸 바 있는 KBS는 진실 보도 방송인가 보다. 민주당 의원인 전 대표 이낙연과 전 청와대 수석 윤영찬도 이 '찌라시 동아일보' 출신들이다.

민주당 서울시장 후보 박영선은 최근 20대들의 이반(離叛) 현상이 특히 심해지자 "20대는 역사에 대해 경험치가 낮아서 지금 상황을 지금 시점에서만 보기 때문에 민주당 지지율이 낮다"라고 말했다. 자신에게 표를 주지 않겠다는 의사표시를 많이 보인 연령층에 대해 '뭘 모르는 아이들이라 보수당을 지지한다'라는 식으로 폄하한 것이다.

국민의힘 의원 윤희숙은 페이스북에서 "자기들이 경험 없을 때 민주화운동 한 건 끝없이 우려먹으면서 지금 청년들은 무식해서 판단력이 없다니..."라고 혀를 찼다. 박영선이 집권 세력의 편 가르기 병법(兵法)을 원용, 20대를 버리고도 오세훈에게 이길 수 있다는 계산을 했다면 초등학교 졸업 산수 성적을 의심해야만 할 것이다. 필자가 최근에 쓴 글(데일리안 [정기수 칼럼], 시대는 바야흐로 '샤이 진보'... 세상은 돌고 돈다)에서 언급한 대로 20대들의 생각은 놀랍게도 그들 부모의 그것과 거의 같다. 전혀 어리거나 무식하지 않다. 586 운동권 출신 인사들은 그 나이에 세상을 바꾸는 일을 꾀하지 않았던가?

'사람에게 투표해 달라', '보수=탐욕' 프레임 발명

물론 민주당 쪽 사람들만 듣기 사나운 말을 한 건 아니다. 오세훈도 불필요하게 과격한 표현을 유세 현장에서 내뱉었다. 그가 부동산 정책 실패와 관련 대통령 문재인에게 '중증 치매 환자'라거나

'대역죄'를 지었다고 하지 않아도 국민이 다 그의 잘못을 알고 있으며 득표에도 별로 도움이 안 된다. 그는 그런 막말을 함으로써 판단력과 순발력에서 적지 않은 흠을 보였다.

그렇다고 하더라도 오세훈이 민주당 선대위 전 대변인 고민정의 수준은 도저히 따라가지 못한다. 그녀는 그만큼 정도가 지나친, 열등 콤플렉스로밖에 해석이 되지 않는 오세훈 깎아내리기 민주당 선거운동을 하고 있다.

그녀가 페이스북에 공유한 홍보 동영상은 바로 집권 민주당과 친문 패거리들, 고민정 류(類)의 진면목을 보여주는 상징적 사건이다. 해당 홍보물은 '국민의힘에 투표하면 탐욕에 투표하는 것'이라는 내용의 1분 30초짜리 선전 선동이다.

"지난 몇 차례 선거에서 연이어 파란색을 찍은 당신에게, 그러나 이번만은 파란색에 표를 주지 않겠다는 당신에게, 혹은 기권함으로써 파란색을 따끔 혼내주겠다는 당신에게, 압니다. 당신의 실망, 허탈, 분노, 기대가 컸었기에 더 크게 실망하고 있다는 것도 잘 압니다."

"파란색이 싫어졌다, 빨간색이 좋아졌다'가 같은 말인가요? 같은 말이 아닙니다. 당신은 빨간색이 어울리는 사람이 아닙니다. 당신은 단 한 번도 탐욕에 투표한 적이 없습니다. 그래서 염치없지만 이번 선거 "사람을 봐달라'는 말씀을 드립니다."

놀랍지 않은가? 이 사람들은 이렇게 말장난을 기막히게 잘하는 꾼들이다. 보수 정당에 한 번도 표를 주지 않은, 그러니까 중도좌파들까지 이번 보선 국면에서 문재인 정권의 실정으로 보수 지지로 돌아서는 것 같으니 '보수=탐욕' 프레임을 발명한 것이다.

고민정은 바로 며칠 전에도 아래 홍보물을 페이스북에 올려 언론을 탄 여성이다. 사람에 투표해 달라... 민주당 후보만 사람이고 국민의힘 후보는 괴물이란 말인가?

그녀는 아마도 이 두 홍보물의 표현, 비유 기법에 감탄하고 공감해서 공유한 듯한데, 민주당 내 다른 의원들 수준도 매 한 가지긴 하다. 대학 신입생들 같은 시각으로 세상을 바라보고 말과 글도 품격이 없고 거칠다. 그들의 그 유치찬란이 오늘날의 대통령 문재인과 집권당 지지율 폭락을 부른 큰 요인이다.

막말과 네거티브 공세만으로는 선거에서 절대로 이길 수 없다. 가져오는 표보다 잃는 표가 훨씬 더 많기 때문이다. 민주당이 만약 최근 각종 여론조사 결과대로 서울과 부산 보궐선거에서 패배한다면, 승부에서도 지고 신사도에서도 지는 결과가 될 것이다.

내년 봄 대선을 어떻게 치르려고 그들이 이토록 저급하게 내려가는지 모르겠다.

2021년 3월 30일

군사정권도 안한 문재인 정권의 매표(買票)
공항 쿠데타

인천공항, 철저 조사와 여론 설득... 영종도가 하늘이면 가덕도는 땅
김대중, 김영삼이 결사반대한 경부고속도로 같은 반전이나 기대해야

1970년 7월 7일 역사적인 경부고속도로가 개통됐다.

대한민국 산업화를 이끈 박정희의 상징적 업적인 이 동맥이 없었
다면 2021년 현재 1인당 GDP가 당시보다 100배도 넘게 성장하
는 기적은 불가능했을 것이다. 그러나 이 효자 고속도로 건설을,
정치에 관심 없었던 중노년층이나 그 시대를 성인으로 살지 않은
젊은 사람들은, 그때 야당에서 결사반대했었다는 사실을 까맣게
모르고 있으리라.

놀랍게도, 반대 투쟁의 선두에 섰던 사람들이 훗날 신민당의
'40대 기수론'을 내걸고 지도적 위치에 올라선 김대중과 김영삼이

었다. 이들이 외쳤던 구호를 보자.

"우량 농지 훼손 웬 말이냐" "쌀도 모자라는데 웬 고속도로냐" "부유층의 전유물인 고속도로 결사반대"

서울과 부산을 잇는 고속도로가 산업 발전에 필수적인 수출 수입 물동량 수송이 아닌 부유층 자가용들이 이용할 행락 목적이라고 호도하고 선동한 것이다. 그런 그들이 20~30년 후 각각 대통령 자리에 올랐다.

경부고속도로 반대했던 DJ, 뒤늦게 가치 인정하고 대형국책사업에 반영

대통령이 된 이후엔 경부고속도로의 가치와 박정희의 리더십을 뒤늦게 인정하거나 최소한 부정하진 않았다. 역사는 이렇게 아이러니의 연속이고 선전선동과 선견지명, 애국심들이 부딪치면서 발전한다. 두 사람 중에 대형 국책사업과 관련한 김대중의 변신은 주목할만하다. 경제학 교수 출신 국민의힘 의원 윤희숙은 페이스북에 이렇게 적었다.

"DJ가 임기 동안 가장 잘한 일로 예비타당성 제도를 드는 사람들이 정책 서클에는 많다. 면밀한 조사를 먼저 하게 하고 결과를 공개하는 것을 의무화했다. 그 결과, 토건 사업에 나랏돈을 마구 꽂아주던 정치가들의 관행이 상당 부분 봉쇄됐다. DJ 자신도 지역

기반의 정치가였지만, 그의 결단 덕분에 나라가 제대로 된 나라로 한 단계 도약한 것이다."

지난 주말 국회에서 가덕도 신공항 특별법이 부산 보궐선거 승리를 위해 눈이 뒤집힌, 대통령 지휘에 의한 집권 민주당 주도로 끝내 통과됐다. 묻지마 조기 착공 목적으로 예비타당성조사(예타)를 면제하고 사전타당성 조사도 간소화한 입법 쿠데타였다.

아니, 국민 세금 수십조 원이 들어가는 국책사업을 타당성 조사도 하지 않고(몇년 전 사전 평가에서 가덕도가 꼴찌였기 때문에 그걸 피할 꼼수로), 국회의원들의 미친 매표(買票) 야합에 의해 돌이킬 수 없는 정책으로 확정하는 나라가, 전세계 제대로 된 나라 중에서 하나라도 있겠는가? 국제 망신이다.

이 쿠데타에는 야당도 부산과 경남 지역 의원들을 포함해 절반 이상이 동참했다. 부산 시민들 표 때문이다. 문민시대 여야 정치꾼들의 이 폭거는 30년 전의 무사(武士) 정부보다도 못한 것이어서 한국 정치의 퇴보를 웅변한다.

두 정권의 신공항 추진은 그 민주적, 합리적, 도덕적 측면에서 하늘과 땅 차이다. 노태우의 영종도가 하늘이라면 문재인의 가덕도는 땅이다. 5공의 후계자 6공 정부의 인천공항 건설 과정이 왜 하늘인가?

6공 최대 이권 사업이라는 루머 만연했던 인천공항, 결과는 대성공

1991년 당시는 경제가 폭발적으로 성장 중이어서 김포 공항이 곧 포화될 상황이었다. 그러나 김포는 인근 주민들 소음 민원이 많고 24시간 운영이 불가능해 외곽에 대규모 신공항 건설 필요성이 절실했다. 서울에서 1시간 이내 거리에서 적지를 찾아야 했다.

문제는 돈이었다. 신공항보다 건설비가 두 배 더 드는 경부고속철도와 거의 동시에 착공될 예정이었기 때문이다. 야당과 환경단체, 전문가들은 내놓는 후보지마다 돈과 환경 문제로 반대했다.

정치자금 마련을 위한 6공 최대 이권 사업이라는 루머도 만연했다. 17개 후보지 중 서울과의 거리, 건물이 없는 광활한 지역, 수원 공군 비행장과 공역(空域)이 겹치지 않는 조건 등을 충족하는 곳은 인천의 갯벌을 매립하는 안이 최선이었다.

필자가 일선 기자일 때의 기억으로 야당과 단체들이 편 영종도 신공항 계획 반대 논리가 너무 완벽하고 타당하지 않은 조건들이 수없이 많아 노태우 말고는 그것이 옳다고 믿는 사람이 비정상일 정도였다. 그중에서도 가장 심했던 '자살행위'라는 주장의 근거는 영종도의 안개였다.

노태우 정부는 영종도밖에 더 나은 곳이 없다는 확신으로 안개 실측 작업을 장기간에 걸쳐 진행, 김포보다 오히려 안개가 덜 낀다는 사실을 밝혀냈다. 바다 매립도 3~4m에 불과해 공사비가 적게 들고 18m를 매립한 일본 간사이 공항과 비교해 지반 침하 위험이 현저히 낮다는 결론도 도출했다. 철새도래지라는 등의 환경단체들과 주민들 설득에도 공을 들였다. 공항 이름도 원래는 세종 공항으로 하려 했으니 인천 주민들의 반대 의견을 받아들여 인천공항으로 바꿨다. 건설비는 국민 여론을 달래기 위해 실제 예상 5~6조를 2조여 원으로 축소 발표하는 선의의 거짓말을 하기도 했다.

전 조선일보 기자 김왕근에 따르면 당시 청와대 수석 문희갑이 국가 발전을 위해 꼭 필요한 사업이었지만, 국민이 걱정해서 반대하면 안 되니까 거짓말을 하기로 했다는 것이다. 나중에 공항을 잘 지은 것으로 모두가 인정하니까 그냥 넘어가게 된 거짓말이다. 그만큼 여론을 중시했다.

가덕도는 환경성 접근성 경제성 등 7가지 문제 내포, 그 중 지반 침하 위험 심각

그러나 가덕도는 어떠한가? 지난 정부에서 실시한 프랑스의 권위 있는 업체 평가에서 김해 공항 확장, 밀양 공항 안에 이어 최하위인 3위를 기록한 안이 가덕도 신공항이다. 국토부가 지적한 안전성, 환경성, 접근성, 경제성 등 7가지 문제 중에 가장 심각한 결격 사유가 깊은 바다를 메우는 무모한 환경파괴, 지반 침하 위험 매립이다.

영종도의 3~4m에 비해 가덕도에 공항을 만들려면 최고 106m 성토가 필요해 주변 산 3개를 바닷속에 집어넣어야 한다고 정의당 의원 심상정은 주장했다. 이에 따른 천문학적 공사비는 현재 정부 예상만으로도 약 30조 원에 이른다.

경실련은 '문재인 정부 표 매표 공항 특별법 강력 반대한다'라는 제목의 성명에서 이렇게 말했다.

"그동안의 국책사업 실제 소요 비용을 볼 때, 40조 원은 훌쩍 넘을 것으로 보이는 이런 엄청난 사업을 비전문가 집단인 국회에서 전문가적 판단을 무시하고 강행하는 것은, 후대에 죄를 짓는 행위다."

선거라면 개똥도 먹을 집권 민주당과 대통령이 이 돈을 걱정할 리 없다. 다음 정부와 국민들이 고생을 하든 말든 그들은 상관하지 않는다. '에라, 이 군사 쿠데타 정부보다 못한 사람들아!' 뜻있는 국민의 이런 탄식이 당신들 귀를 울리고 있지 않은가?

혹시 모르는 일이다. 김대중과 김영삼이 부유층이 놀러 다닐 길이라고 공격한 경부고속도로가 한강의 기적을 이루는 견인차가 되었듯이 가덕도 신공항도 먼 훗날 효자 역할을 하게 될지...

이루어질 것 같지 않은, 이런 만화 같은 반전에 실낱같은 기대를 걸어야 하는, 국민들 마음이 서글프다.

2021년 3월 1일

답정너 진실 원하는 세월호 사교(邪敎) 신도들

고의침몰설 영화 관객 54만 명이 쫓는 건 과학 아닌 음모
그들이 바라는 진실 나와야만 세월호 의혹은 가라앉는다

세월호의 진실은 결코 수면 위로 떠오르지 않는다.

그것은 진실을 찾기 어려워서가 아니다. 처음부터 명백하게 드러나 있는 진실을 인정하지 않고 다른 진실을 원하는 사람들이 너무나 많아서다. 그리고 그 사람들이 현재 대한민국의 정치적 주류 세력이거나 그들을 지지하면서 그 권력을 공유하고 있기 때문이다. 그 다른 진실이란 요새 유행하는 줄임말로 하면 답정너 진실이고 답좋너 음모다. 답은 그들이 원하는 것으로 정해져 있으니 수사 기관은 그에 맞춰서 결과를 내놓아야 하는데, 그렇지 않으니 불신과 재조사, 특별 조사가 끝없이 반복되고 있다.

세월호는 하늘을 나는 미스터리 UFO가 아니었다. 바다에 떠다니면 안 되는 불법 증개축 노후선이었을 뿐이다. 이 배를 부도덕하고 무책임한 선사와 선원들이 규칙까지 어겨 운항하다 물살 빠른 해역에서 기울어졌고, 구조 당국이 신속하고도 현명하게 대처를 하지 못해 그 아름답고 아름다운 어린 학생들 포함 모두 304명이 수장(水葬)되는 비극이 발생한 어처구니없는 후진국형 사고가 바로 세월호 참사이다.

이와 같은 침몰 사고 진상은 발생 6개월 후인 2014년 10월 박근혜 정부 검경합동수사본부에 의해, 과학적 진실로, 거의 모두 분명하게 밝혀졌다.

참으로 개탄할 세월호 참사의 과학적 조건들

선박 불법 증개축(객실 증설), 규정 초과 차량 및 화물 적재(한도의 2배), 조타기 레이더 등 장비 부실 → 안개로 지연된 출항 만회를 위한 과속, 입사 4개월째 3등항해사가 유속 심한 맹골수도 통과 중 급격한 변침(變針) 시도, 과적 차량과 화물 부실 결박 풀려 이들이 한쪽으로 쏠리면서 무게중심 붕괴 → 사고 신고 등 선원들 초기 대응 잘못, 최초 도착 해경 경비정의 판단 착오 및 소극 구조, 선장과 선원들의 수학여행 학생 등 승객들에게 가만히 있으라는 안내 방송 후 탈출...

일부러 이렇게 갖다 맞추려고 해도 쉽지 않을 완벽한 대형 참사의 과학적 조건들이다. 이 이상 무슨 진상을 더 캐내야 하고 무슨 진실이 필요하다는 말인가? 오호라, 박근혜의 박(朴)이 안 나오고 미군 잠수함의 미(美) 같은 글자들이 안 나왔다는 말이로구나, 그것은.

세월호 사고 원인 규명에서 아직 해결되지 않은 게 있다면, 내인설(內因說)과 외인설(外因說) 중에 침몰 원인이 선박 외부로부터의 충격(예컨대 잠수함)에 의한 것일 수도 있다는 후자를 완전히 배제할 수 있는 전자, 즉 내인설을 기술적인 한계로 인해 확증하지 못했다는 것이다. 다시 말해, 선박 내 과적 화물이 풀리면서 무게중심을 잃어 침몰이 시작됐을 것이라는 등의 사실은 밝혀졌으나 이는 배가 말을 못 하는 물건이라 과학적으로는 추정일 뿐이기 때문이다.

이래서 고의침몰설 같은 황당무계한 주장이 아직도 기승을 부린다. 박근혜 정부가 무슨 이유에선가(도대체 어떤 이유라는 걸까?) 학생들이 가득 탄 배를 일부러 바닷속으로 가라앉혔다는 괴담(怪談)인데, 이런 것을 만들어 퍼뜨리는 사람이나 그것에 혹해 믿는 사람들 모두 제정신들이 아니다.

문빠들을 세뇌하고 그들이 신봉할 음모론을 끊임없이 개발하고 전파하는 김어준

일종의 사교(邪敎, 근본이 옳지 못하고 사회에 해독을 끼치는 종교)다. 사교의 교주들은 대개 여자와 돈 갈취를 목적으로 순진한 사람들을 속여 신도들로 모은다. 세월호 사교 교주들은 정치가 목적이다. 그 괴담 종교로 정권을 뒤집어엎기 위해 말도 안 되는 논리를 꾸며 정치 성향이 같은 사람들을 선동한다. 그들의 타도 대상인 박근혜가 탄핵 돼 감옥에 가 있어도 여전히 세월호 진상 규명과 진실 찾기를 계속하고 있고, 그들을 따르는 사람들 또한 많다는 현실이 신기할 따름이다. 정치가 이렇게 무섭다.

시민의 세금으로 운영되는 교통방송에서 문재인 정권 홍보와 반대 정파 비난, 조롱, 그리고 문빠들을 세뇌하고 그들이 열렬히 신봉할 음모론(陰謀論)을 끊임없이 개발하고 전파하는 김어준(전 민주당 대표 이해찬이 그의 문재인 정권 수호 역할에 대해 그렇게도 고마워했다는 사람이다)이 만든 세월호 고의침몰설 영화 〈그날, 바다〉를 본 관객이 54만여 명이라고 한다. 김어준은 이 영화로 44억 원 이상을 벌었다 하고...

50만 명이 넘는 사교도들과 문빠들은 지난주 윤석열 검찰이 내놓은 세월호 참사 특별수사단의 수사 결과를 냉소(冷笑)하고 있다.

(정권 수사를 지휘하는) 그가 검찰총장이라 그런 결론을 낸 것이라고 또 윤석열 탓을 한다. 유가족과 관련 단체 등이 제기한 17개 의혹 중에 이미 기소가 이뤄진 2건을 제외한 나머지에 대해 모두 무혐의 처분한 특수단의 임관혁 단장이 한 말은 거의 하소연이다.

"되지 않는 사건을 억지로 만들 수는 없다. 법과 원칙에 따라 할 수 있는 건 다 했다."

다른 진실을 기다려온 분들에게는 실망스러운 결과가 되겠지만, 전 대통령 박근혜가 머리 손질하느라 시간을 허비해 구조가 제때 이뤄지지 못했고, 구조를 일부러 지연시키기도 했으며, 이런 사실 등의 유포를 막으려고 기무사가 유가족을 사찰했고, 미군이나 한국(그들이 반대하는 정부) 해군 잠수함이 모종의 목적을 가지고 세월호를 박치기해 침몰시켰다는 등의 억지 수사 결과는 만들어낼 수 없었다는 말을 임 단장은 하고 싶었을 것이다.

특수단은 고의침몰 후 항적 조작 주장과 관련해서는 "김어준씨 말이 맞으려면 당시 정부가 전 세계 기지국 데이터를 모두 조작했어야 한다"라고, 그것이 터무니없는 음모론임을 설명했다.

9명의 검사와 20명의 수사관들이 투입돼 1년 이상 진행된 이번 '특별' 수사는 사고 이후 8번째로 이뤄진 것이었다. 그러고도 끝나지 않을, 야당 의원들의 말마따나 우려먹을대로 우려먹고 있는, 영원한 현재진행형 수사이고 조사이다.

'특조위'나 '사참'라는 세월호 관련 조사 위원회들은 적어도 문재인 정부와는 끝까지 함께 갈 것이다. 현 정부에 비판적인 변호사 석동현은 "몇 년이 더 지나야 할까. 정말 나랏돈 축내기, 좌파 일자리 만들기용 최고의 적폐다"라고 페이스북에 적었다.

세월호 의혹은 그들이 바라는 진실이 나왔을 때만 비로소 침몰하게 될 조건부 진상 규명 과제이다.

2021년 1월 27일

괴물 친문 광신도들 냐두면
민주당은 섬 된다

사면 소동은 민주당의 태극기 부대 대깨문 실체 커밍아웃
괴물이 된 그들 잡지 못하면 그들이 결국 민주당 잡을 것

필자 주변에 있는 사람들은 데일리안에 글을 쓰고 있다는 근황을 전하면 대다수가 침묵한다.

그들이 보수 매체 칼럼 기고 관련 언급을 애써 피하며 다른 얘기로 답을 하는 모습에서 현재 대한민국이 겪고 있는 극심한 정치적 양극화(진영 대결)가 피부로 느껴진다. 우리는 언제부터인가 국내는 물론 해외에 사는 한국인들 사이에서도 자신의 정치적 입장을 말하지 않는 게 예의이고 버릇이 되고 있다. 후유증 때문이다.
나는 진보다, 또는 보수 편이다, 라는 힌트를 발설해 버리는 순간 그 관계는 더 친밀해질 수도 있으나 소원(疏遠)해질 가능성이 더

높다. 정치 성향이 크게 좌-중좌-중우-우 네 쪽이므로 서로 안 맞을 확률이 크기 때문이다. 앞으로 계속 만나기보다는 더 만나지 말아야 할 사람이 되기 쉬운 것이다. 참으로 불편하고 답답하기 짝이 없는 일인데, 이것은 코로나 블루 못지않은, 우리의 삶의 질을 저해하는 대단히 심각한 문제다.

그 조심성, 경계는 중도 우파나 중도 좌파도 극우나 극좌로 도매금 분류되는 수가 많아 더 심해지는 경향이 있다. 상대방 얘기를 자세히 들어보기도 전에 조국 반대면 태극기 부대로 치부해 버린다. 반대로 윤석열 반대면 대깨문('대가리 깨져도 문재인'이라는 극렬 친문파) 류(類)로 편을 짝 가른다. 한국 정치 성향의 양극단에 있는 태극기와 대깨문은 건전한 중도 우파와 중도 좌파 이미지를 잠식하며 그들의 목소리를 잠재우고 있다.

집권 세력의 주력집단 대깨문, 건전한 진보와의 경계선 모호

문제는 태극기보다 대깨문이 훨씬 더 크다는 데 있다. 나라를 이끌어 가는 집권 세력의 주력집단이고 건전한 진보와의 경계선이 모호하기 때문이다. 태극기 시위자들은 지난 8.15 광화문 집회를 기점으로 건전한 보수(제도권 보수우파)와 선이 비교적 명확하게 그어진 상태이다. 대깨문의 본색을 적나라하게 커밍아웃한 사건이 이번 사면론 파동이다. 그들은 이성보다는 감정, 국가보다는 진영, 미래보다는 과거를 우선시하는 폭력적이고 야만적이고 무자비한 집단임을 거리낌 없이 드러냈다.

전 대통령 이명박과 박근혜 사면에 대한 일반 국민의 여론은 찬반이 엇비슷한 가운데 반대가 약간 많긴 하다. 민주당 내 친문 당원들의 극성도 아마 이런 국민 정서에 편승해 그렇게 시끄럽고 무례한 모습으로 나타났을 것이다. 그러나 반대 의견을 갖는 것과 그것을 표현하는 방식과 내용은 전혀 다른 문제이다. 이 글에서 비판하고 우려를 하는 것은 그들이 사면에 반대해서가 아니라 그 괴물스러운 전체주의적 집단 광기(狂氣) 표출이다.

민주당 대표 이낙연은 이번 일을 겪으면서 당이 지니고 있는 커다란 숙제를 깨달았을 것이다. 바로 이 친문 깡패들의 벽을 넘지 않으면 자신의 리더십은 물론 당의 미래도 없다는 사실이다. 그는 그들을 이낙연 대통령 후보를 지원하고 재가(裁可)해 줄 세력으로 받들어 모시지 않고 그들을 제압하고 길들여야 하는 개혁 대상으로 봐야만 후보도 재집권도 가능하다는 것을 알아야 한다.

그들은 두 전직 대통령 사면을 건의하겠다는 당 대표 생각에 동의하지 않는 선을 넘어 이낙연 사퇴하라고 하거나 법무부장관 추미애를 대신 대선 후보로 밀겠다고 했다. 후임 당 대표 이름까지도 댔다. 추미애가 누구인가? 검찰총장 윤석열 쫓아내기 과정에서 국민적 미움의 대상이 됐고, 잠재 대권주자 여론조사에서 1% 내외 지지율에 불과한 사람이다.

대깨문들의 주장 따라갈 경우 민주당도 민심 무시한 '섬'이 된다

제정신이 아니지 않고서야 주장할 수 없는 얘기다. 이는 곧 자기들이 그녀를 후보로 추대해서 진보좌파 대표 선수가 되도록 하면 지지율이 1등 될 수 있을 것이라는 오만과 착각 아닌가? 도대체 국민무서운 걸 모르는 그들만의 '알고리즘'이다.

이해찬이 당 대표였다면 친문들의 언행이 이 정도로 문란(紊亂)하진 않았을 것이다. 그들은 이낙연을 우습게 보고 있다. 대깨문 당원들도 그렇고 소속 친문 의원 상당수도 그런 모습이 다분하다. 자신들이 대통령 후보와 당 운영 방향 결정권을 쥐고 있다는 식이다.

이낙연의 사면론 제기가 정권교체 여론이 비등(沸騰)하고 있는 시점에서 다음 보선과 대선 전략을 위해 대통령 문재인과 사전 교감(交感)했을 것이라는 건 상식이고, 그들이 이를 모르지 않을 터인데도 그런 난동을 저질렀다. 두 선거에서 이기려면 좌(左) 표만 가지고는 절대 안 되고 중좌(中左)는 물론 중우(中右) 표까지도 일부 가져와야만 된다는 사실을 그들이 모른다면 민주당은 정말 문제다.

이낙연과 민주당이 이들을 계속 방치하거나 눈치를 보고 따라갈 경우 대깨문들만 섬이 되는 게 아니고 민주당도 함께 섬이 돼 일반 국민과 자꾸만 유리(遊離)될 것이다. 콘크리트 지지층도 거의 여전하고 범진보 지지자들이 아직 많은데, 무슨 소리냐고 그것을 인정하지 않으려 하지 말라. 당신들은 조국과 윤석열 사태를 거치며 중도 성향 민심들로부터 멀찌감치 떨어지고 있다. 대깨문 광신도(狂信徒) 집단은 보통 사람들이 보고 생각하는 방향과 극단적으로 다르게 조를 수호하고(심지어 그의 아내 정경심도 '사랑'하고) 윤을 증오해 마지않아 왔다. 그야말로 집단 이성 마비다.

야당 국민의힘은 단호하진 않았지만, 그동안 소리 없이 목사 전광훈이나 전(前) 의원 김문수, 민경욱류의 태극기 세력과 거리 두기 노력을 해 온 결과 지금은 기름과 물 만큼이나 따로 지내는 집단이 됐다. 극우 떨어내기에 성공하고 있는 것이다. 벌써 집권 세력이 광화문 집회 책임 같은 것을 떠넘겨 재미 보는 '야당 복'을 기대하기가 더 이상 어렵게 되지 않았는가?

이제 민주당 차례다. 태극기들과 놀아난다며 야당을 비난하던 시절은 어느새 가고 그들 자신이 또 다른 태극기들로부터 독립해야 하는 처지로 바뀌었다. 무소불위 홍위병들로 변하고 있는 대깨문 패거리들을 잡지 않으면 그들이 결국 민주당을 잡게 될 것이다.

2021년 1월 7일

'깜도 안되는 망나니짓' 김원웅과
'광신' 중증 보이는 전광훈

지긋지긋한 친일 논란, 코로나 속 집회 강행 다 자해 행위
민주당은 친일타령 그만 부르고 통합당은 광신도들과 결별하라

미국의 국부(國父) 조지 워싱턴도 노예 소유주였다.

아버지로부터 노예를 상속받고, 또 그들이 자녀를 낳아 100명 이
상으로 늘어난 대지주였다. 그래서 그는 남부의 대표적인 반(反)
흑백평등주의자, 즉 위선자란 비판을 최근 미국을 휩쓴 BLACK
LIVES MATTER(흑인 목숨도 중요하다) 운동 과정에서 받아
Cancel(취소, 그동안 인정돼온 공적, 동상 등을 수정하고 제거함)
대상으로 포함되기도 했다.
미국 독립선언서를 작성한 토마스 제퍼슨도 마찬가지다. 그는 어린
여성 노예 중 한 명(부인의 이복동생)과의 사이에 여러 자녀를 두기

까지 해 그 후손들이 현재 미국 전역에 살고 있다. 그러나 이들이 일부 영화에 나오는 악랄한 노예 주인들은 물론 아니었다. 회사 사장처럼 합리적으로 노예 일꾼들을 대했고, 노예제에 대해 고민하면서 나름대로 해결책을 찾았던 사람들이다. 워싱턴과 제퍼슨 사후에 그 집의 노예들은 모두 해방됐다. 두 사람의 유지에 따른 것이다.

부쩍 목소리 높아진 광복회의 '친일타령'. 철 지난 논쟁으로 국민 피로도 높여

어떤 계획과 목적(조국 표현을 다시 인용하면 총노선)이 세워져서 그러는지는 알 것 같으면서도 분명하진 않지만, 문재인 정권 사람들과 친문(親文) 세력은 지난해부터(조국사태가 나기 직전) 부쩍 친일타령의 목소리를 높여 왔다. 철 지난 논쟁이고 소모적이기만 한 정략적인 주장이라 듣는 사람들이 참 피곤하고 짜증이 난다. 그러나 상식이 있는 다수 국민은 이 지긋지긋해 하는 편에 서 있을 것이기에 자기 표 깎아 먹는 이 행위를 말릴 생각은 없다.

그렇다 하더라도 광복회장 김원웅이라는 사람의 15일 광복절 기념사는 참으로 가관(可觀)이다. 김원웅이 광복회장이라는 사실도 이번에 처음 안 사람들이 대다수일 것이다. 광복회라는 곳이 정권 바뀔 때마다 해바라기 짓을 하는 어용단체이니 관심도 없지만 말이다.

광복회 회장 김원웅의 사람 됨됨이,
친일 청산 운운할 자격 없어 더 한심

김원웅이 어떤 인물인지 〈나무위키〉에 적혀 있는 이력을 소개해 보겠다. 76세(인생을 겸허한 마음으로 정리해야 할 나이 아닌가?), 대통령 문재인이 칭송한, 논란의 주인공 김원봉의 조선의열단 연락원 아버지와 광복군에서 정보 수집 역할을 한 어머니 사이에서 중국 충칭에서 출생, 대전고 졸업 후 서울대 정치학과 재학 중 6.3사태로 투옥...... 여기까지는 친일타령에 어울린다. 그다음이 문제다.

1972년 박정희 정권의 유신헌법 발표 후 민주공화당 사무처 공채 시험 합격, 80년 전두환 정권의 민주정의당에 입당해 사무처 국장으로 재직, 90년 꼬마민주당(김영삼의 3당합당에 반대해 잔류한 민주당)으로 옮겨 92년 대전 대덕에서 국회의원에 당선, 국민학교 명칭이 일제강점기 잔재라며 초등학교로 개칭 추진, 97년 한나라당으로 또 옮겨 2000년 재선 성공, 반미 친북 발언으로 당과 마찰 후 2003년 열린우리당에 입당해 3선, 2010년 대전광역시장 낙선 후 정계 은퇴......

군사정권 정당에 2번, 보수 정당에 한 번, 진보 정당에 2번 몸담은, 5차례 변신한 화려한 이력이다. 이런 그가 친일 청산을 운운하니

"깜냥(지니고 있는 힘의 정도. 일을 해낼 만한 능력)도 안되는 사람이 망나니짓을 한다"는 비난이 야당 쪽에서 나왔다. 그가 "일제시대에 살았다면 5차례 변신 정도는 충분히 했을 사람"이라는 비난을 들어도 할 말이 없을 것이다.

그런 위인이 고작 음악 연주회를 위해 일본 정부의 도움을 받고 이용한 것으로 지금까지의 관련 학자들 연구로 나타나 있는 애국가 작곡가 안익태 선생을 민족반역자라고 낙인찍었다. 그는 애국가를 부르고 싶지 않아 하고, 대한민국이란 국호를 못마땅해 하는 친북 친문 세력에 아첨한 것이다. 76세의 나이에 뭐가 아쉽고 분해서 온국민의 경축일에 그와 같은 분탕질을 했는지 도무지 이해할 수가 없다.

황당무계한 음모론 펼치는 극우 광신(狂信)목사 전광훈, 따끔하게 비판해야

이날 분탕질은 보수 쪽에서도 했다. 목사 전광훈에 의해서다. 그는 한국, 특히 수도권의 코로나 환자가 올해 초 수준으로 급증하고 있는 시기에 방역 당국의 규칙과 권고를 어기고 수만 명이 서울 광화문 광장에 모이는 반정부 집회를 강행했다.
그는 또 당국이 집행유예 신분인 자신을 묶어두기 위해 자기가 목사로 있는 사랑제일교회에 바이러스를 들이부었다는 황당무계한 음모론을 주장하기도 했다. 필자의 지난 칼럼에서 몇 차례 지적했듯이 이 음모론 좋아하다 폐인(廢人)이 된 유명 인사들이 지금 한국에 여럿 있다.

전광훈과 집회에 참여한 그의 신도들을 제외한 국민 대다수는 코로나 상황에서 그 예방에 도움이 안 되는 행동을 하는 것에 극도로 비판적이다. 그러므로 제1야당 미래통합당이 이 집회에 나가지 않은 것은 당연한데, 안 나가는 것에 그치지 않고 따끔하게 비판을 했어야만 했다.

하루아침에 표변하는 것도 한국 사람들 정서에는 좋지 않게 보이긴 하나, 이제는 눈 질끈 감고 할 소리는 하고 뗄 건 떼야만 할 때가 된 것이다. 전광훈은 과유불급(過猶不及, 정도를 지나침은 미치지 못함과 같다) 단계를 넘어 자제력을 잃은 '광신(狂信)' 또는 편집(偏執) 중증을 겪고 있는 것으로 보이기 때문이다. 그렇지 않고서야 모두가 옳지 않다고 보는 바이러스 확산 야기 집회를 고집할 이유가 없다.

친문 사람들도 골동품 전축에서 흘러나오는 듯한 친일타령 잡음을 이제 제발 꺼주기 바란다. 코로나 상황 속의 막무가내 집회만큼이나 그것 또한 자멸적이고 자해적인 행위이다. 다수 미국민이 조지 워싱턴이 상속 노예를 소유했다고 해서 그를 더이상 국부로 인정 안 하지 않을 것이듯이 건전한 한국민들도 지금 우리가 향유하고 있는 이 자유와 풍요를 위해 큰 역할을 한 지도자들을 여전히 영웅으로 인정할 것이다.

그리고 무엇보다, 일반 생활인들에게 지금 가장 중요한 문제는 부동산 같은 생존이 걸려 있는 문재인 정부의 정책들이다. 어느 집권당 대표 후보처럼 "회장님 축사를 깊이 새길" 때가 아니고 국민의 원성(怨聲)에 귀 기울여 그것을 어떻게 바로잡아야 할지 고민할 때이다.

2020년 8월 17일

08

점잖고 지성적, 합리적 소신의
보수우파 자산

지성과 합리, 소신, 점잖음이 보수의 이미지다. 4.7 보선은 대통령 문재인과 집권 민주당의 기존 후보들만 심판한 게 아니다. 내년에 나설만한 잠재 후보들까지 쓰나미로 쓸려 보냈다. 더 치명적인 것은, 어쩌면, 그 쓰나미가 진보좌파 진영의 차차기 대선 후보들 씨까지 삼켜 버렸다는 사실이다.

보선 후 여야 인물 곳간 급변...
야권은 차차기까지도 확보했다

1년 만에 정치 지형 180도 뒤집힌 격변 여당은 기근 들고 야권은 풍년가 불러
오세훈, 박형준 당선으로 국민의힘은 차차기 인물 자원도 든든한 부자됐다

보선 후 조용해진 건 조국과 추미애뿐만이 아니다.

민주당을 비롯한 진보좌파 진영에서 내년 대선에 나설 주자로 꼽힌 사람들 모두가 얼굴도 안 보이고 목소리도 잠잠해졌다. 위선과 무능 심판 쓰나미로부터 가장 멀리 있어서 직접적인 피해는 보지 않았다는 평을 받는 경기도지사 이재명까지도 어디론가 사라지고 없다.

왜 갑자기 이렇게 상황이 급변했는가? 보궐선거가 현 정권에 대한 심판이었는데, 집권 세력 대권 주자들까지 도매금으로 그 심판에 넘어갔기 때문이다. 586 운동권 출신들은 위선과 무능의 대명사요

기득권증 부패 세력이란 새 명함을 받았다.

이번 보선 결과는 부동산으로 대표되는 문재인 정부의 실정, 오만과 독선, 내로남불에 대한 국민의 염증과 분노가 폭발한 것이었다. 구시대적 선전선동과 정치 공작 외에는 할 줄 아는 게 없는, 586 운동권 세력에 보낸 퇴출 명령이기도 했다.

여야 대선후보 인물 곳간 180도 뒤집혀...
야권 씨알 굵은 후보자 풍성

이래서 선거는 해야 한다. 이긴 쪽에서 느끼는, 비록 아직 반쪽에 불과하긴 하지만, 정권 교체 맛이 참말로 짜릿하다. 물론 진 쪽에서 마시는 고배의 맛은 말해 무엇하랴. 그런데, 이 사람들은 고배를 마시는 시늉만 했지 그 쓴맛을 진짜 보진 않고 있다. 반성하는 모습이 없기 때문이다.

말로만 반성한다 하고 속은 원래 그 마음, 그 생각 그대로라는 것을 대통령부터 노골적으로 드러내고 있다. 국민은 부동산 대란에 분노하고 있는데, 문재인은 여전히 부동산 적폐 청산 타령이다. 이 와중에 180석 가졌을 때 검찰과 언론 개혁을 완수해야 한다고 말하는 민주당 의원들도 있다.

이렇게 쇼만 하다 민심이 좀 부드러워진 것 같으면 또 본성을 드러내기도 하면서 몇 달 더 허송하다 보면 내년 3월 대선은 보나마나

다. 여당은 민심은 또 변할 것이라며 은근히 기대하고 있다. "이번 보선으로 백신을 맞은 셈"이라고 자위를 하는 것이 그 방증이다. 반성하고 노력하지 않아도 민심은 돌아오는가?

야당에 늘 회초리를 들며 신중한 자세를 취하는 보수우파 논객들도 대선은 모른다고 경계론을 펼 것이다. 그러나 중도우파로서 일관되게, 낙관적인 사필귀정론을 펼쳐 온 필자와 다수 국민은 확신할 수 있다. 오세훈과 박형준이 압승한 정치와 경제 환경이 근본적으로 변하지 않는 한 여당 필패, 야당 필승이라는 것을 말이다. 벌써 여야의 대선 후보 인물 곳간이 180도로 뒤집히지 않았는가? 갑자기 여당에는 인물이 다 없어져 버렸고, 야권에는 씨알 굵은 사람들이 풍성해졌다. 박근혜 탄핵 이후 지난 보선 전까지 4년여 동안 한 번도 상상하지 못한 대격변이다. 보궐선거 한 판이 이런 상전벽해의 지각변동을 가져오다니 정말 실감이 안 난다.

썰물처럼 사라진 여권 인물들. 민의가 그들을 단죄

여권에 왜 인물 기근인가? 그 많던 사람들이 왜 갑자기 다 실종돼 버린 것처럼 보이는가? 보선에서 민의가 그들을 단죄했기 때문이다. 전대협 학생회장이나 간부 이력으로 그동안 국회의원을 수차례 하고 청와대와 정부 핵심 요직을 차지했던 이들의 시대는 썰물로 떠나가고 있다.

이들은 대권 도전은커녕 다음 국회의원 선거에서 살아남는 걸 걱정해야 하는 처지다. 정당을 심판한 이번 민의가 586 같은, 먹고 사는 일은 평생 한 번도 안 해 보고 입으로만 살아온 꾼들도 이제는 정리해야 한다는 쪽으로 다음 선거에서 정해지면 이들의 정치 생명은 끝이다. 이인영, 임종석, 이광재 등 신문에 간간이 내년 대선의 잠재적 후보들로 거론되는 이들이 그런 인물들이다.

이들과 함께 586 친문 패거리와 한 편이 돼 자기 목소리는 없이 진보좌파 대권 후보 자리를 (임시로) 장기간 누려 온 이낙연도 이번 보선으로 운명이 갈렸다. 그는 여권 경선도 치르기 전에 스스로 낙마할 가능성이 높다. 자생력을 가지지 못한, 정치적 계산에 의해 김대중의 스카웃과 문재인의 발탁으로 몸값이 부풀려진 이의 한계다.

총리직을 그만두고 대권 도전을 모색하고 있는 듯한 정세균도 한계는 뚜렷한 사람이다. 필자가 예전에 쓴 대로 대한민국의 제왕적 대통령제 아래서 국무총리를 했다는 건 대통령이 될 수 없는 결정적 조건이다. 소신과 배짱이 있는 대통령감이라면 그런 국무총리는 못하기 때문이다.

그럼 추미애는? 필자는 차기 대선 후보로 추미애를 손꼽는 기자들을 안타깝게 보는 사람이다. 추미애가 누구인가? 매우 치사하고도 졸렬한, 그야말로 좀스런 방법으로 전 검찰총장 윤석열을 쫓아내기 위해 온갖 망나니짓을 벌이다 절대다수 국민의 미움을 산 여자다. 그런 사람이 어떻게 대선 후보가 될 수 있다는 것인지, 그 이름을 입에 올리기조차 역겹다.

조국과 유시민이 혹시 나올까 걱정하거나 기대하는 사람들이 있다면, 머리 속에서 그 사람들 이름을 지우라고 말하겠다. 왜? 추미애와 이하동문이기 때문이다. 내로남불과 궤변, 선전선동이 전문인 운동권 출신들이 행세할 땅은 이제 한국에 거의 남아 있지 않다. 그 잘 쓰는 글과 청산유수 말로 대깨문 독자와 시청자 상대로나 먹고 살아야 한다.

여권- 포퓰리스트 이재명, 야권- 윤석열을 필두로
차차기 후보감까지 풍년

따라서 여권엔 경기도지사 이재명만 당분간 남게 되었다. 그러나 그의 목소리도 보선 후에는 들리지 않는다. 여태까지 한 대로 기회주의적이고 포퓰리스트적인 자세로 국민의 환심을 얻으려고만 할 경우 그 역시 심판을 피할 수 없을 것이다. 사람들은 이제 매우 똑똑하다. 돈 몇 푼에 표심을 결정하지 않는다.

반대로 야권은 윤석열을 필두로 안철수, 홍준표, 유승민, 원희룡

등 신구 인물들이 순풍에 돛을 달았다. 보선 후 여론조사에서 윤석열은 36.3%로 1위, 안철수와 홍준표가 5%대 지지율을 지켰다 (자세한 내용은 리얼미터나 중앙선관위 여론조사심의위 홈페이지 참조).

윤석열은 국민의힘과 불가근불가원(不可近不可遠) 위치를 지키면서 준비하다 입당(또는 합당)하는 시간표를 가지고 있는 듯하다. 엊그제는 노동 전문가들도 만났다고 하니 그의 대권 도전 학습 진도에 가속도가 붙고 있는 모양이다. 그가 국민의힘에서 경선을 치르게 되면 그 흥행 성공은 보증수표라는 데 이견이 없다.

야권은 차차기 후보감들도 많다. 이번 서울과 부산 보선에서 압승한 오세훈과 박형준은 당장 대선에 뛰어들어도 기존 주자들에게 절대 손색이 없는 지식과 경험, 언변, 그리고 인물을 지닌 인재들이다. 이들이 시장 재선에 성공한 다음 그 치적과 평판을 가지고 2027년 대권 도전에 나선다면 매우 강력한 후보들이 될 것임에 틀림없다.

소신과 인품으로 보수 지지자들의 존경을 받고 있는 감사원장 최재형, 상고 출신 전 경제부총리 김동연도 기존 후보들이 여의치 않을 경우 삼고초려 대상이다. 이들 없이 차기 대권을 국민의힘이 잡는다면 이들은 국무총리 후보 0순위가 될 것이다.

여기에 국회 안팎에서의 활발한 발언으로 지성과 합리, 겸손과 통찰을 두루 겸비한 인상을 주는 데 성공한 국민의힘 의원 윤희숙도 있다. 그녀는 국회의원 재선과 내각 경험을 순탄하게 거치고 나면, 할 일이 아주 많아질 보수우파 진영의 튼튼한 여성 자산이다.

4.7 보선은 대통령 문재인과 집권 민주당 후보들만 심판한 게 아니다. 내년에 나설만한 잠재 대선 후보들까지 쓰나미로 쓸려 보냈다. 진보좌파 진영에 더 치명적인 것은, 어쩌면 그 쓰나미가 차차기 대선 후보들 씨까지 삼켜 버렸다는 사실이다.

2021년 4월 11일

'별의 순간' 전 단계인 '예비별'로 빛나고 있는 윤희숙

윤희숙은 개인적 야망이 큰 사람은 아니다
하지만 보수우파 정당 이미지 쇄신 책무
짊어질 만한 역량 충분한 51세 미혼 여성
김영삼, 대처, 마크롱 당권 도전 참고하길

필자는 이 글을 쓰기 위해 그녀가 세상에 크게 알려지게 된, 지난해 7월 말의 국회 '5분 발언' 비디오를 처음으로 봐 봤다.

"존경하는 박병석 의장... 님"이라고 '님' 자를 한참 있다 붙인 첫 마디부터 "경청해 주셔서 감사합니다"라고 끝맺기까지 5분이 안 되는, 정확히 4분 21초짜리 명연설이었다. 마지막 장면에 보이는, 연단 위 원고를 잡은 그녀의 두 손은 다다다다 전속력으로 떨고 있었다. 그러나 그녀의 입은 군더더기 하나 없이 카랑카랑 임대차 3법 문제의 핵심을 짚었다.

"임대인에게 집을 세놓는 것을 두려워하게 만드는 순간 시장은 붕괴하게 돼 있다. 나라 1,000만 인구의 삶을 좌지우지하는 법을 만들 때는 최대한 우리가 생각하지 못한 문제가 무엇인지 점검해야 한다. 그러라고 상임위원회의 축조 심의 과정이 있는 것이다. 도대체 무슨 배짱과 오만으로 이런 것을 점검하지 않고 법으로 달랑 만들었는가? 이 법을 만드신 분들, 그리고 민주당은 우리나라의 전세, 부동산 정책, 민생 역사에 오래도록 기억될 것이다."

직감과 통찰력, 경제 지식과 소신, 뚝심을 지닌
미래의 보수우파 리더

오래도록 기억될 것이라는, 윤희숙의 예언이 실현되기 전에 임대차 악법, 그에 따른 부동산 실정은 민심의 방향을 정권 교체로 틀었고, 그 분노는 9개월 후 대한민국 양대 도시 보궐선거에서 대통령 문재인과 집권 민주당에 치명타를 안겨 주었다.

윤희숙은 이런 직감과 통찰력, 경제 지식과 그 역사적 맥락, 그리고 소신과 뚝심을 지닌, 서울대-미 컬럼비아 대 경제학 박사 출신의 KDI(한국개발연구원) 교수 경력으로 서울 서초갑에서 60%대 지지율로 당선된 초선 국회의원이다.

지난해 4.15 총선에서 미래통합당(국민의힘 전신) 공천을 주도한 김형오가 욕을 많이 먹었지만, 그의 공로 중 하나가 이 윤희숙 발굴 및 지역구 투입이다. 그녀가 보건 정책 관련 국회 공청회에 나와 과감한 소신 발언을 하는 것을 보고 김형오는 미래의 보수우파 리더로 윤희숙 이름을 수첩에 적어 둔 것이다. 윤희숙은 스타가 된 이후로도 학자답게, 또 중요한 것은, 보수우파가 보여야 할 점잖음과 겸손, 지성의 자세를 잃지 않아 왔다. 발언은 주로 SNS를 통해서 했는데, 페이스북으로 대통령을 비롯해 위선적이고, 나라 거덜 내는 포퓰리즘에 열심인 여권 정치인들을 낮은 목소리로 비판했다.

말장난도 거친 언사도 없었다. 나이 51세로 아주 어리지도 않고 학식도 많은 사람이지만, 언제나 예의를 갖추고 조심스럽게 지적하면서도 날카롭게 아픈 데를 찌르는 면모를 보였다. 그녀가 특히 소신으로 1합을 겨룬 유명한 사건은 경기도지사 이재명과의 설전이었다. 당시 이재명은 윤석열이 나오기 전 부동의 1위 지지율을 기록한 진보좌파의 차기 대권 주자 간판이었다. 그리고 흙수저 출신으로 저돌적인 그에게 누가 말싸움을 섣불리 걸려고도 하지 않았다.

진짜 별의 순간 전 단계인 예비 별의 순간을 지나고 있는 윤희숙

포퓰리즘 파이터인 윤희숙은 이재명의 '조달청 범죄적 폭리'를 주장한 혹세무민(惑世撫民)을 묵과하지 않았다. 그녀는 "나 말고는 모두 썩었다는 게 포퓰리즘의 전형적인 형태다. 나랏일이 정치 쇼인가?"라고 질타, 이재명에게는 그 근거를 공개하라고 촉구했고,

조달청에는 "점검과 대책 마련 시늉을 하는 등 대선 주자의 횡포를 당하고도 황급히 꼬리 내렸다"고 나무랐다.

윤희숙에게 김형오의 국회의원 출마 권유가 어쩌면 자기도 모르고 있던 자신의 잠재력을 나라와 국민을 위해 발휘할 수 있도록 했다면, 이번 보선 후 당 리더십 재편은 또 한 번 찾아온 제2도약의 기회다. 그녀는 그 기회를 잡을 충분한 역량이 있고, 당 안팎 지지세 또한 적지 않다.

엊그제 윤희숙이 언급된 엽합통신 기사 끝에 달린 댓글들을 보고, 필자는 그녀에 대한 대중(당연히 보수우파나 중도우파 지지자들이겠지만)의 호감과 기대가 상당하다는 사실을 새삼 깨달았다. 윤희숙에게는 이것이 바로 별의 순간(Sternstunde, 독일어로 운명의 순간, 결정적 시간을 뜻하는 말)이지 않을까?

말하자면 대권 전에 당의 얼굴이 돼(당 대표가 어렵다면 '수석' 최고위원도 좋다) 당 이미지 쇄신으로 정권을 교체한 뒤 그다음 선거에서 자신이 나선다는 시나리오를 전제할 때, 진짜 별의 순간 전단계의 예비 별의 순간이라고 해야 할 것이다.

한국의 보수 정당에서 51세의 미혼 여성이 당권에 도전한다면 시기상조라고 보는 사람들이 있을지 모르지만, 이제 시대는 바뀌었다. 30대 여성이 "내가 한국 보수우파를 살리겠다"고 나설지라도 전혀 진지하게 받아들일 태세가 돼 있는 시대에 우리는 살고 있다.

지성과 야성을 겸비한 새 지도자가 되기를 각오하고
도전해보기를 권유

윤희숙은 야망이 큰 사람은 아니다. 지난해 총선에서 그녀는 처음
에 비례대표를 원했다. 이번 서울시장 보선에도 나가 보라는 당 안
팎의 타천이 많았어도 그녀는 솔깃해하는 모습조차 보이지 않았
다. 이번 당 리더십 도전도 아마 그녀의 '과목'은 아닐 것이다.

필자는 야망보다는 책무를 강조하고 싶다. 나라를 위해, 나라의 상
식과 정의 회복을 위해 보수우파가 든든하게 살아 있어야 하고, 보
수 정당이 나날이 새로워지면서 국가의 양대축 하나를 굳건히 지켜
줘야만 하기 때문이다. 윤희숙은 늙고 부패한, 기득권 집단이란 이
미지에서 여전히 탈피하지 못하고 있는 제1야당 국민의힘을 새롭게
바꾸는, 젊고 유능하고 지성과 야성을 겸비한 새 지도자가 되기를
각오하고 도전해보기 바란다. 그녀는 그것을 위해 신문 스크랩과 한
국야당사를 일독할 필요가 있다. 바로 김영삼의 40대기수론이다.

동안(童顔)의 김영삼은 1971년 박정희가 3선개헌으로 대선에 또
다시 출마했을 때, 당시 44세 나이로 국민에게 활기 있는 이미지
를 심어 주기 위해 40대가 후보로 나서야 한다며 40대기수론을
주창, 선풍을 일으켰다. 처음엔 앞서가다 늙은 총재 유진산의 비
밀 지원을 받았다는 파동이 나 결국 45세 김대중에게 후보 자리를

양보했지만, 이후 신민당은 김영삼-김대중-이철승 세 40대가 이끌어 민주주의를 바라는 국민의 지지를 한몸에 받는 정당이 됐다. 해외 선진국들에는 상대적으로 젊은 남녀 정치인이 당 대표를 하고 국가 정상에 오른 경우가 허다하다. 영국의 마거릿 대처는 50세에 보수당 당수, 토니 블레어는 41세에 노동당 당수가 됐다. 프랑스 마크롱은 43세, 캐나다 트뤼도도 43세. 미국의 케네디, 클린턴, 오바마 세 사람은 43~48세에 국가 정상에 올랐다.

4.7 보선 심판 민의가 그토록 압도적으로 기울게 나타난 것은 문재인 정부의 실정과 내로남불 분노가 커서만은 아니다. 그 실망과 분노를 담아 줄 인물이 때마침 야권에 떠올랐기 때문이다. 검찰총장 자리를 내던지고 정권의 공정과 상식 파괴를 일갈한 윤석열과 단일화 승리로 인물 바람을 일으킨 오세훈이 그들이다. 인물이 이렇게 중요하다. 국민의힘 새 대표 얼굴이 윤희숙으로 바뀐다면, 최소한 바꾸려는 시도를 했다면, 그것으로 한국의 정통 보수 정당 이미지는 중도층 국민에게 매우 호의적인 모습으로 다가가게 될 것이다.

윤희숙은 이 기회를 두려워 말고 잡아야 한다. 밑져야 본전, 대한민국을 위해 나쁘지 않은 도전이지 않겠는가?

2021년 4월 16일

최재형 같은 불편부당 고위 공직자 5명만 있으면 걱정 없겠다

문재인 정권이 발탁한 최고의 인물 중 한 사람 감사원장
그가 있어서 이 암울한 시대에 위안을 찾고 희망을 품는다

언론 보도를 통해 알려진 피상적 내용만으로 문재인 정부에서 가장 잘한 인사(人事) 셋을 꼽으라면 질병관리청장 정은경, 검찰총장 윤석열, 감사원장 최재형이다.

이 세 사람 중에서도 감사원장 최재형은 임명 당시 흠결이 거의 없고, 오직 그 인품에 칭송만이 자자했던, 대한민국 고위 공직자 중에 그 유례가 드문 교과서적 인물이다. 착하고 올곧고 소탈한 그에 관한 일화는 어린 시절에 탐독했던 여느 위인전들과 정확히 일치한다.
그 일화는 물론 언론에 소개된 것인데, 상식을 가진 사람이 이 기사

들을 읽을 때 전혀 의문이 들지 않고 그대로 믿고 감동하게 하는 내용이다. 당시 기사를 쓴 기자들이 없는 얘기를 지어 그를 미화할 아무런 이유가 없었기 때문이다. 쉽게 말하면 그는 보통 사람이 아니다. 우리 같은 사람이 따라 할 수 없는 길을 걸어온 사람인 것이다.

신앙 친구, 장애우를 업고 오랜 세월 함께 한
봉사 정신이 몸에 밴 인품

최재형은 애국심이 투철한 군인, 봉사 정신이 몸에 밴 기독교 집안에서 자란 판사 장로 출신이다. 그의 아버지는 6.25 전쟁 초기 대한해협 해전의 영웅으로 유명한 해군 예비역 대령 최영섭이다. 그는 호적상 경남 진해 출생이지만 1956년 태어난 지 얼마 안 돼 전역한 아버지와 함께 서울 강북의 한 머슴방에 세 들어 살며 자랐고, 경기고-서울법대를 나와 판사가 됐다.

최재형 하면 그를 아는 사람들 사이에 회자(膾炙, 회와 구운 고기라는 뜻으로, 칭찬을 받으며 사람의 입에 자주 오르내림을 이르는 말)되는 '전설'이 바로 고교 시절 지체(肢體) 부자유 소아마비 친구를 업어서 함께 등하교를 한 일이다. 이는 그 부모 외에는 아무나 할 수 없는, 그야말로 전설 같은 선행이다.

이것을 쉽게 믿지 못하는 독자들을 위해 필자가 개인적으로 아는 사실 등으로 설명해 드리겠다. 최재형과 그의 등에 업혔던 변호사 강명훈은 두 집안 식구들이 다 다니는 서울 신촌의 한 교회에서 만난 신앙 친구였다. 그들은 보통의 친구 사이가 아니었던 것이다. 그래도 그렇지, 청년 남자가 얼마나 무거웠을 터인데, 고교 3년-대학 4년-사법연수원 2년을 한결같이 업고 다닐 수 있단 말인가? 이렇게 의문을 표하는 이들에게는 강명훈이 좀 가벼운 남학생이었다고 하면 고개를 끄덕이게 될 것이다. 강명훈에게는 실례의 지난 얘기일 수도 있으나 그의 두 다리는 발육이 제대로 안 돼 매우 가늘었으며 늘 접혀진 상태였다. 그렇게 고교와 대학을 1년 차이로(나이는 서로 같다) 다닌 두 친구는 사법고시에 나란히 합격, 1981년 6월 18일 자 〈조선일보〉에 '신앙으로 승화한 우정 10년'이란 제하의 화제 기사로 실려 많은 국민을 감동에 젖게 했다.

최재형은 이 기사에서 "인간애를 실천했을 뿐"이라고 철학적, 종교적으로 말했다. 그는 중증 장애인이면서도 세상을 너그럽게 바라보는 친구에게서 삶에 대해 배웠다고 했다. 그는 이 친구 업어주기 말고도 헌신적인 교회 선교 활동이나 부인(이소연)과 함께 고아들을 위해 일하다 둘을 아들로 입양, 어느 집 사내들보다 더 멋지게 키우는 등의 기삿거리가 풍부한 화제의 주인공이다.

흠결 없는 인물을 발탁한 이 정부의 초심, 후한 점수 받을 만 하다

이처럼 나라를 위해 일하도록 하늘이 보낸 듯한 인물을 제대로 알아본 문재인 정부는 일단 점수를 받아야 한다. 그를 감사원장 후보로 낙점해 본인에게 전화로 통보한 이는 당시 청와대 민정수석 조국이었다. 조국도 그런 점에서는 후한 점수를 받아야만 할 것이다. 그러나 이 사람들이 초심을 잃고 얼굴을 바꾸고 있어 우리를 좌절하게 하고 탄식하게 한다.

감사원장 최재형은 지금 검찰총장 윤석열처럼 친문들 눈에 스스로 나가주기를 바라지만 버티고 있는 장관급 기관장이다. 그가 집권 세력들로부터 감사원의 윤석열 취급들 받게 된 것은 문재인 정권이 대선 공약 사업으로 밀어붙여 다수 국민을 불안하게 만들고 있는, 탈원전 정책의 상징적 조치인 월성 원전 1호기 폐쇄 결정에 관한 감사를 국회 청구로 시작하면서부터다.

최재형이 당시 산업통상자원부 장관 백운규를 직권심리하면서 "대선에서 41%의 지지밖에 받지 못한 정부의 국정 과제가 국민의 합의를 얻었다고 할 수 있겠냐"라고 했다는 의혹 제기를 집권당 의원이 했고, 진보좌파 언론 매체들이 이를 받아 곧바로 백운규를 인터뷰, 그 발언이 실제로 있었다는 증언을 이끌어 냈다.

최재형은 이 '폭로' 하나로 하루아침에 집권 세력 눈에 흠결 없는 선비 감사원장에서 정치하는 권력기관장으로 바뀌었고, 옷을 벗겨 내쫓아야 할 대상으로 집중포화를 맞기 시작했다.

그의 '41% 지지밖에 받지 못한 정부' 발언은 언론과 의혹 제기 민주당 의원이 편집한 표현으로서 정확하지도 않거니와 그는 나중에 국회에서 "국민의 의견이 충분히 수렴되었느냐는 문제와 관련해 현 정부가 그 공약으로 대선에서 41% 정도 지지를 받았는데, 이것을 국민 대다수 의견이라고 볼 수는 없는 것 아니냐"라는 취지로 말했다고 해명했다. 백운규는 당시 최재형에게 월성 1호기의 (경제성) 문제를 '국민 대다수'도 아니고 '전국민'이 알고 있다고 답변했었다.

국가 장래에 큰 영향을 미칠 에너지 정책은 국민 대다수의 동의가 필요

그러니까 최재형은 정부가 국민 생활과 국가 장래에 엄청난 영향을 미칠 에너지 정책의 근본을 흔드는 근거를 가지려면 국민 대다수의 동의가 필요할진대, 대선 득표율이 과반이 안 되었으니 다시 국민을 설득하는 작업을 거치는 등 신중히 추진해야 할 것이라는 의미로 그렇게 말한 것이었다. 졸속으로 밀어붙이면서 많은 중요 절차를 생략하고 은폐, 조작까지 한 관계 부처의 잘못을 객관적으로 지적한 것이다.

국가 행정기관의 업무 추진에 있어서 국민 세금 낭비 여부나 정해진 법규대로 직무를 수행했는지 등을 감찰하는, 헌법에 명시된 독립 기관인 감사원으로서 당연히 해야 할 일을 한 것임에도 자기들이 진보좌파 아마추어 환경론자들의 건의대로, 또 대통령 문재인이 어떤 영화를 보고 영감을 얻어 수립한 공약 사업에 반기를 들었다고 보고 감사원장을 정치하는 사람으로 몰아 사퇴하라며 집단적인 괴롭힘을 가해 왔다.

그러나 (그의 지난날 언행으로 보아 당연히) 정치에 뜻이 없는 것으로 보이는 최재형은 여는 물론 야에도 기우는 듯한 발언을 일절 하지 않았다.

그는 야당 의원의 '제2 윤석열' 언급에 대해 "감사위원들의 다양한 의견을 정치적 성향이라는 프레임으로 단정 짓는 것에 동의하지 않는다. 감사위원의 정치적 성향 문제를 자꾸 거론하는 것은 감사원과 감사 결과에 대한 국민 신뢰를 현저하게 훼손시키는 문제이다. 감사원 입장으로는 그런 논란이 더이상 없었으면 좋겠다고 분명히 말씀드린다. 그런 논란 자체가 감사원에 대한 압력이 될 수 있다는 점도 유념해 달라"라고 선을 그었다.

한수원 등 피감기관이 자료 삭제를 비롯해
사실을 감추거나 허위 진술

조국 사퇴 후 장관 대리로서 정권 뜻을 충실히 받들었던 법무부 차관을 감사위원으로 심고자 한 청와대의 주문을 거부하고 청와대 자문 기구 등에 대한 강도 높은 감사도 진행하며 자리를 꿋꿋이 지켜 오던 그는 엊그제 국감에서 마음에 두어 왔던 말을 쏟아냈다.

"감사 저항이 이렇게 심한 감사는 재임하는 동안 처음이다."

그는 "(월성 원전 1호기 조기 폐쇄 결정 타당성 감사 과정에서 산업통상자원부, 한수원 관계자 등 피감기관이) 자료 삭제는 물론이고 사실대로 이야기를 안 했다. 사실을 감추거나 허위 진술하면 추궁하는 게 수없이 반복 됐다"며 이렇게 말했다. 그의 이 증언 하나로 멀쩡한 원전을 없애기 위해 그동안 벌여 왔을 충견 공무원들의 수작과 그에 따라 자동으로 밝혀지는 탈원전 정책의 왜곡과 무리가 국민에게 고스란히(매우 다행스럽게도) 전달되었다.

이 감사 결과는 곧 발표될 예정이다. 그렇게 되면 산자부, 한수원 등 관계 기관의 핵심 인물들은 징계 조치와 함께 고발까지도 당할 것이고, 탈원전 정책은 마침내 근본적인 전환점(유턴)을 맞게 될 것이며 그렇게 되어야 순리다.

정부 중요 기관의 장을 어떤 사람이 맡는지가 이토록 중요하다.

감사원장 최재형 같은 불편부당((不偏不黨, 어떤 이념, 어떤 편, 어떤 무리에도 치우치지 않고 중도적 입장을 지킨다는 뜻)한 고위 공직자 5명만 지금 이 정부에 있다면 걱정할 일이 없을 것이다.

보수 정당 사람들과 보수 진영 편에 있는 국민은 최재형이 다음 대통령 후보로 나서 줬으면 하는 바람을 조만간 갖게 되리라고 본다. 그가 감사원장을 그만두고 어떤 선택으로 계속 나라를 위해 일할 생각을 할 것인지는 본인만이 알 일이지만, 현재로서는 아마도 정치에 발을 내딛지 않을 가능성이 더 크다. 그가 살아온 삶의 궤적과 향기로 볼 때 그렇다. 그는 정치에 욕심을 두고 행동하는 이 같진 않다.

최재형이 보수 진영의 염원을 끝내 물리치고 낮은 데서 봉사하며 여생을 보내는 길을 가겠다고 한다면, 나라를 위해서도 무척 아쉬운 일이긴 하다. 그러나 현재 감사원장으로서 보여주고 있는 참다운 고위 공직자의 모습만으로도 그는 충분히 아부와 몰염치와 거짓말이 횡행하는 이 암울한 시대에 위안을 주고 희망을 품게 하는 사람이다.

2020년 10월 19일

최재형, 윤석열, 신현수라도 없었으면 어쩔 뻔했나?

신현수 사태 미봉 윤석열 퇴임까지 시한폭탄 멈춰놓은 것
"공약 정책도 법 절차에 따라야"... 감사원장의 소신 든든

감사원장 최재형이 다른 사태들로 잠시 잊고 있던 사이 그의 뚝심과 소신이 건재함을 다시 한 번 상기시켜 주었다.

그는 엊그제 국회 법사위 업무보고에서 집권 민주당 의원이 대통령 공약 사항 이행 정부 정책은 감사 대상이 아니라고 또다시 공격적인 질문을 하자 "공무원의 행정 행위는 법에 정해진 절차에 따라서 투명하게 해야 한다"라고 거침없이 되받았다.

"감사원이 감사한 내용은 정책 수행의 목적 설정 자체를 본 것이 절대 아니다. 수행 과정에서 적법절차를 지켰느냐를 본 것이다."

감사원장의 답변이 이렇게 든든할 수가 없다. 집권당과 정부는 이런 감사원장이 있기에, 역설적으로, 정권이 그나마 산으로 올라가지 않고 가까스로 중심을 잡아 항해 중이라는 사실을 알라. '집 지키는 개' 운운하며 주인에게 덤벼든다고 가당치 않게 성내지 말고 말이다.

최재형은 "대선에서 41% 지지를 얻은 정부의 국정 과제가 국민 대다수의 합의를 얻었다고 할 수 있겠느냐"면서 문재인 정부의 탈(脫)원전 정책에 대한 감사에 착수함으로써 민주당을 비롯한 친문 집권 세력으로부터 집단 린치를 당했던 인물이다.

그러나 그는 전혀 굴하지 않고 산업부가 조직적으로 월성 원전 경제성 평가를 조작하고 그 증거 서류들을 야밤에 삭제하면서까지 폐쇄를 강행했다는 감사 결과를 발표, 그 보고서를 검찰에 넘겨 당시 산업부장관 백운규 등을 수사하도록 했다.

최재형은 또 대통령 문재인이 연초 기자회견에서 '정인이 사건' 대책과 관련 "입양아를 바꿔준다든지"라고 하는 실언을 했을 때, 그 자신 두 아이를 입양해 가슴으로 키운 양아버지로서 "입양은 진열대에서 물건 고르듯이 고르는 게 아니다"라고 한 과거 발언으로 화제가 되기도 한 인품의 소유자다.

현 정부 인사 중 코드 인사가 아닌 것으로 판명이 난 다른 두 사람

그는 올곧은 선비이면서 판사 출신으로서의 법치를 강조하며 문재인 정권에서 눈 밖에 난 사람이다. 문재인의 인사(人事) 중에 소위 코드 인사가 아니었던 것으로 판명이 난 고위 공직자들이 또 있다. 다 아는 대로 관계 장관들, 궁극적으로는 대통령과 맞붙는 모습이 언론에 시끄럽게 중계된 검찰총장 윤석열과 청와대 민정수석 신현수다.

이 두 사람 역시 정권의 미움을 받으면서 정권을 산으로 못 가게 붙잡는 역할을 하고 있다. 법치주의자들이기 때문이다. 신현수는 짐을 다 쌌다가 무슨 회유를 받았는지 "거취를 대통령께 일임하겠다"는 5공식 사표 철회 의사를 다른 청와대 고위 관계자가 언론에 발표하면서 짐을 마지못해 풀었다.

대통령 비서는 입이 없는 사람이라지만, 이건 아무래도 좀 이상하다. 언론에서 그토록 난리 친 사태의 주인공이라면 마이크 잡고 뭐 한 마디는 했어야 하지 않았겠는가? 그래서 입 있는 국민은 말한다.

"청와대와 친문 패거리들이 온갖 수단과 방법으로 그를 눌러 앉혔군. 보궐선거가 눈앞인 마당에 수석 한 사람이 장관과 대통령에 불만을 표시하며 청와대를 뛰쳐나가는 꼴을 보여줄 수는 없다 이거지?"

계산은 복잡하지 않다. 왜? 윤석열이 7월이면 떠나기 때문이다. 불과 5개월 지나면 끝인데, 일 시끄럽게 해서 보궐선거 망칠 일 있느냐고 해답을 얻었을 것이다. 신현수는 미봉(彌縫)돼 억지로 돌아왔다. 이번에 보니 그는 검사 출신답게 할 말은 하고 들이받을 건 들이받는 비서 같지 않은 비서다.

그런 그가 왜 물러서게 됐는지는 미스터리지만, 청와대 안에서 일어나는 일들이 유리창 안처럼 훤히 비친다면 청와대가 아니다. 그러므로 대충 알 것도 같긴 하나 이 정도에서 모른 체하는 것이 구경꾼 백성들의 도리일 것이다.

정권 폭주에 브레이크 건 신현수, 언제든 폭발할 수 있는 휴화산

신현수의 사표 철회를 다른 청와대 사람이 기자들에게 밝혔듯이 신현수가 복귀한 날 법무부장관 박범계가 발표한 검찰 중간간부 인사 과정에도 제3자가 있었다. 휴가 간 신현수의 의견(윤석열의 의중을 전달한)을 들어 박범계에게 반영토록 했다는 것인데, 어찌됐든 그가 일단 정권 폭주에 브레이크 거는 역할은 한 셈이다.

이 브레이크는 문재인 정권의 무법적 다수결 독재에 대해 처음으로, 그것도 청와대 내 비서에 의해서 밟아졌다는 것에 작지 않은 의미가 부여되어야 한다. 5부(府)요인인 감사원장과 나라의 최고 수사 기관이자 권력 기관을 지휘하는 검찰총장, 그리고 청와대 친인척과 사정기관 담당으로 가장 힘이 센 민정수석 세 사람이 천만다행으로 대통령에 맞서는 결기를 보이고 있다.

야당은 신현수가 휴화산이라고 표현했다. 박범계는 얼버무리고, 윤석열은 말이 없고, 신현수도 말이 없는 수수께끼는 윤석열 퇴임 5개월 전이라는 시계를 봐야만 풀린다. 그때 가서 검찰 조직을 정권 마음대로 농단하는 인사도 할 수 있고, 검찰의 직접 수사권을 마침내 없애 버리는 이른바 검찰개혁 완성도 마음 놓고 추진할 수 있으니 정권 강경파들이 이번엔 참기로 한 것이다.
그러나 친문 강경파의 시계는 국방부 시계(군대에서 전역 날짜는 어김없이 온다는 뜻으로 사용되는 말)처럼 자동이 아니다. 보궐선거라는 예정된 암초가 있고, 윤석열과 신현수도 언제든 다시 폭발할 수 있는, 그야말로 휴화산이다.

서울과 부산 보궐선거 결과는 두 휴화산의 활동 시기와 강도에 직간접 영향을 주게 될 것이다.

2021년 2월 25일

링 밖에서 짖는 외로운 맹견 홍준표의 독설

보수 야당의 분발 촉구 아닌 개인적 불만 표출 도 넘어
극단 보수의 길로 가려 하지 말고 소인배 자세 버려야

엊그제 무소속 국회의원 홍준표가 한 보수 언론 매체와의 인터뷰에서 토로한 생각과 주장은 그가 주류 세계에서 빠르게, 스스로 소외되고 있음을 보여준다.

이 매체는 제1 보수 야당 국민의힘 비상대책위원장 김종인에 대해, 가장 직설적으로, 독기 넘친 어조로 퍼부을 사람의 악담을 독자들에게 전하고 싶은 의도였는지 모르겠지만, 그 인터뷰를 실은 뒤에 그 내용이 많은 독자의 관심과 공감을 얻지 못하는 것으로 판단했던 듯하다.

이날 인터넷판에서 처음에 톱으로 올렸다가 시간이 갈수록 아래로

또 아래로 내려가더니 급기야 사라져 버렸다. 국민의힘 쪽 또는 열렬 보수 지지자들의 항의가 있어서였는지는 알 수 없으나 자정이 넘은 시간에 그 인터뷰를 다시 찾아보려고 하니 어디에도 없고 대신 김종인과 국민의힘 당에 긍정적인 기사들이 몇 개 자리를 잡고 있었다.

대안을 제시하지 않으면서 공격하고 매도만 하는 정치인, 공감 못 얻어

홍준표는 이 인터뷰에서 "웬만하면 참고 기다리려고 했다"고 운을 뗀 뒤 자신의 단골 용어인 민주당 2중대론을 또 폈다. 이번에는 그 톤이 훨씬 더 강하고 급기야 "당이 김종인을 퇴진시켜야 한다"고까지 주장했다.

그는 '웬만하면 참고 기다리는' 사람이 아니다. 자기감정을 조절하지 못하는(어쩌면 않는) 스타일이며 그 감정과 주장이 전체를 생각하는 쪽보다는 자신의 이익과 손해에 의해 비롯되는 사적인 종류와 정도라는 것을 쉽게 짐작할 수 있도록 말을 입 밖으로 바로 쏘아 버리는 정치인이다.

그리고 대안을 제시하지 않으면서 공격하고 매도만 하는 경향을 보인다. 그래서 공감을 얻지 못하는 것이다. 진보좌파를 비판하고 보수우파를 응원하는 사람들로서는 현재의 야당이 최선은 아니지만, '과거와 다른 모습을 보이는 한도 내에서 할 수 있는 만큼 최대한 하고 있고, 의석의 절대다수를 차지하고 있는 집권 여당에 대항할 수 있는 힘도 많지 않다'는 정도로 그 역할과 한계를 인정하고 있다고 해야 할 것이다.

홍준표가 김종인의 국민의힘이 "상임위원장 다 내주고, 맹탕 국정감사하고, 고위공직자범죄수사처(공수처) 내주고, 경제 3법 내주고 했다"는 주장에 고개를 끄덕일 국민이 얼마나 많을지 모르겠다. 내주지 않고 무엇을 어떻게 할 수 있었다는 것인지 홍준표는 자신의 답을 제시해야만 한다. 국회 내에서 드러눕고 광화문 광장에서 군중 집회라도 하라는 말인가? 극단적인 보수 노선과 행동은 더 이상 다수 국민의 호응을 받지 못한다는 사실을 그가 정말 모르진 않을 터인데... 그의 대안이 도대체 무엇인지 궁금하다.

김종인이 잘하는지 못하는지 필자는 판단을 유보하고 있다. 비판이나 찬사를 보낼 만큼 시간도 충분히 지나지 않았거니와 그의 공(功)이나 과(過)라고 볼 이슈들이 이제까지는 많지 않기 때문이다. 솔직히 말하면, 그가 잘하기를 바라고 적어도 잘못하고 있지는 않다고 보고 싶은 마음에서라고 하겠다. 영어로 말하면 Doubt of Benefit(의심의 혜택, 의심은 가지만 일단 믿어 주기)을 주고 싶은 쪽이다. 아마도 나라를 걱정하고 보수 야당이 제 몫을 해주길 바라는 사람들의 마음이 대동소이(大同小異)하지 않을까 한다.

합리적이고 신중하게 공적 태도를 보이는 장제원,
김종인 비판 제동 걸어

당외의 홍준표와 함께 당내에서 김종인에 대한 비판을 신랄하게 해 왔던 3선 의원 장제원은 홍과는 다른 상대적으로 합리적이고 신중한, 무엇보다 사적 감정이 아닌 공적 태도를 보여 보수 지지자들에게 공감을 주고 있다.

1일 데일리안 보도에 따르면 그는 SNS를 통해 "지금 시점에서 '조기 전당대회'를 주장하는 것은 섣부르다. 내년 4월 7일까지 임기를 보장했다면 잘못하는 것은 비판하고 잘하는 것은 격려하면서, 비대위가 올바르게 갈 수 있도록 최선을 다하는 게 성숙한 민주정당의 모습"이라고 김종인 비난과 끌어내리기 시도에 제동을 걸었다. 이 말로 보면 그의 그동안의 김종인 비판은 이념적 저울을 왼쪽으로 너무 급격히 기울이려 시도하는 데 대한 걱정과 반대 의견을 전하고 싶었던 소신이었던 듯하다.

홍준표의 인터뷰 기사 중에 그의 진면목을 보인 발언은 검찰총장 윤석열에 관한 언급이었다. "문재인 대통령 주구 노릇 하면서 우리를 그렇게도 악랄하게 수사했던 사람을 데리고 오지 못해 안달하는 정당"이라고 한 그의 독설에 수긍할 보수 지지자는 별로 없을 것이다.

그도 그럴 것이 윤석열의 정계 진출 의사로 해석될 수도 있는 답변 후에 국민의힘에서 그것을 환영하거나 적극 지지하며 입당을 기대하는 목소리를 낸 의원이 단 한 명도 없기 때문이다. 오히려 김종인이나 원내대표 주호영이 우회적 표현으로, 개인적 의견 또는 당내 사정으로 인해, 그를 반기지 않는 듯한 모습을 보였다.

아마 홍준표 자신이 윤석열의 대선 참여에 반대하고, 대권 도전 재수를 할 계획인 자기에게 가장 큰 경쟁자가 될 것으로 봐서 그것을 경계하는 마음으로 국민의힘이 영입할 생각을 아예 하지 못하도록 쐐기를 박기 위한 말이 아니었을까 싶다.

그렇더라도 윤석열에 대한 그의 의중과 표현이 너무 거칠고 소인배스러웠음을 지적하지 않을 수 없다. 윤석열은 가장 최근의 여론조사에서 17.2% 지지율을 기록, 보수우파 쪽에서는 (그는 사실 간부 검사로서의 이력으로는 우파 성향도 좌파 성향도 아니지만, 현 집권 세력과 갈등하고 있는 점에서 그가 정치를 하게 된다면 보수우파 진영 선수가 될 것으로 보고 있다) 최고의 인기를 보이는 주자로 발돋움했다. 따라서 윤석열은 이미 홍준표 같은 1~5%대 지지율의 기존 보수우파 후보군의 존재감을 저 밑으로 떨어뜨리며 높이 떠오르고 있는, 명실공히 새 희망이요 새 스타이다.

직설과 독설로 일관하는 홍준표. 정치인이라면
소인배 자세 버려야

그런 사람에게 그렇게 평가절하하고 폄훼하는 말을 했으니 구경꾼 입장에서는 링 밖에서 짖는 독설과 같이 들리는 것이다. 홍준표는 한때 자신이 비판한 논객 진중권으로부터 똥개라는 오명을 듣기도 했는데, 필자는 그의 '모래시계 검사'로서의 명성과 다 죽었던 보수 야당의 재건을 위해 애쓴 노력을 존중해 여전히 맹견(猛犬)으로 불러 주고자 한다. 그러나 외로운 맹견이고 잘못하면 대선 재수를 노렸으나 후보 경선에도 못 나가고 정치 생명이 끝날 수도 있는, 조로견(早老犬)이 될 수도 있다.

직설과 독설은 아무리 그것이 진실하고 정직한 것이라 하더라도 제값을 받지 못하는 법이다. 언론인도 아니고 정치인이라면 더욱 그것을 잘 알고 자제해야만 한다. 자신에게 왜 '홍트럼프'란 별명이 붙게 됐는지를 그는 깊이 성찰할 필요가 있다.

그가 지난날 보수 야당 대표가 되고 대통령 후보가 될 수 있었던 것은 박근혜 탄핵 후 공동화(空洞化)되어 버린 이 당의 인물 가뭄 덕이 컸지 그 자신의 덕과 능력이 컸기 때문만은 아니었다. 그는 탄핵 후 10%대로 지지도가 추락한, 궤멸 된 정당을 자신의 지도력으로 복구했다고 자랑하지만, 그것은 원래 있던 (어디로 갈 곳이 없는) 보수 지지표가 잠시 망연자실해 있다 돌아온 것뿐이다.

홍준표는 김종인 체제하에서는, 그리고 아마도 그 이후에도, 국민의힘 복당은 어려울 것이라는 사실을 알고 있을 것이다. 그는 돌아올 수 없는 다리를 너무 멀리 건너고 있다.

그러므로, 내일모레면 67세인 홍준표는 외로운 맹견으로서의 짖어대기를 이제 그만 그치고 나라와 국민을 위해 자신의 정치 인생을 어떻게 마감할 것인가를 고민하기 바란다. 받아들이고 싶지 않겠지만, 그것이 객관적으로 보이고 있는 그의 현실이고 미래이다.

2020년 11월 3일

통합당, 윤희숙 같은 인재 12명만 있으면 민주당 압도한다

합리적 비판과 대안 제시가 국민 마음 얻는 것 보여줘

장외투쟁 생각도 말고 제2 윤희숙들 발굴하고 지원해야

30일 서울 서초구의 보수 정당 지지 주민들은 크게 자부심을 가졌을 것이다.

지난 4.15 총선에서 압도적인 63% 득표율로 밀어줘 국회의원으로 당선시킨 통합당의 여성 경제 전문가 윤희숙이 오만과 독주로 이 여름을 짜증 나게 하는 민주당의 코를 납작하게 했기 때문이다.

서초구 지지자들뿐 아니라 전국의 보수 응원자, 진보 비판자들도 윤희숙의 등장에 위안을 받으면서 박수를 보냈을 것이다. 국민의 안녕과 복지를 좌우할 수많은 중요 법안들을 토론은커녕 의원들에게 제대로 소개도 하지 않은 채 땅, 땅, 땅 통과시켜 버리는, 어떤 의미에서는 5공보다 더 무식하고 무모한 진보 독재에 허탈과 좌절과 분노를 느끼고 있는 그들이다.

국회의원의 품격과 연설의 모범답안 보여준
윤희숙의 '5분 발언'

윤희숙은 서울대 경제학과에서 학사와 석사를 마치고 미국의 명문 컬럼비아 대학에서 박사를 한 특급 재원(才媛)이다. KDI(한국개발연구원) 연구부장과 교수로서 정부의 경제정책에 대해 소신 발언으로 비판해 왔고, 특히 진보 정부의 포퓰리즘(Populism, 인민주의, 인기영합주의)을 날카롭게 지적해 '포퓰리즘 파이터'라는 별명을 얻었다.

통합당 공천위원장 김형오가 지난 총선에서 욕을 많이 먹었지만, 윤희숙 발굴만큼은 높이 평가를 받아야 할 것이다. 김형오가 윤희숙 외에 영입한 인재들, 그리고 비대위원장 김종인과 원내대표 주호영이 앞으로 또 찾아내고 키울 인재들을 합해 모두 12명만 있으면 민주당과 범여권 의석수가 아무리 거대하다 하더라도 이길 수 있다. 명량해전에서 왜선 133척을 격파한 이순신 장군은 "신(臣)에게는 아직 배 열두 척이 남아 있으며 신은 죽지 않았습니다"라고 말하지 않았던가!

윤희숙은 임대차보호법 등이 '자동 처리' 되기 전 국회 5분 반대 발언에 나와 "도대체 무슨 배짱과 오만으로 이런 노력도 없이 천만 전세 인구의 인생을 고통스럽게 하는가? 이 법을 대표 발의한 의원 들, 소위 축조 심의 없이 입법 과정을 졸속으로 만들어버린 민주당 모두 우리나라 부동산 정책의 역사에서, 민생 정책과 한국 경제 역 사에서 죄인으로 남을 것"이라고 일갈했다.

그녀의 목소리는 차분히 가라앉아 있었고, 충분히 지성적이고 문 장은 논리적이었다. 국회의원의 품격과 연설은 이래야 한다고 보 여주듯... 의원들을 노려보고, 고함 지르고, 삿대질하는 어떤 여성 장관과 얼마나 비교되는가? 이제 50세인 윤희숙은 미래의 보수 진 영 대통령 후보로 나서기에 전혀 손색이 없다.

보수 지지자가 원하는 것. 합리적 비판과 구체적 대안 제시

보수 정당은 이미지와 대화에서 진보 정당에 우위에 설 수 있도 록 노력해야 하며, 능히 할 수 있다는 사실을 윤희숙의 연설은 일 깨워준다. 합리적 비판과 구체적 대안 제시가 국민의 마음을 얻는 것이다. 삭발하고 단식하는 공연은 이제 그 옛날의 삽화(揷畵)가 되겠지만, 장외투쟁은 여전히 통합당 사람들의 대국민 활동 메뉴 중에 하나로 남아 있는 것 같다. 그거 이참에 싹 지워버리기 바란 다.

보수 지지자들도 이젠 그런 걸 반기지 않거니와 진보 진영의 놀림 감만 될 것이다. 또 방송과 지자체 등의 대접은 어떤가? 지상파 방송들은 그런 집회 참가자 수를 100명이니 500명이니 축소 보도하며 단신 처리할 것이다. 서울시는 또 각종 조례를 들이대며 방해할 것이고 경찰도 사이비 종교단체의 전도 집회 정도로 취급할 것이다. 이런 수모를 당하며 그 많은 돈과 인력 낭비를 해 비난만 받는 행동은 앞으로는 절대로 하지 말아야 한다.

대신 김종인과 주호영이 TV 카메라 앞에 자주 나서는 게 낫다. 이미지도 늘 노기가 가득 차 보이는 집권당 대표나 욕심 사납고 무례해 보이는 원내대표보다는 더 부드럽고 겸손하고 점잖아 보이므로 이것은 참 다행이다. 그 이점을 살려야 한다.

제 2 윤희숙으로 선진국식 제1야당 내각 만들어야

그리고 제2 윤희숙들을 12명이면 좋고, 안되면 당장에는 5명만이라도 앞으로 끌어내 팀을 구성해야 한다. 선진국식 제1야당 내각 (Shadow Cabinet 또는 Opposition Critics)을 만들어야 한다는 얘기다. 이들이 분야별로 집권당이 밀어붙이려고 하는 법안들에 대한 비판이나 언론 보도로 쟁점이 되거나 스캔들화한 문제들에 대해 야당 의견을 국민에게 직접 설명하는 것이다.

이렇게 되면 지금처럼 대변인들이 비판적(또는 조롱하는) 어구들만으로 비전문적인 논평을 하는 시스템을 바꾸게 돼 훨씬 더 설득력이 있고, 국민에게 신뢰를 줄 수 있다. 다시 말해, 대변인제를 분야별 전문가로 구성된 미래의 내각제로 전환하는 것이다.

보수 지지자들은 이제 윤희숙을 차기 국토부 장관이나 기획재정부 장관으로 생각하게 될 것이다. 통합당은 차기 교육부 장관, 외교부 장관, 국방부 장관, 노동부 장관, 법무부 장관 등을 조속히 선발해 윤희숙처럼 국회에서, 그리고 언론 앞에서 활약하도록 해야 한다.

이렇게 해서 이들 중에 내년 서울시장과 부산시장, 그리고 내후년 대통령 후보가 자연스럽게 떠오르게 될 것이다.

2020년 8월 1일

09

부동산 실정에 진보좌파 미래 없다

"보통의 직장인이라면 능히 살 수 있었고, 또 미래 투자를 위해 한 채를 더 샀던 사람들에게 세금 폭탄을 던지는 건 국가의 폭력이자 일종의 수탈(收奪)이다. 빈대 잡으려고 초가삼간(草家三間) 태우지 말라. 그러면 당신들이 꿈꾸는 10~20년 진보좌파 장기집권 계획은 어느새 물거품이 되고 말 것이다."

LH 복마전, 문재인 정권의 정신상태 자화상

대형 부동산 스캔들이 6대 범죄 아니라니 보선은 벌써 끝났다
이러고도 검찰 해체 시도 반성치 않으면 스스로 문 닫는 결과

기회는 평등, 과정은 공정, 결과는 정의라는 대통령 문재인의 취임사 문구는 조롱이 된 지 오래다.

LH 복마전(伏魔殿, 나쁜 일이나 음모가 끊임없이 행해지고 있는 악의 근거지) 사태로 문재인 정부는 또다시 조롱당하고 있다. 이 사태는 공무원(LH 같은 준공무원 포함)들, 즉 현 공직 사회의 도덕적 해이가 어느 정도인지를 보여 주는 자화상이다.

정신상태가 매우 심각하다. 아니, 정권을 잡기 전에 이미 수준 이하인 위선자들로서 부동산 투기도 하고 그랬는데, 공정과 정의의 화신인 것처럼 위장하고 나타났다가 그 벌거벗은 몸이 정권 말에

드러나고 있다고 해야 할 것이다.

사태는 어디까지 불똥이 튈지 아무도 모르는, 동시다발 형태로 온 갖 의혹이 속속 폭로되고 주장되고 있다. LH(한국토지주택공사) 공기업 한 곳으로 끝나지 않을 것만은 분명하다. 문재인 정권이 대 위기에 처했다.

공적 정보를 도둑질해서 부동산 투기하는 것은 망국적 범죄

사퇴한 전 검찰총장 윤석열은 지난 주말 사태 초기 한 언론과의 통 화에서 "공적 정보를 도둑질해서 부동산 투기하는 것은 망국적 범 죄다. 부정부패는 금방 전염되는 것이고 그걸 막는 것은 국가의 책 무"라고 질타했다. 정치 준비를 하는 마당에 이런 비리가 터졌으니 검사 출신인 그는 운도 좋다.

서울과 부산 시장 보궐선거는 물론 내년 대선까지 국민의 실망과 배신감이 표로 이어질 것이다. 다른 것도 아닌 부동산 관련 부정부 패이기 때문이다. 많은 국민이 그렇지 않아도 이 정부의 부동산 정 책 실패로 커다란 고통과 좌절을 겪는 중이다.

28번인가 몇 번인가 대책을 내놓은 게 집값을 올리는 결과가 됐 다. 그 잘못을 인정하는(말로는 그렇다고 한 번도 안 했다) 대책으 로 공급 확대를 하겠다고 했으나 그 대책이 자기 식구들 배 불리는 데 이용되고 있는 셈이다. 국민은 분통 터지지 않을 수 없다.

최소한 4월 보선은 끝났다는 얘기가 나오는 이유다. 부동산은 입시와 병역 못지않은 역린(逆鱗, 용의 목에 거꾸로 난 비늘, 군주가 분개할 만한 그의 약점) 이슈이다. 문재인 정권은 조국 부부의 입시 비리, 추미애의 병역 비리, 아파트값 폭등과 전세대란에 이어 숫자를 정확히 파악할 수도 없는 규모의 공무원 개발 정보 이용 부동산 투기로 결정타를 맞고 있다.

LH 직원들이 3기 광명 시흥 신도시 예정지 땅에 알박기 묘목을 심어 놓는 수법으로 투기한 사실이 참여연대와 민변의 폭로로 사태는 처음 출발했다. 심상치 않다는 감을 잡은 대통령과 집권 민주당, 정부 관계 부처들이 이번에는 재빨리 발을 벗었다.

다른 의혹 사건 때엔 보지 못한 대처다. 서울과 부산 시장 보궐선거가 코앞이기 때문이다. 또 수사 대상 기관이 공기업이어서 안심했을 것이다. 비리를 저지른 것으로 확인됐거나 의혹을 받는 사람들이 청와대, 정부 부처에 있었다면 그러지 못했으리라는 건 우리가 다 아는 사실이다.

그러나 시작이 벌써 분노하는 국민을 만족시킬 결과물은 나오지 않게 생겼다. 의혹 당자자인 국토부가 '발본색원' 주체이고 검찰은 배제됐다. 올 1월 1일부터 시행된 검경 수사권 조정으로 이번 사건은 6대 범죄에 해당되지 않아 그렇다는 것인데, 이게 말이 되는가?

불합리한 수사권 조정으로 볼 때 NH 사태는
6대 범죄에 속하지 않는다는 억지

전국민이 들끓고 사건이 사태가 된 대형 스캔들이 6대 범죄가 아니라면 무엇이 중대 범죄란 말인지 국민은 묻고 있다. 6대, 즉 부패, 경제, 공직자, 선거, 방위사업, 대형참사 범죄 중에 직급과 비리 액수가 검찰 수사 대상 기준에 미달한다는 것이라는 해석은 어처구니가 없다.

청와대와 여권은 이렇게 불합리한 수사권 조정에도 만족하지 못하고(불과 시행 2개월 만이다) 검찰 수사권 완전 박탈을 도모했다. 무엇이 그토록 다급하고 절박했나?

비리 의혹 사건 수사 전문인 검사들을 일부러 빼고 770명 규모 합수단(수사 능력으로 볼 때 수사단인지 조사단인지 모르겠지만)을 꾸려 봐야 뭘 밝혀낼 수 있을지 믿음이 안 간다. 사실, 말이야 바른 말을 하자면, 검찰 중심으로 과거 정권에서 합수단을 만들었어도 과히 국민적인 신뢰는 없었다.

이러니 검사도 아니고 일개 수사관이 SNS에서 수사 훈수를 둔다. 그는 "국토부 변창흠 장관 사무실까지도 들어가라. 공공택지기획과 사업지구 담당 컴퓨터를 압수해 광명·시흥 지구 도안을 확인해야 한다"라고 '수사 지휘'를 하면서 "광명 중국집에도 있을 신도시 예정지 지도를 직원 집에서 찾았다고 언론플레이나 하는 걸 보니 이 수사는 날샜다"고 콧방귀를 뀌었다.

역대 정권에서 이런 일이 없었다. 검찰 수사관이 국가수사본부(경찰에 만들어진 새 기관명인데, 대다수 국민은 이게 언제 생겼고 뭐 하는 곳인지도 모른다) 하는 일에 공개적으로 냉소를 하고 가르치려들다니... 나라 돌아가는 게 한심하다. 문재인 정권이 이러고도 검찰 해체 시도를 반성하고 포기하지 않는다면, 그들 스스로 정권의 문을 닫는 결과가 될 것이다.

정권의 문을 닫으려는가? 화살은 전정권으로 돌리는 물타기에만 급급

막말투성이 인물을 야당 반대에도 아랑곳하지 않고 국토부 장관 자리에 우겨 앉힐 때부터 알아봤다. 변창흠은 "(임대주택 사는) 못 사는 사람들이 미쳤다고 (공유식당에서) 밥 사먹냐" "(구의역 사고 김군) 걔를 조금만 신경 썼으면 아무 일도 없는 것처럼 될 수 있었는데"라고 말한 인격의 소유자다.

이런 사람을 사태가 터지니 자르라고들 하는데, 변창흠 같은 망나니 장관 경질하는 것에 감동할 국민 한 명도 없을 것이다. 그나마도 바로 못 자르는(11일 현재) 문재인은 이미 때를 놓쳤고, 제발 전 정권 탓이나 하는 버릇 좀 고치고 퇴임을 준비하라고 조언하고 싶다.

그는 일이 커지자 장관들에게 "뿌리 깊은 부패 구조에 기인한 것인지 규명하라"고 지시, 이 정권의 '홍어 젓' 박근혜와 이명박 정부에 화살을 돌릴 것을 코치했다. 그래서 정부 합수단은 LH 직원들 신도시 땅 투기 의혹을 2013년부터 조사하고 있다. 3기 신도시 계획은 2018년에 발표됐다. 과연 물타기의 귀재들이다.

문재인 정권의 과거 보수 정권 불의화(化), 자기네 진보 정권 정의화는 진보좌파 위선의 정치인들은 물론 공직자들의 집단적 도덕 불감증을 부른다. 정의의 가면이 비행을 가려 주는 역할을 하기 때문이다. 과거 권위주의 정권 시절에는 아랫사람들만 잡아서 위를 무서워하기라도 했지만, 지금은 그것이 없어져 서로 해먹는 분위기가 아닌가?

엊그제 나온 데일리안 의뢰 알앤써치 여론조사는 국민들의 현 정권 평가 성적표다. 도덕성이 과거 정권보다 '좋다'는 35.2%(진보좌파 인구 약 30%보다 약간 많다), '비슷하다'는 15.3%, '나쁘다는 45.2%(보수우파 인구 약 25%의 거의 2배이다)라고 했다. (자세한 내용은 알앤써치 홈페이지 참조)

대통령과 여권 의원들 입에서 이제부턴 공정과 정의 같은 소리가 안 나오게 됐으니 적어도 귀는 편하게 됐다.

2021년 3월 12일

강남 아파트 살아보니 별거 아니라는 집권 세력, 정권은 잡아보니 별거든가?

정책 잘못 인정해서 바로잡을 생각 안 하고 서민 약 올리는 사람들
서울 강남 아파트 전세 20억-매매 40억, 문재인 정부 최악의 업적

호미로 막을 일을 가래로도 막지 못할 사태로 악화되고 있다.

한국의 부동산 정책 얘기다. 서울 강남의 30평대 아파트 전세가 평균이 20억 원이 됐고 매매가는 40억 원에 육박하고 있다는 보도가 나오고 있다. 이 지역 아파트에 사는 건 고사하고 세 들어 사는 것도 보통 사람들에게는 꿈도 꿔보지 못할 종류가 된 지는 오래됐지만, 이런 가격 폭등은 정상이 아니다.

아마도 문재인 정부 최악의 정책 실패 사례가 될 것이고, 다음 선거들에서 가장 큰 악영향을 미치게 될 요인으로 보기에 의심이 없는 재앙이다. 결론부터 말하겠다. 민주당과 집권 세력이 강남 아파

트엔 살아 봤더니 별거 아니었지만 정권은 잡아보니 별거라고 생각하고 있다면, 이 문제를 대단히 심각하게 보고 시급히 정책 수정과 보완에 나서야 할 것이다.

현 정부의 부동산 실정, 국민의 고통과 한숨을 공감하지 못해

세계에서 집값이 가장 비싼 동네 중 하나인 미국 뉴욕 맨해튼의 작은 아파트 한 채 평균가는 200만 달러(20억 원 이상), 월세는 4,000달러(400만 원 이상) 정도이다. 주거비 높기로 세계 4위인 캐나다 밴쿠버의 단독주택 평균가는 100만 달러(10억 원 이상), 작은 아파트(여기서는 콘도라고 함) 평균 월세는 2,000달러(200만 원 이상) 수준이다. 미국의 2019년 CBRE 세계주거보고서에 따르면 홍콩(120여만 달러) ~ 멜버른(40여 만 달러)까지의 세계에서 집값 비싼 상위 15개 도시에 서울은 들어가 있지 않다. 도시가 크고 강남북간 가격차가 커서 평균가는 15위 이하여서인지는 모르겠다. 그러나 서울 시민들이 체감하는 주요 지역 아파트 가격은 1위인 홍콩의 약 15억 원과 별 차이가 없을 것이다.

머지않아 서울 집값이 세계 상위권에 공식 랭크될 가능성이 아주 높다. 이것은 무엇 때문인가? 현 정부의 부동산 실정이 그 원인이라고 보는 사람들이 대다수일 것이다. 집권 세력만 성장통이니 일시적 현상이니 하며 정책 잘못을 인정하지 않고 합리화를 하며 모른 체하고 있을 뿐이다.

그들 자신은 좋은 동네 좋은 아파트에서 소유나 전세로 걱정 없이 살고 있으니 일반 국민의 고통과 한숨을 공감하지 못하며, 공감한다 한들 그렇다고 말할 수도 없다. 왜? 임대차 3법 등 문재인 정부의 부동산 정책은 상대적으로 소득이 낮은, 못사는 사람들을 자기편(표)으로 껴안기 위한 전략으로 추진된 프로그램이기 때문이다. 그래서 그들에겐 그 거룩하고 신성스런 정책이 해보니 잘못이었다고 고백하기엔 '본전'이 너무 아깝고 앞으로 얻을 것이 많지 않은, 바보같은 유턴이다.

강남 아파트 별거 아니다. 환상을 버리고 임대주택에 살지어다

그러다 보니 말실수(사실은 실언이 아니라 억지 논리 내지는 대안) 퍼레이드가 신문 보는 국민을 어이없게 하고 실소하게 하고 있다. 그 퍼레이드의 스타트를 끊은 사람은 2년여 전 당시 청와대 정책실장이던 장하성이다. '내가 강남 살아서 하는 말인데, 굳이 모든 국민이 강남 살 이유는 없다'는 뜻으로 해석된 발언이었다.

퇴임 후 대학교수 신분으로 학교 카드를 가지고 룸이 있는 술집에 가서 계산을 한 사실이 드러나 이중적 행태로 지탄 받은 그의 이말은 강남 사람들을 자기편에서 제외하고 있음을 스스로 인정한 셈이라는 비판을 부르기도 했다. 미국 가보니까 별거 아니더라 라고 해도 가보고 싶은 사람은 가고 프랑스의 최고급 정식과 와인도 먹어 보니까 별거 아니더라고 해도 먹어 보고 싶어 하는 사람이 있는 법이다.

더구나 집은 여행이나 음식과는 차원이 다른 교육, 문화 등과 연결된, 자신과 가족의 삶의 질, 미래가 걸려 있는 선택 가능한 종류이다. 대학이나 직장처럼 시험을 통해서만 들어가게 되지 않고 열심히 일해 돈을 모으면 이룰 수 있는 꿈인 것이다.

그런 서민들의 꿈의 아파트에 대해 민주당 의원 진선미는 "환상을 버리라"고 했다. 이 당 국회 교통위원장에 미래주거추진단장인 그녀는 집권층의 임대주택 관리 등 부동산 관련 이데올로기 전령사 중 한 명인 듯하다. "우리가 임대주택에 대한 왜곡된 편견을 가지고 있는데, 견본 매입임대주택들을 둘러보니 방도 3개가 있고 해서 내가 지금 사는 아파트와 비교해도 전혀 차이가 없다"는 말을 듣고 아파트를 포기할 국민이 과연 많아질까?

한술 더 떠 낙후된 호텔 방을 전세로 개조하자는 대안 선전, 국민 기만수준

강동구 명일동의 '래미안 솔베뉴'라고 이름도 이국풍으로 지어진 좋은 아파트에 사는 그녀의 말을 말이다. 임대주택은 한국의 이웃들이 불우 시설, 장애 시설 등과 함께 집값 떨어뜨리는 부정적 이미지의 혐오 시설로 보는 주거 건물이다. 물론 이런 의식은 한국 사람들의 후진적인 집단이기주의를 먼저 탓해야 한다. 하지만 고급 아파트에 사는 사람이 해서는 욕만 듣게 될 약 올리는 소리인 것이다.

민주당 대표 이낙연은 그것인 본인 아이디어인지 민주당 주변 사람들의 제안인지는 모를 일이지만, 엉뚱하게 낙후된 호텔 방을 전세로 개조하는 정책 대안을 선전해 "전셋값 폭등으로 앞날이 막막해진 국민을 놀리느냐?"는 비판을 듣고 있다. 아마도 이낙연은 '호텔'이라는 단어에 혹하지 않았나 싶다.

호텔은 이낙연이 전남 영광에 살 때 생각하던 소수 부자들이나 고위층만 가서 자는 특별한 주거 시설이 아니고 허름한 골목에 있는 삼류 여인숙 같은 숙박 시설도 이름은 여전히 호텔이라고 돼 있는 것들도 많다. 이런 곳들은 편의시설이나 학교, 병원, 상가, 교통 등 인프라가 형편없고 실내 위생이나 안전에도 문제가 많기 일쑤이다. 이것을 개조해 전세방 대용으로 쓴다? 이낙연은 현장공부를 더 해야 한다. 그는 기자 출신이다.

문재인 정부의 부동산 재앙은 간단하게 직접적 원인을 따지자면 임대차 3법이 몰고 온 쓰나미다. 이것은 필자가 임대인이어서 잘 안다. 임차인들에게 최장 4년 살 권리를 주고 그 인상액에도 제한을 두었으니 임차인들을 보호하는 제도이며, 일시적 혼란은 있겠지만 장기적으로는 그 효과가 나타날 것이라고 보는 건 잘못된 낙관 아니면 다음 선거 전까지만 속이고 보자는 식의 기만전술이라고 할 수밖에 없다.

왜냐하면 가격을 강제로 누른 2~4년 후 전셋값 대폭 인상은 불을 보듯 훤하기 때문이다. 이는 임차인도 임대인도 원하지 않는 결과이다. 점차적으로, 감당할 수 있을 만큼 오르거나 내려야 둘 다에게 좋은 일이다. 전셋값 앙등은 필연적으로 매매가를 끌어 올리는 악순환을 낳게 돼 있다. 벌써 서울 일부 지역을 시작으로 아파트 매매 거래와 가격 인상이 나타나고 있다는 기사가 엊그제 보였다.

'집 소유로 가는 다리' 역할 하는 효자제도
전세를 없애려니 부동산 재앙 날밖에

서울시 부시장 출신의 민주당 의원 윤준병은 임대차 3법이 통과됐을 당시 야당 등으로부터 거세게 일어난 비판에 맞서 "전세는 소득 수준이 증가함에 따라 자연스럽게 소멸되는 운명을 지닌 제도다. 국민 누구나 월세 사는 세상이 다가오며 나쁜 현상이 아니다"라고 말해 필자에게 한 방 먹은 바 있다(데일리안 8월 3일 자 〈정기수 칼럼〉 '윤준병은 아는 척하지 말고 전세 사는 30~40대 말 들어봐라').

한국의 전세 제도는 단점보다 장점이 많은, 한국 사람들의 정서에 맞는 고유의 독특한 주거 문화이다. 모으고 얻어낼 수 있는 수준으로만 오른다면 집을 사는 돈 마련하는 데 큰 도움이 되는 '소유로 가는 다리' 역할을 하는 효자 제도인 것이다. 서구에서 전세가 없고 월세만 있는 것은 우리만큼 주택 소유 의식이 강하지 않고 하루 벌어 하루 먹고 사는 습관에 기인한 바가 컸다는 사실을 알아야 한다. 그나마도 세계적인 부동산 가격 상승으로 여기 사람들 역시 이제는 집을 소유하려는 경향이 커지고 있다. 북미 사회는 모기지(주택자금 융자) 제도가 편리하게 잘 돼 있어서 직장만 확실하다면 변두리 정도에서 집을 사기는 아직도 별로 어렵지 않다. 전세금이라는 사다리가 굳이 필요 없는 것이다.

문재인 정부의 부동산 정책은 이 사다리를 걷어차 없애 버림으로써 집 없는 30~40대 서민들의 시름을 깊게 하고 있다. 잡아보니 별거인 정권을 절대로 놓치고 싶지 않은 그들에게 임대차 3법과 관련해 선택해야 할 답은 분명하게 제시돼 있다. 모르겠다면 이 칼럼 제목부터 다시 정독해 보라.

2020년 11월 24일

윤준병은 아는 척하지 말고 전세 사는 30~40대 말 들어봐라

독재 집권당 변호 앞장선 초선의 서투른 충성심
집 소유욕 강한 국민 정서와 현실적 이익 몰이해

민주당 초선의원 윤준병은 순진한 사람이다. 아니, 더 정확히 말하면, 똑똑한 척하지만 뭘 모르는 사람이다.

그는 자신을 행정1부시장으로 올려 준 자살한 서울시장 박원순을 변호하기 위해 그럴듯한 말로 에둘러 피해자에 2차 가해를 하더니 이번엔 공감 연설로 스타가 된 통합당 초선의원 윤희숙에게 질투심이 일어서는 아니었을 것이고, 임대차3법을 벼락같이 몰아붙여 전국의 임차인과 임대인들을 일시에 혼란에 빠뜨리며 분노를 일으키고 있는, 자신을 공천해 준 민주당을 변호하기 위해 또 공을 엉뚱한 방향으로 찼다.

윤준병은 올해 59세의 상대적으로 늦은 나이에 국회의원이 됐다. 민주당이 박원순계인 그를 고향인 전북 정읍, 고창 지역구에 공천해 이 지역에서 시장과 국회의원을 오래 한 전 민생당 대표이자 윤의 전주고, 서울대 2년 선배인 유성엽을 가볍게 제쳤다.

자신을 공천해 준 민주당을 변호하기에만 급급, 엉뚱한 궤변만 잔뜩 늘어놔

그는 박원순이 성추행 피소 직후 목숨을 끊어 여론이 분분해지니 한마디 바쳐야겠다는 책임감이 들었는지 이렇게 적었다.

"침실, 속옷 등 언어의 상징 조작에 의한 오해 소지에 대처하는 것은 남아 있는 사람들의 몫이다. 박시장은 누구보다도 성인지 감수성이 높은 분이며 순수하고 자존심이 강한 분이시라 고소된 내용의 진위 여부와 관계없이 고소를 당했다는 사실 자체만으로 주변에 미안함을 느꼈을 것이다. 이후에 전개될 진위에 대한 정치권의 논란과 논란 과정에서 입게 될 피해자에 대한 2차 가해 등을 방지하기 위해서 죽음으로서 답하신 것이 아닐까."

그리고 전세 소멸을 급격히 앞당겨 임차인들이 받게 될 고통을 대변한 윤희숙의 5분 연설의 의미를 축소하거나 폄하하려는 듯 "민주당 주도의 부동산 개혁 입법이 전세가 월세로 전환될 것을 재촉할 것으로 전망하면서 전세 제도가 소멸되는 것을 아쉬워하는 분들이 있다. 이분들의 의식 수준이 과거 개발 시대에 머물러 있는 것 같다"라고 깎아내리는 논평을 했다.

그의 말대로 전세는 한국에 특이한 제도이며 소득 수준 증가에 따라 자연스럽게 소멸할 운명을 지니고 있을지는 모른다. 이는 윤준병이 아니라 많은 경제 전문가들과 부동산 업계에서 전망해 왔던 것이고, 선진국들 사례에서 볼 때도 그렇게 예상해야 맞을 것이다. 그러나 변화는 점진적으로 이뤄져야 충격과 고통이 덜하다. 더구나 집은 먹는 것, 입는 것과 함께 사람들 삶의 기본 요소인데, 의(衣)와 식(食)은 요즘 국민 소득 수준에서 그리 큰돈이 들어가는 게 아니므로 주(住)가 거의 유일하게 나라와 이웃이 배려를 해줘야 할 가장 중요한 생존 조건이다.

졸속 부동산 정책 구원투수 윤준병의 투구, 너무도 가벼워 홈런 맞기 십상

이런 집 문제를 하루아침에, 가격 폭등으로 대통령과 집권당 인기가 떨어지자 이를 회복해볼 목적하에 졸속으로, 중요 법안들을 단독 처리해 시장을 들쑤셔 놓고 비판과 비난이 거세게 일어날 조짐을 보이자 이 국면에서 나온 뛰어난 합리적 연설로 인물난 속의 야당에 대어(大魚, 윤희숙)까지 뜨게 되자, 아는 것 많은 윤준병이 자진해서 구원투수로 등판했다.

그의 투구(投球) 내용은 얼른 보면 타자가 치기 어려운 빠른 직구 같지만, 공이 가벼워 맞으면 홈런이 되기 쉬운 것들이었다. 대표적인 예가 "은행 대출을 받아 집을 산 사람도 대출금의 이자를 은행에 월세로 지불하는 월세입자의 지위를 가지고 있다. 전세로 거주하는 분도 전세금의 금리에 해당하는 월세를 집주인에게 지급하는 것이다. 시간이 흐르면 개인은 기관과의 경쟁에서 지기 때문에 결국 전 국민이 기관(은행)에 월세를 지불하는 시대가 온다"라는 대목이다.

윤준병은 이런 말을 함부로 쓰기 전에 거리에 나가 이제 막 가정을 꾸리고 내집 마련의 꿈을 키워가고 있는 30~40대들을 만나 얘기를 해보았더라면 좋았을 것이다. 왜냐하면 그들에게 전세와 월세란 은행에 낼 돈을 집주인에게 내는 식의 적은 차이가 아니기 때문이다. 전세금 5억 원인 아파트를 은행에서 대출받아 사는 것과 그 5억 원 중 2억 원을 보증금으로 내고 월세를 내고 살면 매월 부담이 60만 원에서 100만 원으로 40% 높아진다고 한다.

이와 같은 현실적 이익 외에 한국 국민에게 뿌리 깊은 집에 대한 소유욕도 무시해서는 안 되는데 이것이 부동산 시장에서 이유가 충분한 것으로 입증돼 왔다는 사실을 윤준병이나 집권당, 해당 부처, 청와대는 알고 있어야만 한다.

다주택자가 집 살 생각 말고 월세 살라 말하는, 현실 모르는 방어의 변

북미 선진국에 사는 한인들 대부분의 머릿속에는 "렌트(Rent, 월세)는 버리는 돈이며 집을 사서 은행에 내는 모기지(Mortgage, 융자) 원금과 이자는 남는 것이다"라고 각인돼 있다. 예전에는 벌어서 월세 내고 자동차 유지비 내고 먹을 것 사서 살면 됐다. 남의 집이나 내 집이나 사는 건 마찬가지였던 것이다. 오히려 세금 안 내고 집 수선 등 골칫거리가 없어서 좋은 면도 있었다.

그러나 해외자금 유입이나 이민자 증가 등으로 부동산 가격이 폭등한 지금 시대에는 '렌트는 버리는 돈'이란 말이 한인들뿐 아니라 모든 사람 사이에 진리가 되었다. 다른 나라들에서조차 이럴진대, 큰 도시로의 진출과 집 소유 의식이 유난히 강한 한국에서 "월세 생활이 보편적인 시대가 온다. 집 살 생각 말고 월세 살면 된다"라고 말하면 좋은 소리 듣겠는가? 더구나 그건 옳은 말도 아니다. 전셋돈은 집 살 종잣돈이며 자기 집 소유자로 올라가는 사다리다.

윤준병은 다주택자이다. 서울 종로구 구기동에 연립주택(2019년 재산신고 당시 약 4억 원)이 있고, 마포구 공덕동에 오피스텔(약 2억 원)을 가지고 있다. 그는 비판이 일자 1가구1주택을 실천하기 위해 구기동 집에서 30년 살았으며 공덕동 오피스텔은 퇴직 후 활동을 위해 마련한 것이라고 해명했다.

필자는 그의 말을 믿는다. 그는 진보 진영 사람들의 대표 이미지가 된 위선과는 거리가 있는 공직자로 보인다. 실력과 원칙과 소신도 있는 사람으로 서울시에서는 알려져 있다. 그러나 학교와 시청 안에서만 성인 인생을 대부분 살아온, 현실 경험이 얕은 나이브테(Naivete, 순진, 나이브한 언행)의 모습을 숨기지 못하고 있다.

무모하게 폭주하고 있는 소속 당을 방어하려 한 그의 순진하지만, 현실을 모르는 자원봉사 행위가 집 없는 사람들을 화나게 해 해당(害黨) 행위의 결과가 되고 있으니 윤준병의 처지가 안타깝다.

2020년 8월 3일

이재명과 진성준이 文정부 부동산 정책 문제의 정곡을 찔렀다

"비싼 집 사는 게 죄 아니다"라는 원성 심상치 않을 것
"집값 안 떨어질 것"... 22번째 누더기 될 것이란 고백

대통령 문재인을 결정적으로 잡는 사건은 아마도 박원순의 성추행이 아닐 것이다.

피부에 와 닿지 않는 국회 상임위원장의 집권당 싹쓸이 같은 문제도 민심을 많이 흔들지는 않을 것이다. 그러면 무엇이 큰 폭발력을 갖는가? 돈이다. 자기 호주머니에서 돈이 나가고, 돈이 들어오지는 않을 때 민심은 간단히 이반(離反)한다.

최근 발표된 한 여론조사에서 20대 여성의 대통령 지지율이 15% 떨어지고, 30대 여성은 7%가 지지를 철회한 것으로 나타났다. 박원순 영향이 큰 것으로 해석된 이 여론의 변화는 그러나 일시적

현상으로 봐야 한다. 시간이 지나면 또 잊게 될 것이다.

그러나 부동산은 결코 일시적인 문제가 될 수 없다. 일반인들의 전재산이 걸려 있고, 징벌적(懲罰的) 과세로 해마다 큰돈을 세금으로 바쳐야 하기 때문이다. 3주택자 이상 부자와 전문 투기꾼들에 대한 징벌을 반대할 국민은 없다. 노후 대비 등 투자 목적으로 2주택을 갖게 된 사람이나, 심지어 1주택만 소유한 그야말로 서민, 평균적인 도시 거주자가 징벌을 왜 받아야 하느냐는, 체제를 흔들 수 있는 불만을 문재인 정부의 부동산 정책은 폭발시킬 것으로 본다.

부동산 규제는 가격보다 숫자를 줄여야 하고 더 중요한 것은 실수요 여부

절대다수 의석을 가진 집권당이 관련 법안을 밀어붙이고 있으므로 통과가 확실해 조만간 국민의 피부에 와 닿게 될 것이다. 이 법안으로 0.3% 포인트까지 세율이 높아지고 공시가격 인상 등으로 부담이 늘어나는 '고급주택'에 대한 1주택 종부세(종합부동산세)는 그 소유자들의 큰 저항에 부딪치게 돼 있다. 왜냐하면 그 '고급주택'이란 것이 투기가 아니라 살다가 보니 저절로 된 '고급주택'이기 때문이다. 서울 주요 지역의 10~20억 원 하는 20평대 아파트들은 20~30년 전 가격이 1억 원 안팎으로 직장인들이 월급과 대출로 산 것들이다.

따라서 이렇게 무리한 징벌적 과세의 반발력이 어느 정도일지는 예상하기에 어렵지 않다. 집값 잡으려다 열심히 사는 국민을 잡는 결과가 될 가능성이 큰 것이다. 경기지사 이재명은 엊그제 대법원의 정신질환 친형 강제입원 관련 TV 토론 거짓말 사건에 대한 석연치 않은 판결로 일단 무죄가 되자 자신감을 얻었는지 이처럼 심상치 않은 민심 변화 가능성을 읽고 정곡(正鵠)을 찌르는 의견을 내놓았다.

"부동산 규제는 가격보다 숫자(소유 주택 수)를 줄여야 하고, 숫자보다 더 중요한 게 실수요 여부다. 비싼 집에 사는 게 죄를 지은 건 아니지 않은가?"

그렇다. 비싼 집에 사는 건 죄가 아니며 그 비싼 집도 정부가 정책 잘못으로 값을 올려 준 측면이 많다. 물론 서울 수도권의 뛰어난 인프라와 인구 집중이 더 큰 집값 상승의 배경이긴 하다. 그렇다고 거기 살고 있다가 집값이 올라서 자동으로 부자가 된 사람들이 죄인 취급을 받아서는 안 되는 것이다. 이재명은 이 문제를 정확히, 소신 있게, 짚었다.

22번째 부동산 대책도 누더기가 될 것이라 예고하는 여당 위원장

게다가 그 징벌적 과세 부동산 정책으로 집값 잡는 효과도 없을 것이라는 고백이 여당 내에서 나왔다. 민주당 전략기획위원장을 맡고 있는 의원 진성준이 한 TV 프로그램 토론 종료 후 실수로 계속 방송된 토론자 간 대화에서 한 야당 의원이 "(집값) 떨어지는 게 국가 경제에 큰 부담이 되므로 막 떨어트릴 수가 없어요."라고 하자 "그렇게 막 안 떨어질 겁니다. 부동산이 뭐 이게 어제오늘 일입니까?"라고 말해 버린 것이다. 이 말 역시 정확한 지적이라고 야당에서는 박수치고 있다. 문재인 정부의 22번째 부동산 대책도 누더기가 될 것이라는 예고에 다름 아니다.

북미 선진국 대도시의 주택 보유세는 재산세가 거의 전부이다. 북미에서 평균 집값이 가장 높은 밴쿠버의 재산세는 0.3%(100만 달러 주택 경우 3,000달러)가 못 된다. 종부세 같은 건 아예 없다. 천정부지(天井不知) 집값을 기존 주택 소유자에 대한 징벌적 과세로 해결하려는 발상은 상상을 불허한다. 외국인과 외지인의 부동산 투기 방지 세제 도입과 서민들을 위한 조립식 주택 공급 확대, 월세 거주자 보호 대책 등에 집중한다.

문재인 정부와 집권당은 지금이라도 늦지 않았으니 부동산 정책을 철저히 투기 근절을 위한 쪽으로 전환해야 한다. 좋은 동네 비싼 집에 사는 '착한' 소유자들에게 일 년에 수백만, 수천만 원씩 '부자세'를 내도록 해 고통을 주고, 그들이(시장이) 그것을 피하려 전세가에 전가시킴으로써 '더 착한' 세입자들만 힘들게 할 수 있는 세제는 세율 인상을 유보하는 선에 그치지 않고 대폭 완화하거나 아예 폐지를 적극 검토해야만 한다.

그렇지 않으면, 민심이 떠나고 조세저항(租稅抵抗) 심리가 팽배해져 심각한 위기를 겪게 될 것이다.

2020년 7월 20일

노영민의 取반포 捨청주, 文정부 부동산 정책 실패를 상징한다

더 큰 청주 아파트 버리고 작은 반포 아파트 아낀 계산속
위장전입, 부동산 투기 생활화된 고위공직자 대표적 모습

청와대 비서실장 노영민은 요 며칠 무척 고민을 많이 하고 바쁘게 움직였을 것이다.

그는 문재인 정부의 부동산 정책 성공을 위한 솔선수범 차원에서 지난해 말과 지난달 초 두 차례에 걸쳐 청와대 참모들에게 다주택자는 집 1채만 남기고 팔라는 '권고'를 했다. 그러면서 정작 자기 자신은 그동안 '팔지 못하고'(본인의 해명이 "팔려고 노력했으나 안 팔려 최근 급매물로 내놨다"이다) 6개월을 보냈다.
문제는 급매물로 간택(揀擇)한 대상이 자신의 3선 지역구 충북 청주시 흥덕구의 40평대 아파트라는 것이다. 대한민국 부동산 1번지

서울 서초구 반포동의 20평대 아파트는 아껴 놓았다. 현재 시세 (그의 재산신고만으로도 5억-2억 차이)로도 그렇고 미래 가격 차이는 더 벌어질 것이라는 사실을 한국 사람이라면 누구나 알기에 이는 한 사람의 국민인 노영민을 탓할 수는 없다.

그가 청와대 비서실장이고, 정부 고위공직자의 솔선수범을 강조한 인물이기에 이 자리에서 도마 위에 올린 것이다. 대통령 문재인의 복심(腹心)이라는 비서실장 노영민(盧英敏)은 한자 이름답게도 참으로 영민(英敏)한 선택을 했다. 유명대학 경영학과 출신인 그는 국회 상임위원장 시절 산자위 산하 공기업에 자신의 시집 판매를 위해 사무실에 카드 단말기를 설치해 놓고, 가짜 영수증을 발행해 4선 도전을 포기하게 되는 마케팅 수완을 보이기도 했었다.

文정부의 부동산 정책은 실패할 수밖에 없음을 보여 준 노영민의 취사선택

노른자위 반포는 그대로 두고, 자신의 지역구였거나 말거나, 그리고 앞으로 충북도 지사에 출마할 계획이거나 말거나, 우선은 급하니(자신이 제시한 6개월 시한이 도래해) 값이 더 싸고 투자 가치도 떨어지는 청주 아파트를 버린 그의 취사선택(取捨選擇)은 문재인 정부의 부동산 정책이 실패할 수밖에 없는 상징적인 사건이다.

이런 값싼 이해타산으로 어떻게 일국을 이끄는 자리에 있을 수 있고, 또 어떻게 부동산 같은 중요 정책을 국민에게 설득할 수 있겠는가?

그는 이 아파트 매각 계획 발표를 하면서 몇 가지 더 잔 기교(奇巧)를 부렸다. 반포 아파트 가격이 가장 최근 거래가 기준으로 15억이 넘는데도 5억이라고 했다. 법에 재산신고 기준이 공시가 또는 구입가로 돼 있으니 이건 그의 고의가 아니라고 치자.

그러나 그 평수를 13.8평이라고 가장 작은 평수로 보일 수 있는 기준을 '선택'했다. 공급면적(공용공간 포함) 20.4평 대신 전용면적(거주자만의 사용 면적)으로 발표한 것이다. 아파트 평수는 일반적으로 공급면적을 기준으로 말한다. 어찌 됐든 20평이나 13평이나 소형 아파트이기는 마찬가지이고, 한국의 여유 있는 60대 시민이 이만한 작은 아파트 한 채 더 소유한다는 건 지극히 자연스러운 모습이다. 그런데 어찌하여 노영민은 그 7평을 줄이려고 안간힘을 썼는가 이 말이다.

한국인에게 부동산은 높은 수익성, 안전하고 세 부담 적은 효자투자상품

어차피 솔선수범(率先垂範)이라는 자율을 강요하는 타율적 용어

사용부터가 그 정책의 실패를 예약하고 있었다. 지금이 3공, 5공도 아니고 공무원들에게 집을 팔라 말라 하는 게 도대체 말이 안되고 매우 권위주의적인 발상의 소산이다.

합리적인 중과세 정책 등으로 자신에게 이익보다는 손해가 될 것 같으면 팔지 말라고 해도 제2주택, 제3주택은 팔게 될 것이다. 선진국의 부동산 정책이 그렇다. 일부 대도시의 경우 집값이 천정부지로 올라 선진국도 부동산에 관한 한 묘수(妙手)는 없는 게 현실이지만, 적어도 다주택자는 한국보다 현저히 적다는 걸 피부로 느낄 수 있다. 실익이 없기 때문이다. 많이 갖고 있어 봐야 세금만 많이 내고(재산세와 임대 소득세가 아주 많다) 유지비만 많이 들어가기 때문에(수선비가 많고 소유자 부담이다) 투자나 투기 대상으로 여기지 않는다. 한국은 이와 반대로 아파트가 예금 통장보다 더 확실하고 높은 수익성이 보장되는 안전하고, 세금 부담이 적고, 유지비가 거의 안 드는(들어가게 될 즈음에는 조기 재건축이 추진돼 재산 가치가 더 늘어난다) 효자 투자 상품이다.

그러므로 한국의 부동산 문제는 이 정부에서만 21차례나 했다는 단편적 규제들로 누더기가 되고 근본적인 것(예컨대 노영민이 소유한 서울 강남 아파트 가격 폭등세를 잡는)은 건드리지 못하는 정책 대신 장기적이고 종합적인 대책을 마련해 느리나 확실히(Slowly but surely) 추진해야만 한다.

아파트 다수 보유, 위장전입, 병역기피, 논문표절, 음주운전, 탈세가 고위공직자의 조건

문재인 정부 들어 고위공직자가 되려면 아파트 여러 채를 보유해야 하고, 위장전입 반드시 해야 하고, 병역을 요령껏 피해야 하며, 논문 표절 음주운전 탈세 등도 저질러야 한다는 이 정부에 비판적인 사람들의 조롱이 회자(膾炙)된 지는 오래다. 청와대 비서관급 이상 중에 현재까지도 다주택을 보유하고 있는 사람이 18명(오피스텔 소유자 포함)이라고 하니 말 다했다.

잘못하면 위장전입 경력이 있는 부인을 둔 사람(이낙연)이 다음에 대통령이 될 수도 있게 생겼다. 운동권 출신이건 고시 출신이건 언론계 출신이건 정부의 높은 자리에 있거나 국회의원에 당선된 사람들의 숨은 이력은 이제 안 봐도 아는 정도에 이르러 있다. 그래서 청문회의 도덕성 검증을 비공개로 하겠다는 이 정권의 속셈이 너무나 잘 이해가 간다.

자격이 없는, 법을 위반한, 도덕성에 문제가 있는 자들을 걸러내는 국가의 시스템이 작동하지 않는다면 선거로 심판하는 방법밖에 없는데, 유권자들이 또 이 사람들을 다 뽑아 준다. 진영 논리로 투표를 하기 때문이다. 내 편이면 무조건 찍는다. 하긴 후보자들 중에 위장전입, 부동산 투기 등의 전력이 없는 사람이 거의 없으니 선거로도 심판할 수가 없다.

문재인 정부 고위공직자들의 준법 및 도덕 불감증이야말로 팬데믹(Pandemic, 감염병의 대유행)이다.

2020년 7월 5일

文정부 부동산 징벌적 과세는 정권의 저승사자다

1주택자 보유세 강화는 민심 이반 지름길
북미선진국 대도시들은 재산세 외엔 없어

사람들은 공수처(고위공직자범죄수사처) 같은 이해가 어려운 쟁점에는 쉽게 흥분하지도 않고 그걸로 표를 줄 방향을 결정하지도 않는다.

그러나 돈이 걸린 문제는 다르다. 자기 주머니에서 (억울하게) 돈이 나가야 하는 정책을 정부가 밀어붙이면 민심은 간단히 뒤집히게 된다. 문재인 정부의 부동산 정책은 그래서 자기 자신의 묘혈 (墓穴)을 파는 결과가 될 수도 있다. 저승사자를 스스로 부르는 것이다.

문정부는 집권 3년이 넘도록 21번이나 누더기 부동산 대책을 남발

하더니 엊그제 또 대책을 내놓았다. 다주택자에 대한 구입(취득세)-보유(종합부동산세)-매각(양도소득세) 전과정에서의 세금을 대폭 강화하고 아파트 임대사업자에게 주는 각종 세제 혜택을 폐지한다는 것이 주내용이다.

이른바 징벌(懲罰)적 세제인데, 다주택자의 다(多)를 특정 지역들을 포함해 집을 2채만 가진 2로 바꿔 보면, 이 대책이 얼마나 '독재적'이며 그래서 민심이 쉽게 이반(離反)할 것이란 예상을 쉽게 할 수 있다. 대한민국에서 다주택자라 함은, 보통 시민들 기준으로는, 2주택자이기 때문이다. 3주택 이상 소유자들은 평균 수준 이상의 부자이거나 전문 투기꾼들일 것이므로 이 칼럼에서 논할 가치가 없는 대상들이다.

부동산을 소유하는 것이 죄악시되는 사회, 진정 자본주의 맞나

다른 투자처보다는 미래 이익이, 확실히, 많아서 부동산을 소유하는 행태를 자본주의 사회에서 죄악시한다는 건, 우리가 공산주의 체제로 가지 않는 한, 밑으로부터의 혁명을 부르게 돼 있다. 선거혁명이다. 유권자들이 자신들의 거주 이전의 자유와 재산권을 침해하는 정권에게 더이상 표를 주지 않는 것이다. 문재인정부는 1주택자의 표만으로도 충분하다고 계산하고 있을지 몰라도, 그 1주택자들도 잠재적 2주택자들이란 사실을 알아야 한다.

주택 가지고 있는 사람들을 죄인 취급하는 것도 문제이지만, 어떻게 나라의 중요 정책이 단 며칠 만에 뚝딱 나올 수 있는 것인지 대단히 놀랍고 의심스럽다. 그렇게 준비된 정책이라면 왜 여태까지 묵혀 두었으며, 그렇지 않고 급조된 것이라면 왜 그렇게 성급하고 무모하냐는 비판을 면키 어려울 것이다.

다주택자들만 죄인이 되는 것도 아니다. 단 1채 가진 '고가주택' 국민의 보유세(종합부동산세)가 최고 0.3% 포인트 오르고 공시가격 인상 등으로 부담이 크게 늘게 됐다. 원래 이 고가주택이란 개념이 매우 잘못된 것이었는데, 자기 자신들의 정책 잘못으로 집값이 오른 것을 1주택 소유자의 잘못인 양 세율을 높일 예정이다(집권당이 절대 다수당이므로 7월 법안 통과가 확실하다).

왜 '소형 아파트 한 채' 가진 사람들이 '부자세'를 내야 하는가?

종부세 기준이 되는 9억 원 집값은 서울에서 지금 고가가 아니다. 현재 50~60대가 20~30년 전 1억 원 안팎에 산 집이 올라서 그렇게 된 것이다. 필자가 살았던 목동은 20평대가 15억 원 안팎이다. 강남의 20평대 아파트는 20억 원 넘는 게 많다고 한다. 이들 '소형' 아파트 한 채 가진 사람들이 왜 1년에 적게는 수백만 원, 많게는 수천만 원씩 '부자세'를 내야 하는가?

이 정부의 부동산 정책이 갈피를 못 잡고 헤매고 있다는 단적인 증거는 국무총리 정세균의 다주택자 매각 강요에서 확인된다. 그는 며칠 전 코로나 관련 회의에서 "각 부처는 지방자치단체를 포함해서 고위공직자 주택보유 실태를 조속히 파악하고 다주택자의 경우 하루빨리 매각할 수 있도록 조치해주길 바란다"고 지시했다.

데자뷔(Deja Vu, '이미 본 것'이란 의미의 프랑스어)다. 그 옛날 장관들이 민방위복을 입고 근무하면서 마이크에 대고 '솔선수범'(率先垂範)을 강조하던 그때 그 모습 그대로이다. 2020년 진보 정부에서 1960~80년대 3공, 5공 국무회의 재방송을 보게 될 줄은 미처 상상하지 못했다.

'여론의 뭇매'를 맞거나 아직 맞진 않았지만, 좌불안석(坐不安席)이던 고위공직자들이 줄줄이 매각 계획을 발표했다. 청와대 비서실장 노영민은 아껴 두었다가 망신을 당한 반포 아파트도 팔아 무주택자가 되겠다고, '자폭' 비슷한 결정을 했으며 경제 담당 부총리 홍남기는 15년 산 의왕 아파트를 매각하겠다고 했다. 그는 세종 아파트 분양권을 가져 2주택자가 됐는데, 실수요 분양 신청이었다면 억울하다고 할만도 하다.

여유 있는 사람이 집 하나 더 소유하는 건 너무나 당연하고 한국에서는 본능이라고 해도 과언이 아니다. 이걸 권위주의 정권식으로 막고 으름장을 놓아서 팔게 하는 건 국제적 수치를 야기할 수 있는 사건이다. 대학 다닐 때 데모만 해서 그런지 그 의식과 발상의 수준이 정말 유치하다.

외국의 사례를 보더라도 수도권 주택의 가격수준은
정상은 아니나 현실 인정해야

공무원도 똑같은 국민이고, 생활이 안정된 서민이거나 더 여유 있는 상류층이다. 노후를 고민하고 자녀 유학이나 결혼을 걱정하는 보통 사람인 것이다. 그들이 다른 투자 대상이 마땅치 않아 집을 저축과 수익 창출 목적으로 삼았다면, 그래서 한국의 부동산 시장이 안정이 안 되고 있다면, 그렇지 않도록 정책을 연구하고 실행해 그들이 스스로 집을 팔게 하고 더 사지 않도록 해야 마땅하다.

사실, 한국의 수도권 주택 가격은, 폭등세는 문제이지만 어느 정도 높은 수준에서는, 현실로 인정하고 정책으로 어떻게 해볼 생각을 말아야 한다. 선진국 유명 도시 집값을 생각하면 그 답이 보인다. 정상은 아니지만 현실이 그렇다.

북미에서 가장 집값이 높은 도시는 캐나다 밴쿠버로 중간주택가격(Median Home Price)이 지난해 기준 1.11 밀리언 달러이다. 100채의 집이 있다고 할 때 40~60채 집값이 10억 원 안팎이다. 다른 10위권 도시들, 즉 토론토 뉴욕 샌프란시스코도 비슷한 수준이다. 그러나 이 도시들에 재산세 외에 투기 억제를 위해 부과하는 종부세(종합부동산세)라는 건 없다.

재산세도 한국 강남에 비해 낮다. 인구가 많은 밴쿠버는 100만 달러짜리 집의 경우 1년에 200~300만 원, 인구가 적은 교외 도시들은 이보다 1.5~2배 더 낸다. 그리고 유지비(대부분 단독주택이므로)가 많고 양도 차익에 대한 세금이 많아 균형이 이뤄진다.

북미 대도시 부동산 관련 세제 살펴보기,
호들갑 떨지 않는 정책으로 안정 유지

밴쿠버에 신설된 반(反) 투기 목적세는 외지인구입자세(Foreign -Buyers Tax)가 유일하다. 몇 년 전 현금을 가지고 부동산 사냥을 해 값을 폭등시킨 중국 사람들을 겨냥한 세제인데, BC주 외 지역의 캐나디언들에게도 적용된다. 일반 취득세에 무려 20%를 추가로 부과한다. 100만 달러 집이라면 20만 달러(약 2억 원)를 세금으로 내는 것이다.

북미의 양도소득세는 불로소득세로 불리는 Capital Gains (투자 차익)에 대한 세금이다. 주택 거래 시에 내지 않고 정기 개인소득세 자진 신고에 따라서 내며 자신의 소득 범위(구간)에 따라 세율이 매겨진다. 캐나다의 경우 연 5만 달러 이상 소득자의 세율이 26%이므로 밴쿠버에서 집으로 20만 달러를 벌었다면 5만 달러(약 5천만 원)의 세금을 내는 것이다.

북미에서는 이런 세제가 오래전부터 시행돼 정착돼 있으며 값이 좀 오른다고 금방 대책을 내고 기존 정책을 바꾸는 호들갑을 떨지 않는다. 앞에 말한 중국 투자 자본에 대해서만은 예외였다. 젊은 직업인들을 위한 임대 보호 정책 등에 초점을 맞춘다.

메트로(광역) 권의 중소도시들이 다 자족 기능을 갖추고 있는 것도 서울 수도권과 다르다. 모두가 전철이나 승용차로 서울 도심으로 출근하는 식이 아니어서 집값이 싼 교외에 살아도 된다. 한국의 수도권 재편은 이 모델을 참고해야만 한다.

서울은 밴쿠버, 뉴욕, 샌프란시스코에 못지않은 천혜의 자연과 문화, 교육, 교통 등의 뛰어난 인프라 환경 자산을 가진 도시이다. 이런 살기 좋은 곳에 사람들이 몰리고 집값이 오르는 건 지극히 자연스러운 경제원리이다. 그리고 부동산 산업의 성장과 활황은, 그 반대의 경우보다는 국가 경제에 훨씬 긍정적이기도 하다.

몇십 년 전에 보통의 직장인이라면 살 수 있었고, 또 미래 투자를 위해 한 채를 더 샀던 사람들에게 세금 폭탄을 던지는 건 국가의 폭력이자 일종의 수탈(收奪)이다. 빈대 잡으려고 초가삼간(草家三間) 태우지 말라. 그러면 당신들이 현재 자신하고 있는 10~20년의 진보좌파 장기집권 계획은 어느새 물거품이 되고 말 것이다.

2020년 7월 16일